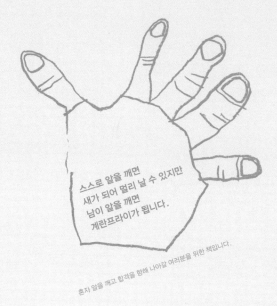

스스로 알을 깨면
새가 되어 멀리 날 수 있지만
남이 알을 깨면
계란프라이가 됩니다.

혼자 알을 깨고 합격을 향해 나아갈 여러분을 위한 책입니다.

## 1/ 역대기출

해당주제를 다룬 기출문제를 분석하여 주제별 출제 경향을 알려줍니다.

## 2/ 주제강의

기출문제에 나온 지문분석을 통해 주제가 다루는 핵심 쟁점을 파악합니다. 학생들은 해당 주제에 관한 폭 넓은 배경지식뿐 아니라 보다 심층적인 논의 구조를 공부하게 됩니다. 또한, 길고 어려운 글을 정확하게 읽어낼 수 있는 지문 독해력을 향상할 수 있습니다.

## 3/ 읽기자료

내용에 대한 좀 더 심화된 이해를 위해 학생들이 반드시 읽어야 할 글들을 실었습니다. 효과적인 학습을 위해서 주제 강의를 공부하기 전에 이 부분을 미리 한 번 읽어보는 것도 좋은 방법입니다. 주제강의를 읽은 후에 자신이 얼마나 주제를 더 이해하게 됐는지 스스로 확인할 수 있습니다.

## 4/ 글쓰기

앞서 다루었던 내용이 각 대학에서 어떤 방식으로 출제되었는지 기출문제를 통해 확인하고, 실전 연습을 해 보는 부분입니다. 실제로 대학에서 시험을 본다 생각하고 문제를 풀어본다면, 자신의 실력을 객관적으로 확인해볼 수 있습니다.

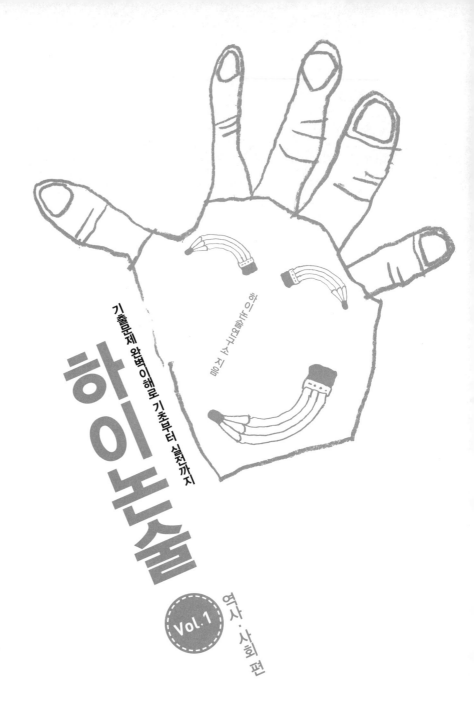

기출문제 완벽 이해로 기초부터 실전까지

하이연구소 지음

# 하이논술

Vol. 1 역사·사회 편

팀

**『하이논술』 왜 탄생할 수밖에 없었나**

『하이논술』은 논술 현장에서 수년간 강의를 한 선생님이 직접 집필한 교재입니다. 왜 이러한 책을 만들게 되었을까요? 논술학원에서 강의하는 선생님 대부분은 자신만의 개별교재로 강의를 하거나, 낱장으로 된 유인물로 수업을 진행하는 경우가 많습니다. 이는 수업에 활용할 만한 충실하고 완성된 교재가 없기 때문입니다.

문제는 이러한 상황에서 어떻게든 혼자서 논술시험을 준비해야 하는 학생이 고충을 겪어야 한다는 것입니다. 마땅히 참고할 만한 교재도 없이 학생이 스스로 논술을 공부하기란 쉽지 않습니다. 그렇기 때문에 대부분의 학생이 유명하다는 논술학원을 찾아다니며 시험에 대비합니다. 하지만 실제로 자신이 듣는 수업이 얼마나 효과적인지, 자신의 실력이 얼마나 늘었는지는 제대로 알 수 없습니다. 그저 막연하게 '논술학원을 다녔으니 내 실력이 늘었겠지'라고 생각할 뿐입니다.

하이논술 선생님은 생각했습니다. 학생을 위해 혼자서도 논술을 차근차근 공부할 수 있는, 제대로 된 교재를 만들어야겠다고 말입니다. 읽고 나면 학생 스스로가 자신의 논리력과 사고력에 자신감을 얻게 되는 '든든한' 교재를 만들고 싶었습니다. 그러다 보니 기존에 출간된 교재의 문제점이 좀 더 분명히 보였습니다. 기존 교재의 방향은 크게 두 가지였습니다.

첫째는 다짜고짜로 지식을 전달하는 교재입니다. 이런 책은 논술의 다양한 쟁점을 다루는 것이 목적이 아닙니다. 이를테면 어떤 학자는 이런 이론을, 어떤 학자는 저런 이론을 주장하고 있다는 식입니다. 고등학생은 물론 대학생조차 이해하기 어려운 서양 철학자의 사상을 마구잡이로 나열한 이런 논술교재는 학생의 '눈높이'를 고려하지 않은, 효과가 의심스러운 교재였습니다.

둘째는 기초 없는 실전 대비용 교재입니다. 물론 이런 교재는 뚜렷한 목적이 있습니다. 대학의 기출문제를 풀이해주는 것입니다. 하지만 기출문제에서 다루는 내용이 어떠한 맥락에서 어떤 쟁점을 기초로 출제되었는지에 대한 이해 없이 단순히 문제를 이리 쪼개고, 저리 쪼개서 글쓰기 방법론에만 치중한 교재로서 이로써는 오히려 기초실력을 쌓을 수 없다고 생각했습니다.

물론 이 두 교재가 모두 나쁜 교재라는 것은 아닙니다. 하지만 실전을 대비하기 위해선 기초가 탄탄해야 하고, 기초가 탄탄하려면 학생이 논술에 출제된 여러 가지 내용을 자신의 것으로 소화할 수 있어야 합니다.『하이논술』은 그런 기초실력과 실전감각을 동시에 길러서 자신만의 차별화된 논술 답안을 쓸 수 있도록 도와주는 책입니다. 2년간의 집필준비와 수십 번의 세미나, 수많은 수정작업을 거쳐 마침내 '학생을 위한 최고의 교재'라고 자신하는 이 책을 세상에 내놓게 되었습니다.

### 『하이논술』은 무엇이 다른가

이 교재를 집필하기 전, 하이논술 선생님은 논술시험의 기본목적을 생각했습니다. '이미 수능이나 내신, 비교과와 같은 다양한 평가방법이 있는데 왜 대학에서는 군이 논술시험을 치르는 걸까?' 답은 명확합니다. 논술은 학생의 독해력, 분석력, 사고력, 창의력 등 종합적이고 비판적인 사고능력을 측정할 수 있는 유일한 시험이기 때문입니다. 즉, 학생이 이론을 통해 현실의 문제를 이해하고, 스스로 비판적인 사고를 할 수 있는지를 확인하는 시험이 논술입니다. 이 책은 논술시험이 요구하는 이러한 기본목적을 달성할 수 있도록 다음과 같이 서술되었습니다.

첫째, 학생이 반드시 알아야 할 주제를 선정했습니다. 비판적 사고란 그냥 길러지는 것이 아닙니다. 현실에서 제기되는 여러 문제에 대한 기본적인 이해가 있어야 합니다. 그래서 대학 논술시험에서 자주 다루는, 학생이 반드시 알아야 하는 주제 24가지를 추려냈습니다. 물론 모든 문제가 이 주제 안에서 출제가 되는 것은 아닙니다. 그러나 이 24가지 주제를 제대로 이해하지 못한다면 그 어떤 논술문제도 제대로 풀기 힘듭니다. 그만큼 빈도와 중요도 면에서 엄선된 주제라고 할 수 있습니다.

둘째, 학생의 눈높이에 맞추어 각 주제강의를 집필했습니다. 기존 논술교재에 수록된 주제강의의 내용은 학생이 이해하기엔 지나치게 어렵게 서술되었다고 판단했기 때문입니다. 그래서 이 책은 해당주제를 기초부터 차근차근, 쉽게, 깊이 있게 설명하고자 했습니다. 기초가 튼튼해야 심화된 내용에 대한 이해가 제대로 이루어진다고 생각했기 때문입니다.

셋째, 주제이해와 문제 풀이를 동시에 습득할 수 있도록 했습니다. 그래서 각 장의 주제강의는 기출문제를 주로 인용하면서 서술했습니다. 하지만 단순히 기출문제의 제시문을 나열한다고 해서 각 주제에 대한 비판적 접근을 할 수 있는 건 아닙니다. 그래서 각 장의 주제마다 대학에서 주로 출제하는 논점을 중심으로 서술했습니다. 매 장마다 세 개의 주요한 쟁점을 뽑아서 구체적으로 기출문제가 이 쟁점과 어떻게 연결되는지를 보여주고자 했습니다. 따라서 주제 따로 문제 따로가 아닌 각 주제에 대한 완벽한 이해를 통해 실전에서 문제를 풀어낼 수 있는 응용력을 키우도록 책을 구성했습니다.

넷째, 각 문제의 충실한 해설을 읽으면서 학생 스스로 자신의 논술실력을 평가해볼 수 있도록 했습니다. 이 책의 가장 큰 장점은 기초지식 쌓기와 실전대비를 동시에 할 수 있다는 데 있습니다. 주제강의를 통해 해당주제를 깊이 이해하게 되면 반드시 그 주제와 관련된 실전문제를 풀고, 그 문제를 통해 자신이 얼마나 실전에서 좋은 성적을 거둘 수 있는지를 스스로 체크해볼 수 있습니다.

마지막으로 이 교재가 단순히 논술시험에서 고득점을 얻는 데만 유효한 것이 아님을 강조하고 싶습니다. 이 책에 나오는 다양한 지문을 읽음으로써 자신의 삶의 방향과 가치관을 세우는 데 꼭 필요한 인문학적 소양을 기를 수 있을 것입니다. '책을 읽고 싶어도 시간이 없다'고 하는 많은 수험생이 이 교재를 통해서 자신을 둘러싸고 있는 인간과 사회에 대해 많은 생각과 의문을 품을 수 있게 되기를 희망합니다. 그리하여 논술이 단순히 대학입학의 관문을 뚫는 '시험'의 의미로서가 아닌, 각자의 인생에 중요한 가치를 세우는 특별한 '계기'로 다가올 수 있기를 바랍니다.

**하이논술 01**

**역사·사회 편**

차례

# 01

## 문화상대주의

문화상대주의는 상대주의와 절대주의의 대립에서 파생되는 다양한 논의 중 하나입니다. 따라서 이번 장에서는 문화상대주의에만 국한된 이해를 넘어서 상대주의와 절대주의를 제대로 이해해나갑니다. 문화상대주의를 논할 때 이제는 '개고기 먹는 것이 뭐가 나쁘냐, 너네도 말고기 먹지 않느냐, 내가 먹고 싶은 거 먹을 테야, 간섭하지 마!'라는 식의 단순한 논의의 틀에서 벗어나야 한다는 말이지요. 문화상대주의가 왜 필요하며, 그 한계는 무엇인지. 문화적 절대주의(자문화중심주의)는 어떤 근거에서 도출되는지. 이 주장에는 귀담아들을 요소는 없는지. 그렇다면 문화에 대해서 어떤 태도를 취하는 것이 가장 바람직한지에 대해서 이 장에서 생각해보는 계기를 만들었으면 합니다.

# 1
### 상대 · 절대 · 상대적 보편

상대성과 절대성은 논술의 기초가 되는 중요한 개념 중 하나입니다. 그런데 추상적 개념이다 보니 명확하게 인식하기가 어렵지요. 그래서 비유적으로나마 여러분의 이해를 돕겠습니다. 지금 우리가 피겨 스케이팅 대회를 관람하고 있다고 가정해봅시다. 바로 5m 떨어진 곳에서 안도 미키, 아사다 마오, 김연아 등 대단한 선수들이 연기를 하네요. 행복합니다. 안도 미키의 귀여운 미소와 아사다 마오의 힘찬 동작, 김연아의 완벽한 기술과 아름다운 연기를 감상하고 있으니 말이죠. 지금 말한 것처럼 각 선수가 '자기만의 특별한' 장점을 가지고 있군요. 세 선수는 서로 다르며, 각자가 지닌 다른 점이 바로 상대성이라고 생각하면 됩니다.

그리고 한 선수의 연기에 대한 평가도 상대적입니다. 김연아의 연기에 대해 심판들이 각각 10, 9, 8, 7점을 주었다면 같은 대상에 대한 평가가 '상대적'이라고 말할 수 있습니다.

정리하면 상대성은, 개체는 개별적으로 특수하며 시공간의 차이에 따라 변화될 수 있다는 개념입니다. 글자 그대로 상대(相對), 서로 마주보고 있는 겁니다. 내가 있으면 너도 있다는 식이지요. 사람마다 다르다는 겁니다. 우리가 흔히 '주관'이라고 말하는 내용과 비슷하지요. 현대사회에서는 갈수록 이런 상대성 개념이 중요해집니다. 상대주의는 개체를 존중하고 그 존재를 인정한다는 의미가 큽니다. 그러나 상대성은 혼란을 야기하기도 합니다. 모든 것이 상대적이라면 우리는 옳고 그름, 선과 악, 미와 추, 나아가서는 물리적 실체의 크기조차도 확정할 수 없는 혼란과 복잡성에 휘말립니다. [가]는 상대주의에 대한 일반적 설명이고, [나]는 구체적 사례입니다.

[가]

프로타고라스에 따르면 인간은 만물의 척도이다. 아나톨 프랑스는 이에 대해 "인간은 우주에 대해, 우주가 자신 안에 들어와 인간화되는 한에서만 인식한다. 인간은 사물이 나타내 보이고 있는 인간적인 측면만을 인식한다"고 주석을 달았다. 우주에 대한 모든 판단은 그 판단의 주체에게 있어서 상대적이다.

소크라테스는 프로타고라스의 명제를 다음과 같이 해석하고 있다. "우리는 때때로 똑같은 바람이 한 사람에게는 차갑고 다른 사람에게는 그렇지 않은 경우를 경험하지 않는가? 여기서 우리는 이 바람을 그 자체에 있어서 무엇이라고 생각해야 하는가? 바람은 차가운 것인가, 그렇지 않은 것인가? 아니면 우리는 프로타고라스처럼 그것이 차가운 사람에게는 차가운 것이고 차갑지 않은 사람에게는 차갑지 않다고 해야 할까?"

똑같은 대상에 대한 판단이 각 개인에 따라 다른 것만이 아니다. 어떤 한 사람에 있어서도 시간에 따라 다른 것이다. 세상은 내가 기쁠 때와 슬플 때 각각 다르게 보인다. 또 시각에 따라서도 다르다. 하나의 탑이 위에서는 둥글게 보이고 앞에서는 네모지게 보인다. 회의주의자들에 있어서 객관적인 진리란 없으며 단지 여러 가지 다른 종류의 주관적인 견해만이 있을 뿐이다.

숙명여대 2008 모의

[나]

야구공은 큰 공인가 작은 공인가? 야구공은 탁구공에 비해서 크지만 축구공에 비해서는 작

문화상대주의 ● 절대적으로 옳은 문화적 기준은 있는가?

다. 강은 개울보다 크지만 바다보다는 작다. 야구공도 크다고 말할 수 있고, 강도 작다고 말할 수 있다. 개울만 보던 사람에게는 강이 커 보이지만, 바닷가에서 살던 사람에게 강은 작아 보일 것이다. 어른이 되어 어린 시절에 살던 동네에 갔을 때, 우리는 모든 것이 너무 작아 보여 깜짝 놀라기도 한다. 어릴 때는 그렇게 커 보이던 대문이 이제는 작아 보인다. 그런가 하면 어린이의 그림에서는 종종 사람의 얼굴이 몸보다 크게 그려진다. 아마도 어린이의 심리적 경험 속에서는 얼굴이 그만큼 크고 중요하기 때문일 것이다.

한편 신라의 고승 의상 대사는 "한 티끌 속에 온 우주가 들었다"고 갈파했고, 영국 시인 윌리엄 블레이크도 "한 알의 모래 속에서 세계를 보고, 한 송이 들꽃 속에서 천국을 본다"고 노래했다. 티끌이 곧 우주요 모래가 곧 세상이라면 큰 것과 작은 것의 구분은 무의미해진다. 오늘날 조그만 메모리칩 하나에 거대한 도서관을 담을 수도 있으니 그것이 큰 것인지 작은 것인지 어떻게 말할 수 있겠는가? 치열한 극소화 경쟁을 벌이고 있는 반도체 산업에서 새로 개발된 메모리칩이 더 작아진 것인지 더 커진 것인지 말하기 곤란하다. 외형이 작아져도 용량은 더 커질 수 있기 때문이다. 과학자들은 조그만 나비의 날갯짓이 바다 건너 거대한 허리케인을 일으킨다는 '나비효과'에 대해서 말한다. 또 원자보다 작은 극소의 세계와 우주와 같은 극대의 세계가 매우 유사한 구조를 지닌다는 견해도 있다. 그렇다면 의상 대사와 블레이크가 노래한 바가 문학적 수사만은 아닐 것이다.

고려대 2005 정시

그런데 우리는 상대성과 반대되는 개념으로 절대성이라는 말을 자주 사용합니다. 그런데 말 그대로 절대(絶對)는 대상을 끊어버리는 겁니다. 대상을 끊어버렸으니 이제 오로지 '나'밖에 남지 않았죠. 단 하나만이 존재하는 것. 그것이 절대입니다. 다른 존재를 용납하지 않는 겁니다. 그러므로 절대성은 예외를 인정하지 않습니다. 모든 경우에 두루 미친다는 것이죠. 즉 보편(普遍)입니다. 예를 들어, 우리가 김연아를 절대적인 피겨의 여왕이라고 부른다면, 김연아는 모든 대회에서 우승을 해야 합니다. 은퇴하는 날까지 한 번의 예외도 없이 말이죠. 김연아가 절대적인 존재라면 세계 어디에서 경기를 하든, 언제 경기를 하든 시공간을 초월하여 그녀에 대한 평가는 불변해야 합니다.

이제 여러분은 현실에서 과연 절대적인 존재가 있을 수 있을까 하는 의문을 가질 겁니다. 김연아가 절대적으로 피겨의 여왕인 것은 아니니까요. 그렇다면 다른 예를 찾기가 쉽지 않아 보이네요. 그런데 우리가 익숙한 개념 가운데 '절대성'을 가졌다고 생각되는 것이 있긴 합니다. 예를 들어 절대적 존재로서의 신(神) 개념이 이에 해당합니다. 어디에나 존재하며, 모든 것을 알고, 모든 것을 행하는 존재로서의 신은 보편적이고 불변하는 절대적 존재입니다. 물론, 과연 신이 실존하느냐 아니냐의 문제로 논쟁이 일어나겠지만 개념적으로 신은 절대적입니다.

또한 여러분이 잘 알고 있는 성리학에서의 리(理)가 절대성을 갖습니다. 성리학에서 리(理)는 우주적 절대 진리이며 만물의 근원입니다. 마치 신처럼 여기에서 모든 것이 다 발생한다고 봅니다. 만물은 천품(天稟), 즉 우주로부터 리(理)를 내려받는 것이지요. 그래서 만물의 핵심에는 리(理)가 자리 잡고 있습니다. 그러니 하찮은 농부나 존귀한 공경대부(公卿大夫)는 모두 본질적으로 같은 존재입니다. 우리의 삶의 목표도 리(理)에 순응하는 것이어야 합니다. '천리(天理)를 거스르면 안 된다'는 말을 생각해보시기 바랍니다. 그런데 만물은 외양이 다 다르지요. 리(理)는 불변하고 보편적이지만 만물이 태어나던 바로 그 때와 장소가 다르기 때문에 기(氣)의 작용이 달라져서 상대적인 모습을 갖게 된 것입니다. 이처럼 성리학은 절대적인 리(理)와 상대적인 기(氣)의 조합으로 만물을 설명합니다.

정리하면 절대성은 그 속성이 만물에 두루 미치는, 보편성을 띠면서 불변하는 것을 이르는 개념입니다. 앞에서 언급한 것처럼 신(神)과 리(理) 등을 절대성의 존재로 일컬을 수 있습니다. 세계에 존재하는 대상과 사건을 이해하기에 아주 효율적인 방식입니다. 모든 존재와 사건의 원인과 결과가 신의 섭리이거나 리(理)의 작용이라고 환원되니까요. 그런데 문제는 신(神)도 리(理)도 구체적·감각적으로 증명될 수 없는 추상(抽象)이라는 데 있습니다. 감각이 주도하는 현대사회에서는 선뜻 받아들이기 힘든 개념이지요. 또한 강자가 약자에게 자신을 절대화한다는 것은 이것이 곧 폭력으로 변질된다는 의미에서도 요즘에는 경계의 대상으로 인식되고 있습니다. 김연아를 절대화한다는 것은 아사다 마오를 좋아하는 개인에게는 강요가 된다는 이야기입니다.

지금까지의 논의를 거칠게나마 요약하자면 [다]와 같습니다.

[다]

절대 = 보편(두루 미침) + 불변(변하지 않고 고정됨) = 효율적 but 폭력적일 수 있음

↕

상대 = 특수(개체에 고유함) + 가변(변하며 고정되지 않음) = 개체를 존중함 but 무질서, 혼란

이처럼 상대주의와 절대주의는 완전히 옳은 개념이 아닙니다. 둘 모두 의의와 한계를 동시에 내포하고 있지요. 불완전한 인간의 머릿속에서 나오는 것이니까요. 그렇다면 두 개념을 어떻게 이해해야 할까요. 이런 고민 속에서 나온 생각이 '상대적 보편'이라는 겁니다. 표현 자체는 역설적이지만 실천적 차원에서, 현실에서 선택적으로 구체적 행위를 해야 할 경우에 가장 합리적인 개념이라고 널리 받아들여집니다.

예를 들어 '모두의 인권은 평등하게 보장되어야 한다'는 도덕규범을 완전한 절대성으로 이해하게 되면 범죄자를 처벌할 수 있는 근거가 사라집니다. 절대성을 강조하게 되면 살인을 저질렀다고 하더라도 그는 범죄자 이전에 한 인간이므로 범죄를 저지르지 않고 살아가는 선량한 다른 이와 동등한 인권을 보장받아야 합니다. 그러니 그의 몸을 구속할 수도 없고, 그를 사회와 격리할 근거도 사라집니다. 이것은 비현실적이지 않습니까?

한편으로 한 사회 내에서 '살인을 저지른 자는 그의 인신을 구속하거나 사형시킬 수도 있다'는 규범이 상대적으로 적용된다고 가정해봅시다. 권력이 있거나 돈이 많은 이는 처벌을 받지 않거나 약한 처벌을 받고, 그렇지 못한 이는 강한 처벌을 받는다면 사회가 유지될 수 있을까요? 사회 구성원이 법 체제를 신뢰하지 못함으로 그 국가는 유지되기 힘들 겁니다. 이것이 올바르다고 할 수 있습니까?

그러므로 실천적 차원에서는 특정한 사회의 구성원이 구체적 사안에 대해서 서로 간의 주관을 합의하고, 그것을 영원하지 않은, 잠정적인 차원의 공통된 약속으로 규정하는 것이 필요합니다. 즉 강한 절대성은 버리고, 상대성의 기반 위에서 제한된 절대성을 받아들이자는 말이지요. 이를 '상대적 보편', '시대적 보편'이라고 말합니다.

사형제도를 예로 들어봅시다. 절대적 차원에서 사형제도를 실시해야 한다는

근거는 찾기 어렵습니다. 신(神)의 뜻이라거나, 자연의 섭리라거나 하는 말로는 더 이상 사람들을 설득할 수는 없죠. 그런데 A라는 시점에 특정한 사회의 구성원이 모여서 서로 이야기를 나누다 보니 흉악범은 사형에 처하는 것이 옳겠다고 합의를 했다고 가정한다면 그 사회에서 사형제도는 절대성을 가집니다. 그런데 시간이 흘러서 B라는 시점에 이르렀더니 그 사회의 구성원 사이에서 사형제도를 폐지하는 것이 옳다는 이야기가 나옵니다. 사람들의 생각이 변한 거죠. 그래서 다시 합의를 해보았더니 이제는 사형제도를 폐지하자는 결정에 이르렀습니다. 그럼 B의 시점에서는 그 사회의 절대적 의견이 사형제도를 폐지하자는 것이 됩니다. 시간의 흐름에 따라서 변화했으니 '절대'라는 원래의 의미에서는 벗어났지만, 상대적(제한적)으로 절대성을 갖게 되는 이 같은 경우를 두고 '상대적 보편', '시대적 보편'이라고 말합니다.

　물론 '상대적 보편', '시대적 보편' 개념을 부정하는 사람도 있습니다. 그들은 '합의'라는 말을 문제삼습니다. 사회적 구성원이 과연 충분한 대화와 토론을 거쳐서 합의할 수 있을까요? 합의의 올바른 과정은 발언 기회가 동등하며, 발언의 무게가 동등한 개인이 자유롭게 토론하는 것이 전제되어야 하는데 현실에서는 이 과정이 불가능하다는 겁니다. 현실의 우리가 평등하지 못하다는 것이지요. 그러므로 '시대적 보편'이라는 개념은 당대에 특정 사회에서 '힘(권력)'을 가진 세력이 자의적으로, 그러니까 제 멋대로 규정하는 것일 뿐이라는 겁니다. 이것도 일종의 폭력이라는 거죠. 이는 극단적으로 '절대', '객관', '보편'을 부정하는 이들의 주장입니다. 이들의 주장에 대해서는 어떻게 반론해야 할까요? 여러분 스스로 지금 이 단락의 내용을 바탕으로 해서 근거를 만들어보시기 바랍니다.

## 2
### 옳고 그름, 우월함과 열등함

　지금까지 우리는 상대성과 절대성 및 시대적 보편의 개념을 익혔습니다. 그런데 문화상대주의를 이야기하기 위해서는 이에 더해서 옳고 그름, 우월함과 열등함 대해서도 생각해보아야 합니다. 문화상대주의를 '인류 문화는 일원적으로 진화하는 것이 아니라 제각기 독자적인 방향으로 발전하기 때문에 문화의 우열을 가릴 수 없다고 보는 태도나 관점'으로 이해한다면 말입니다.

우리가 특정한 가치를 '옳다/그르다'라고 판단하는 것은 판단의 기준을 전제해야 가능합니다. 그리고 그 기준이 절대적이라면 '옳다/그르다'의 판단도 절대적일 것이며, 그 기준이 상대적이라면 '옳다/그르다'의 판단도 상대적입니다.

[라]

민족마다 선과 악에 대해 각기 고유한 언어를 지니고 있다. (중략) 각 민족은 도덕과 법에 있어 그들만의 언어를 만들어냈다. (중략) 차라투스트라는 많은 나라를 보았고 많은 민족을 접하였다. 그리하여 그는 많은 민족의 선과 악을 발견하였다. 차라투스트라는 세상에서 선과 악보다 더 큰 권력을 발견하지 못했다. 처음에 먼저 가치 평가를 하지 않는 민족은 살 수 없을 것이다. 한 민족이 자신을 보존하려면 이웃 민족이 하는 대로 가치 평가해서는 안 된다. 이 민족에게는 선한 것으로 불리는 많은 것을 저 민족은 몰상식하고 수치스러운 것으로 여겼다. 이제 나는 알았다. 많은 것이 여기서는 악한 것으로 불리지만 저기서는 보랏빛 명예로 치장된다는 것을 알았다. 이웃 민족끼리 서로를 이해한 적은 결코 없었다. 언제나 한 민족의 영혼은 이웃 민족의 광기와 악의에 놀라움을 금치 못하였다.

니체, 『차라투스트라는 이렇게 말했다』

[라]에서 니체는 민족마다 선과 악, 옳고 그름을 파악하는 기준이 서로 다름을 지적하고 있습니다. 니체는 민족을 대상으로 이야기하고 있지만, 이것을 민족보다 작은 집단이나 큰 집단으로 옮겨놓고 이해해도 크게 문제는 없을 듯합니다. [라]의 관점에서는 어떤 일이 발생할까요? 이 관점대로라면 A집단의 입장에서 옳은 것이 B집단의 입장에서는 그른 것이 되겠네요. 물론 반대도 성립하고요. 그런데 왜 이런 결과가 도출될까요? 그것은 각 집단이 모두 자신의 기준에서 선과 악, 옳고 그름을 판단하고 있기 때문입니다. A집단은 내가 옳다/선하다는 생각이 전제된 상태에서 B집단을 판단하는 것이지요. 그래서 서로 자기 기준을 내세웁니다. 여기서 주의해야 할 것은 자칫 이런 태도가 우리가 흔히 말하는

문화상대주의와 혼동되기 쉽다는 점이죠. 각 집단이 자기 기준을 내세운다는 말은, 남의 기준을 이해하려 하지 않는다는 말입니다. A집단에게는 a라는 기준이 절대적이고, B집단에게는 b라는 기준이 절대적이므로 이런 태도는 절대주의적 관점입니다. 모두가 서로에 대해 이런 흑백논리, 이분법적인 관점을 취하면 결국은 선/옳음이 악/그름을 징벌하기 위해서 서로가 갈등을 빚을 수밖에 없겠죠.

만약 선/악에 대해서 상대주의적 관점을 취한다면 어떻게 될까요? 서로 다른 집단이 서로의 선/악의 판단기준이 상대적임을 우선 인정해야 하겠지요. 그런 후에 왜 각자가 서로 다른 판단기준을 가지게 되었는지 원인을 따져보고, 그 기준이 과연 합당한 것인지 의견을 나눌 수 있어요. 그러다 보면 서로의 생각이 더 굳어질 수도 있고, 바뀔 수도 있겠지요. 서로가 생각을 바꾸지 않는다 해도 나와 다른 집단이 왜 저런 판단기준을 가지게 되었나를 이해할 수 있다면 나와 다르다는 이유만으로 그 집단을 '악'하다고 규정하지 못할 겁니다. 이처럼 열린 태도를 상대주의적 관점이라고 하는 거지요. 만약 서로의 합의를 통해서 잠정적으로나마 보편적 기준에 다다르면 그것이 '상대적 보편', '시대적 보편'이 됩니다.

우월함과 열등함에 대한 판단에 대한 이야기도 마찬가지로 펼쳐질 것입니다.

[마]

18세기 중엽 이래 동양과 서양의 관계를 규정하는 두 가지 중요한 요소가 있었다. 하나는 유럽에서 동양에 관한 체제적인 지식이 증대했다는 점이다. 이러한 지식은 식민지 침략에 의하여, 그리고 낯선 것과 색다른 것에 대한 폭넓은 관심에 의하여 강화되었으며, 또한 민족학·비교해부학·문헌학·역사학과 같은 새로이 발전하는 학문에 의해 활용되었다. 나아가 소설가, 시인, 번역가, 재능 있는 여행가가 저술한 방대한 양의 문헌이 이러한 체제적인 지식에 덧붙여졌다.

동양과 유럽의 관계에 나타난 또 다른 특징은 유럽이 지배자의 지위라고는 말할 수 없어도 언제나 강자의 지위를 차지했다고 하는 점이다. 이것을 완곡하게 표현할 방법은 없다. 밸푸어(A. J. Balfour)*가 동양 여러 문명의 '위대함'을 인정한 경우에서 볼 수 있듯이 강자와 약자의 관계를 위장하거나 완화하여 표현할 수는 있다. 그러나 서양에서는 정치적·문화적 차원에서, 나아가 종교적 차원에서조차 양자의 본질적 관계가 어디까지나 대립하는 강자와 약자의 관계로 간주되었다.

이러한 관계는 여러 가지 용어로 표현되었다. 밸푸어와 크로머(E. B. Cromer)[**]가 그런 용어를 사용한 전형적인 예다. 예컨대 동양인은 비합리적이고, 저열하고, 유치하고, '이상하다'. 그리고 유럽인은 합리적이고, 도덕적이며, 성숙하고, '정상적'이다. 동양은 이질적이 긴 하나 명확하게 조직된 자신의 세계에 살고 있으며, 그 세계는 독자적인 민족적·문화적·인식론적 경계를 가지고 있고, 또 내적 정합성의 원리를 갖추었다는 사실을 도처에서 강조함으로써 강자와 약자의 관계는 생명을 얻고 유지되었다.

그런데 동양 세계의 이해가능성(intelligibility)과 정체성은 스스로의 노력의 결과로서가 아니라, 서양이 동양을 규정하기 위하여 사용한 일련의 복잡하고 교묘한 조작을 통해서 주어진 것이다. 그리하여 내가 논의해온 문화적 관계의 두 가지 특성은 하나로 연결된다. 곧 동양에 대한 지식은 힘을 배경으로 하여 발생한 것으로서 동양과 동양인 그리고 동양 세계를 '창조한다'고 할 수 있다. 밸푸어와 크로머의 용어에 따르면, 동양인은 (법정에서와 같이) 판단의 대상으로 묘사되며, (교과과정에서처럼) 연구와 서술의 대상으로 묘사되며, (학교나 감옥에서처럼) 훈육의 대상으로 묘사되고, 또 (동물도감에서처럼) 도해의 대상으로 묘사된다. 요컨대 동양인은 이런 모든 경우에서 지배적인 틀에 의하여 '재단되며' '표상되는' 존재이다. 그렇다면 이 틀은 도대체 어디에서 오는가?

[*] 밸푸어(A. J. Balfour): 영국의 정치가이자 철학자.

[**] 크로머(E. B. Cromer): 이집트와 인도에서 활동한 영국의 식민지 행정관.

에드워드 사이드, 『오리엔탈리즘』

[마]에서 우리는 동양과 서양의 관계에 대한 두 가지 특징이 결합해서 작용한다는 부분에 주목해야 합니다. 서양인은 동양(엄밀하게 따지면 제시문에서 말하는 동양은 지금의 동남아시아와 동아시아를 말하는 것이 아니라, 이집트나 중동 지역을 의미합니다)에 대한 우월감을 가지고 있었습니다. 아마도 그것은 그들이 동양을 무력으로, 상업적으로 정복했다는 사실에서 오는 것이겠지요. 그런데 이런 우월감이 바탕이 된 채로, 서양은 다양한 영역에서 동양에 대한 세밀한 규정, 학문적 규정을 내리게 됩니다. 그렇게 되면 동양은 서양인에게는 학문적(이성적·논리적·합리적)으로 자신들보다 열등한 존재라는 것이 입증되겠지요.

그리고 그렇게 체제화된 동양에 대한 정체성을 서양 내에서 재생산하고, 동양인도 그 정체성을 받아들여서 서양은 자신보다 우월하다는 의식을 가지게 되었다는 것이 사이드의 주장입니다. 여기서도 서양이 동양을 규정하는 기준이 그들만의 것, 그들 입장에서의 절대적 기준이라는 점을 눈여겨보아야 합니다. 자신의 기준에서만 바라보니 자신과 다른 것은 열등하게 인식하는 편견에 빠진 겁니다. 타자를 이해하려는 열린 마음이 없는 것이죠. 군사적 우월함을 존재 전체의 우월함으로 인식하는 오류를 범한 것이기도 하고요. 부분을 전체로 확대해서 잘못된 결론에 도달한 것입니다.

정리하자면 옳고 그름, 우월함과 열등함에 대한 판단은 어떤 기준을 전제로 합니다. 그런데 나, 혹은 내가 속한 집단의 가치만을 그 기준으로 해서 세계를 두 부분으로 싹둑 자르는 태도는 절대주의입니다. 반면 너, 혹은 다른 집단의 가치도 판단의 기준으로 고려해보는 것, 그래서 타자를 타자의 관점에서 바라보려 하는 것, 이것이 상대주의입니다. 그런데 [라]와 [마]에서 보이듯이 인간의 역사는 주로 절대주의적 관점에서 옳고 그름, 우월함과 열등함을 판단해온 것이 사실입니다.

# 3
## 문화상대주의의 한계는 무엇이며 어떻게 극복할 수 있는가

지금까지의 논의를 토대로 문화상대주의를 다시 한 번 정의해본다면, '문화(집단의 생활양식)에 대해서 옳고 그름이나 우월함과 열등함을 판단할 때, 그 기준을 내 것 하나만 내세우지 말고 상대방이 내세우는 기준도 생각해보자는 태도'가 될 겁니다. 이걸 전부 외우라는 말은 아니고요. 개념을 이해하는 것이 중요합니다. 그래서 앞서의 논의가 있었던 겁니다.

[바]
체제론에서는 문화가 하나의 상태로부터 다른 상태로 진화되는 것이 아니라고 주장한다. 그

보다 모든 문화는 다른 문화와의 부단한 접촉을 통해 유기적인 관계를 맺으면서 자기 문화의 틀과 속성을 유지하며, 부분적인 조정을 거치는 방식으로 유지되고 변동되어 왔다는 것이다.

따라서 체제론에서 보면 문화는 우열의 기준을 적용하는 것이 아니라 그 나름대로 가지고 있는 틀과 속성이 무엇인가를 이해하는 것이 중요하다. 이런 점에서 체제론은 문화상대주의(文化相對主義)와 상통한다. 문화상대주의는 한 사회의 문화를 그 사회의 입장에서 평가하고 이해하려는 태도이다. 예를 들면, 우리나라의 동제(洞祭)는 신앙의 한 형태로서 존재 이유와 가치를 지니는 것이고, 불교나 이슬람의 예배 절차는 그 나름대로의 의미를 가지고 있다고 이해하는 것이 문화상대주의이다.

고등학교 『사회 문화』 교과서

그런데 문화상대주의는 개념적으로 큰 약점을 가집니다. 상대의 문화를 상대의 가치 기준으로 이해하게 되면, '너도 옳고 나도 옳다. 너도 우월하고 나도 우월하다'는 결론에 도달하게 되죠. 추상적 개념의 차원에서야 이런 생각이 전혀 문제될 것이 없겠지만, 현실의 실천적 문제와 결부되면 문제가 간단하지 않습니다. 우리는 지금 세계화시대에 집단 간, 민족 간의 교류가 많아지면서 서로 문화가 다른 사람들끼리 얽히고설키어 살아가고 있습니다. 그러다 보니 서로의 가치가 충돌하는 문제가 발생합니다.

[사]

프랑스대혁명 200주년 기념식을 성대히 치른 직후인 1989년 10월 '히잡 사건'이 발생했다. 무슬림 여중생 세 명이 수업시간에 쓰고 있던 히잡을 벗으려 하지 않았다는 이유로 학교에서 쫓겨났는데, 이 사실이 언론을 통해 알려지고 국가적으로 논쟁이 벌어졌다.

히잡 착용이 프랑스에서 논란을 일으킨 이유가 무엇일까? 히잡은 단순히 종교적 상징물이 아니다. 일반적으로 히잡 착용은 다음과 같은 의미로 설명된다. 먼저, 정숙함의 표시를 들 수 있는데, 제3자의 성적 도발로부터 자신을 보호하는 역할을 한다. 히잡을 쓴다는 것은 "나를 건드리지 마!"라는 표시다. 또한 부모의 강압 혹은 종교적 의무 사항으로 히잡을 착용하는 경우도 있다. 이는 무슬림 소녀가 부모나 종교 지도자의 압력을 받고 있음을 뜻한다. 그리고 공동체주의의 일환으로 히잡을 쓰는 경우도 있다. 이는 자신의 고유한 문화를 나타내기 위함인데, 다른 말로 표현하면 프랑스문화, 더 나아가 서구문화에 대한 거부감의 표현으로 이해된다.

그런데 일반 프랑스인에게 히잡 착용은 '차이를 분명히 하는' 정치적 의사의 표현이자 공동체주의의 일환으로 간주된다. 특정 종교의 단순한 상징 정도가 아니라고 판단하는 것이다. 또한 히잡 착용은 일부다처제와 강제결혼 문제 등 흔히 여성에 대한 차별이나 억압과 관련해 언급되고 있다. 더욱이 프랑스인은 무슬림 소녀의 히잡 착용이 자발적 행동인 경우가 매우 드물고 대부분 가족을 넘어 이슬람 급진원리주의자의 영향을 받고 있는 것으로 생각한다.

이화여대 2008 수시

[사]의 사례를 봅시다. 추상적 차원에서는 이렇습니다.

"프랑스인들이 우리에게 히잡을 벗으라 하네. 그래, 당신들의 가치는 그런 거지? 음, 알았어. 그러나 나는 히잡 벗지 않을 거야. 하지만 그대들의 생각은 이해해."

"히잡을 쓰고 다니는 것은 여성에 대한 억압이자 편견이야. 자유 프랑스에서 이런 일이 있어서는 안 되지. 엇, 그런데 벗지 않겠다고. 그래 뭐 여러분의 생각이 그렇다면야. 그래도 내 생각은 여러분들과 달라."

별 문제될 게 없지요. 그냥 "난 그렇게 생각하지 않아" 하면 그만이니까요. 두 개의 서로 다른 생각이 공존할 수 있습니다. 그런데 실천의 영역에서는 문제가 됩니다. 행위는 단 하나밖에 없으니까요. 공존이 불가능하죠. "히잡을 쓸 거냐? 벗을 거냐?"

이 상황에서는 프랑스인과 이슬람인이 서로 '문화상대주의'를 주장할 겁니다. 프랑스인은 자신들의 가치인 '자유와 평등'을, 이슬람인은 자신들의 가치인 '종교적 의무'를 말하겠지요. 그러면서 왜 서로 자기를 이해해주지 않느냐고 원망하기만 하겠지요. 서로가 상대방을 자문화중심주의에 빠져 있다고 비난하겠지요. 문제는 해결되지 않은 채 말입니다. 이런 경우에는 '문화상대주의'라는 개념의 실효성이 한계에 부딪힙니다.

그럼 이 문제를 어떻게 해결해야 할까요?

먼저 드는 생각은 프랑스인의 가치와 이슬람인의 가치 중 어떤 것이 더 우월한가를 따져보는 겁니다. 상대주의에서 벗어나 절대적 기준을 가지고 가치의 우열을 생각해보는 방법이지요. 그런데 이런 방법으로는 문제 해결이 쉽지 않을 것이 충분히 예상되지 않나요? 프랑스인은 그들의 가치를 절대시하고, 이슬람인도 그들의 가치를 절대시할 게 뻔하죠. 이래서는 문제가 해결될 수 없습니다.

그렇다면 어떤 방법이 있을까요? 법안을 시행하기 전에 대표성이 있는 프랑스인과 이슬람인이 만나서 서로의 가치에 대해서 이야기를 나누고 합의해 보는 것은 어땠을까요? 또는 프랑스 사회 전체적으로 이 문제를 공론화해서 사회적 토론과 합의의 과정을 거치는 것은 어땠을까요? 그렇게 해서 시간이 걸리더라도 충분히 서로 공감할 수 있는 방법을 찾을 수 있지 않았을까요? 물론 어떤 결정이 내려지더라도 그 결정이 변화될 수 있다는 여지를 남겨놓은 채 말이지요.

문화상대주의는 현대사회에서 필요한 태도입니다. 모두가 동의할 수 있는 절대적인 가치기준을 설정하는 것이 어렵기 때문이지요. 그렇다고 해서 자기 집단 중심으로만 문화상대주의를 강조하게 되면 그것은 역설적으로 자문화중심주의로 전락하고 맙니다. 그렇다면 우리가 생각해볼 수 있는 것은 서로가 합의할 수 있는 '시대적 보편' 개념입니다. 잠정적으로나마 서로가 옳다고 동의하는 가치기준을 수립하고 이를 바탕으로 판단을 내리는 것이 현재의 관점에서는 가장 합리적인 태도일 것입니다.

1. 상대성과 절대성의 개념을 정리해보라.

2. [사]의 사례에서 히잡 착용을 금지할 것인가, 허용할 것인가에 대해 생각해 보라.

3. 현실에서 서로 다른 문화적 가치가 충돌하는 사례를 들고 해결 방안을 제 시해보라.

# 1
## 리차드 니스벳, 『생각의 지도』

오늘날 지구상에 살고 있는 사람 중 상당수가 고대 그리스의 지적 전통을 물려받은 사람이다. 그런데 그보다 훨씬 더 많은 사람이 고대 중국의 지적 전통을 물려받았다. 지금부터 2,500년 전의 고대 그리스와 중국은 인간을 바라보는 관점과 사회구조가 매우 달랐을 뿐 아니라, 철학과 과학에 있어서도 서로 극명한 대조를 이루었다. 흥미로운 점은 그런 차이가 현대를 살고 있는 동양과 서양 사람의 사고방식에 큰 차이를 가져왔다는 점이다.

그리스인은 다른 문화권에서는 찾아보기 힘든, 개인의 자율성을 굳게 믿었다. 즉 삶이란 스스로 주관하는 것이므로 자신이 원하는 대로 자유롭게 행동할 수 있다는 확신을 그들은 가지고 있었다. 이러한 생각은 행복에 대한 그들의 정의에서도 뚜렷이 나타난다. 그리스인이 정의하는 행복이란 '아무런 제약 없는 상태에서 자신의 능력을 최대한 발휘하여 만인의 인정을 받는 것'이었다. 그들은 인간을 '독특한 특성과 목표를 가진 상호 개별적인 존재'로 파악했다. 이 점은 호메로스의 작품 속에서도 분명하게 나타난다. 『오딧세이』와 『일리아드』에 등장하는 신이나 인간은 모두 나름대로 개성을 지닌 독특한 존재였다. 개인의 자율성을 중시했던 고대 그리스는 자연스레 논쟁하는 문화를 꽃피웠다. 호메로스는 남자의 능력을 평가하는 근거로 전사로서의 전투능력과 토론자로서의 논쟁능력을 들었다. 고대 그리스에서는 일개 평민일지라도 왕의 의견에 반기를 들고 왕과 논쟁을 벌일 수 있었고, 설득을 통하여 군중을 자기 편으로 만들 수 있었다. 다른 문화권과 달리 그리스에서는 국가의 중대사에서부터 매우 사소한 문제에 이르기까지 많은 일이 공개적인 논쟁을 통해 결정되었다. 사정이 이러하니 고대 그리스에서는 독재자가 그리 많지 않았고 설사 독재자가 득세하더라도 곧 과두정치나 민주주의(기원전 5세기경)로 대체되었다. 그리스문화에서는 자유와 개성만큼이나 세상에 대한 '호기심'이 중시되었다. 아리스토텔레스는 호기심이야말로 인간을 인간답게 하는 특성이라고 주장했다. 성경을 보면 그리스 아테네 사람에 대해 '오직 새로운 것을 말하고 듣는 것에만 관심이 있다'고 기술한 대목이 나온다. 그리스인은 누구보다 우주의 원리에 대한 호기심이 강했고, 우주의 운행원리에 관한 그들 나름의 이론적 모델을 만들어냈다. 우주에 대한 강한 호기심은 그리스문화가 물리학, 천문학, 기하학, 형식논리학, 이성철학, 민속학 같은 분야에서 탁월한 업적을 세우는 데 원동력으로 작용했다.

한편 중국인은 어릴 때부터 자신이 어떤 집단의 구성원, 특히 가족의 구성원이라는 점을 가장 중요한 사실로 교육받는다. 그리스인에게 있어서 개인이 특정집단에 구속되어 있지 않은 독립적인 존재였다면, 중국인에게 있어서 개인은 '특정집단에 소속된 구성원'이었다. 그리스인이 연극이나 시 낭송을 관람하는 것을 특별한 일로 생각한 반면 동시대의 중국인은 친구나 친척을 방문하는 것을 특별한 행사로 여겼다. 중국인은 또한 주변환경을 자신에 맞추어 바꾸기보다는 자신을 주변환경에 맞추도록 수양하는 일을 중시했다. 끊임없는 자기 수양을 통해 가족이나 마을사람과 조화를 이루고 통치자의 명령에 순종하려고 노력했다. 중국인에게 행복이란 '화목한 인간관계를 맺고 평범하게 사는 것'이었다. 이 때문에 그리스의 꽃병이나 술잔에는 전투나 육상경기처럼 개인이 경쟁하는 모습이 그려져 있는 반면, 중국의 도자기나 그림에는 가족의 일상이나 농촌의 한가로운 정경이 자주 등장한다. 그렇다고 해서 고대 중국인이 권력자나 가족공동체 우두머리의 권위에 한없이 휘둘리기만 하는 무력한 존재였던 것은 아니다. 단지 그들에게는 개인의 자율성보다는 집단의 자율성, 즉 팀워크가 우선시되었을 뿐이다. 중국의 핵심 도덕인 유교에 따르면 인간은 군주와 백성, 부모와 자식, 남편과 아내, 노인과 젊은이, 친구와 애인 등 수많은 관계 속에서 마땅히 지켜야 할 의무를 지니고 있는 관계적 존재다. 그래서 그들은 민주주의를 대신하여 가족제도를 정착시켰다. 중국인이 인간관계의 조화를 중시했다고 해서 줏대 없이 다른 사람의 의견을 맹목적으로 따랐다는 의미는 아니다. 공자는, 선비는 조화를 추구해야 한다고 강조하면서도 그것을 단순히 남을 따르려는 동조 욕구와 구별했다. 고대 중국인은 고대 그리스인에 비해 자연과학에 대한 호기심은 약한 편이었지만 실용정신이 확고하여 잉크, 도자기, 관개시설, 자석, 나침반, 손수레, 지진계, 면역기술, 외륜선 등 생활에 필요한 것을 처음으로 또는 독자적으로 개발했다. 즉 이웃과 더불어 살아가는 공동체 생활에 대한 관심이 실용과학을 일으켰다.

# 2
## 프란츠 파농, 『검은피부, 하얀가면』

『나는 마르티니크 여자입니다』에는 다음과 같은 글이 쓰여 있다. "나는 오로지 백인과만 결혼하고 싶었을 따름이다. 그러나 유색인 여성은 백인의 시선에 결코 숭배의 대상으로 비치지 않는다. 백인이 유색인 여성을 사랑하고 있을 때조차라도 말이다. 나는 이미 이 사실을 잘 알고 있었다." 이 문장을 읽을 때 읽는 이는 당혹감을 감추기 힘들다. 거대한 망상의 한 자락으로 자리하는 이 문장은 우리의 뇌리를 아프게 찌른다. 언젠가 마요테 카페시아라는 이름의 여성이 동기도 불분명한, 게다가 아주 황당한 생각이 무작위로 산재되어 있는 202쪽에 이르는 체험적인 자서전을 써낸 적이 있다. 이 책의 출판에 대한 한 특정 단체의 지나친 환호 때문에 나는 이 책을 분석해보고 싶었다. 체질적으로 나는 빙빙 둘러 말하는 것을 싫어한다. 따라서 단도직입적으로 말하겠다. 『나는 마르티니크

여자입니다』라는 책은 부패에 대한 찬미를 담고 있는 싸구려 상품에 불과하다.

마요테는 자신의 모든 것을 바쳐 한 백인을 사랑한다. 그 백인이 그녀에겐 신과 같은 존재인 셈이다. 그녀는 그에게 아무것도 묻지 않고 아무것도 요구하지 않는다. 그 백인을 통해 자신의 인생에 투영될 일말의 백인성만 얻을 수 있다면 말이다. 그 백인이 미남인지 추남인지를 스스로에게 자문할 때조차도 그녀는 쓴다. "내게 정작 필요한 것은 파란 눈과 금발과 하얀 피부뿐이다. 그래서 나는 그를 사랑한다"고. 이 말을 위계적으로 재배치해보면 다음과 같은 의미의 문장을 이끌어낼 수 있다. "나는 그를 사랑한다. 왜냐하면 그는 파란 눈과 금발과 하얀 피부를 가졌으므로"라는 문장 말이다. 앙띨레스 출신이 잘 아는 사실이 하나 있다. 그것은 "파란 눈은 흑인을 공포에 떨게 한다"는 사실이다.

마요테는 자신이 진정으로 원하는 것이 일종의 표백화라는 사실을 드러낸다. 한마디로 자신의 종자가 모두 백인화되어야 한다는 것이다. 마르티니크의 모든 여성은 이미 이 사실을 주지하고 있다. 그러나 동시에 이것을 반복한다. 백인화되는 것만이 살아남을 수 있는 유일한 길이라고 믿기 때문이다. 이 믿음은 "자신이 자라난 땅의 특수성을 보존해야 한다"는 일반인의 보편적인 의지를 담보하고 있지 못하다. 오히려 '그 특수성도 언젠가는 백인화될 것이다'라는 믿음을 표방한다. 어떤 특정한 유형의 행동양식을 분석할 때 내 마음 깊은 곳에서 욕지기가 치밀어오를 때가 있다. 앙띨레스에 사는 일반적인 여인의 선택을 지배하는 다양한 속담, 격언, 사소한 행동방침 등이 그 유형에 속한다. 그것은 충격적이다. 그중 가장 놀라운 것은 흑인성이라는 함정에 다시 빠져들지 않으려는 눈물겨운 분투다. 따라서 앙띨레스의 모든 여성은 장난기 섞인 유혹이건 진지한 접근이건 관계 없이, 가장 백인에 가까운 흑인을 자신의 연애 대상으로 선정한다. 때때로 선택이 빗나가면, 그 어긋난 투자를 정당화하기 위해 "X는 검둥이다. 그러나 절망은 더 검다"라고 위무하기도 한다. 나는 마르티니크 출신이면서 프랑스에서 학교를 다니는 많은 여학생을 안다. 그들은 가끔 나에게 솔직한 고백—철저히 백인적인 의미의 고백이긴 하지만—을 털어놓곤 한다. "흑인과의 결혼은 상상도 할 수 없어요"라는 식의 고백 같은 것 말이다. 그들은 말한다. "그 지긋지긋한 곳에서 이제야 빠져나왔는데 나보고 그곳으로 다시 돌아가라구요? 절대로 그렇게는 못해요"라고. 그들은 다음과 같이 덧붙이는 말도 잊지 않는다. "물론 흑인이 인간 말종이라는 것을 인정하는 것은 아니에요. 하지만 백인이 되는 게 나쁠 건 없잖아요?" 근자에 나는 그런 생각을 가진 한 여학생과 이야기를 한 적이 있다. 분노의 치를 떨면서 그녀는 나를 한바탕 몰아붙였다. "만약 세자르가 자신의 종족을 높이 사는 전시적 태도를 취한 적이 있다면, 그건 그 자신의 종족을 일종의 저주받은 존재라고 생각했기 때문일 거예요. 백인을 보세요. 어디 그들이 그런 태도를 보이던가요? 사실 우리 모두에겐 누구나 백인의 잠재력이 있어요. 그러나 몇몇은 그 가능성을 애써 무시하고 또 몇몇은 그것을 거부할 뿐이지요. 나도 결코 흑인 따위와는 결혼하지 않을 거예요." 이러한 태도가 희귀한 것은 아니다. 그러나 솔직히 이런 여성의 생각에 당혹감을 느끼지 않을 도리가 없다. 왜냐하면 몇 년 후면 바로 이런 여학생이 모든 자격시험을 마치고 앙띨레스 본국에 있는 여러 학교로 흩어져 교편을 잡게 될 것이기 때문이다. 그 후유증은 상상하기 어렵지 않다.

# 글쓰기

## 1
### 2008학년도 이화여자대학교 수시 2학기 기출문제

[가]

프랑스대혁명 200주년 기념식을 성대히 치른 직후인 1989년 10월 '히잡 사건'이 발생했다. 무슬림 여중생 세 명이 수업시간에 쓰고 있던 히잡을 벗으려 하지 않았다는 이유로 학교에서 쫓겨났는데, 이 사실이 언론을 통해 알려지고 국가적으로 논쟁이 벌어졌다.

히잡 착용이 프랑스에서 논란을 일으킨 이유가 무엇일까? 히잡은 단순히 종교적 상징물이 아니다. 일반적으로 히잡 착용은 다음과 같은 의미로 설명된다. 먼저, 정숙함의 표시를 들 수 있는데, 제3자의 성적 도발로부터 자신을 보호하는 역할을 한다. 히잡을 쓴다는 것은 "나를 건드리지 마!"라는 표시다. 또한 부모의 강압 혹은 종교적 의무 사항으로 히잡을 착용하는 경우도 있다. 이는 무슬림 소녀가 부모나 종교 지도자의 압력을 받고 있음을 뜻한다. 그리고 공동체주의의 일환으로 히잡을 쓰는 경우도 있다. 이는 자신의 고유한 문화를 나타내기 위함인데, 다른 말로 표현하면 프랑스문화, 더 나아가 서구문화에 대한 거부감의 표현으로 이해된다.

그런데 일반 프랑스인에게 히잡 착용은 '차이를 분명히 하는' 정치적 의사의 표현이자 공동체주의의 일환으로 간주된다. 특정 종교의 단순한 상징 정도가 아니라고 판단하는 것이다. 또한 히잡 착용은 일부다처제와 강제결혼 문제 등 흔히 여성에 대한 차별이나 억압과 관련해 언급되고 있다. 더욱이 프랑스인은 무슬림 소녀의 히잡 착용이 자발적 행동인 경우가 매우 드물고 대부분 가족을 넘어 이슬람 급진원리주의자의 영향을 받고 있는 것으로 생각한다.

### [나]

현대사회에서는 정체성과 문화적 차이의 인정을 요구하는 소수집단의 목소리가 더욱 거세지고 있다. 이와 관련하여 우리는 소수집단이 주장할 수 있는 두 유형의 요구를 구별할 필요가 있다. 첫 번째 유형은 소수집단이 그 집단의 구성원에 대해 강제하는 요구이며, 두 번째 유형은 그 집단이 속해 있는 보다 큰 사회에 대해 주장하는 요구이다. 두 유형의 요구는 모두 집단의 안정성을 확보하기 위한 것으로 볼 수 있으나, 각각 전혀 다른 불안정성에 기인한다.

첫 번째 요구는 한 소수집단의 구성원이 전통적 관례나 관습에 순응하지 않고 반항할 때 야기되는 불안정성으로부터 그 집단을 보호하려는 것이다. 두 번째 요구는 소수집단이 속해 있는 보다 큰 사회의 정치경제적 결정의 영향으로부터 그 집단을 보호하려는 것이다. 첫 번째 요구를 '내적 제재'라 한다면 두 번째를 '외적 보호'라고 부를 수 있다.

이러한 요구는 모두 '집단 권리(group rights)'라고 할 수 있지만, 관련된 이슈는 요구 유형에 따라 전혀 다르다. 외적 보호가 소수집단과 주류집단 사이의 관계에 관한 것이라면, 내적 제재는 집단 구성원 사이의 관계에 관한 것이다. 소수집단은 집단 결속이라는 이름으로 구성원의 자유를 제한하기 위해 집단 권력을 활용하여 내적 제재를 시행한다. 그런데 어떤 소수집단은 신정정치(神政政治)와 가부장적 문화 속에서 비록 합법적인 방식이라고 하더라도 종교적 교조주의를 강요하거나 여성을 억압함으로써 개인의 권리보다는 집단 권리를 앞세운다.

따라서 소수집단의 내적 제재를 용인해야 할 것인지 심각하게 생각해보아야 한다. 실제로 내적 제재의 요구와 외적 보호의 요구가 항상 동시에 주장되는 것은 아니다. 어떤 소수집단은 구성원에게 내적 제재를 가하지 않으면서도 그 집단이 속한 보다 큰 사회에 대항하여 외적 보호를 추구한다. 또 어떤 집단은 외적 보호를 요구하지 않으면서도 구성원의 행동에 영향력을 행사하려 한다. 두 가지 모두를 요구하는 소수집단도 있을 수 있다. 이러한 다양한 양태를 이해하기 위해서는 집단 권리에 대해 근본적으로 다른 개념이 필요하다. 나는 자유주의자로서 집단 간의 공정성을 증진시키는 외적 보호를 인정하고 이를 지지해야 하지만 전통적 권위나 관습에 의문을 제기하고 이를 개선하려는 구성원의 개인적 권리를 제한하는 내적 제재에는 반대해야 한다고 생각한다.

## [다]

보편적 인간성이라는 이상(理想)은 소수집단을 주류사회로 통합하고 그들의 지위를 향상시키는 데 역사적으로 크게 기여를 해왔다. 그러나 소수집단은 향상된 지위에도 불구하고 계속 일탈집단, 즉 타자로 간주되고 있으며 그들에 대한 차별은 더욱 교묘하게 작용하고 있다. 그래서 소수집단은 주류사회로의 동화를 거부하는 대신, 권력을 쟁취하기 위해 정체성을 강조하고 자신들만을 위한 조직을 만들어 운영하고 있다.

이러한 상황 속에서, 주류집단 중심의 사회통합은 다음의 세 가지 측면에서 바람직하지 못한 결과를 초래한다. 첫째, 소수집단은 경험·문화·사회적 능력에서 주류집단과 엄연히 다른데, 집단 간의 차이가 무시되면 이로 인해 발생하는 불이익을 필연적으로 감수해야만 한다. 동화(同化, assimilation) 전략은 기존에 배제된 집단을 주류사회에 통합하려는 것이다. 그래서 동화는 항상 게임이 이미 시작된 후에 그리고 규칙과 기준이 정해진 이후에야 소수집단을 게임에 참여시키는 것이나 다름없다. 둘째, 주류집단은 보편적 인간성을 강조함으로써 자신의 특수성을 은폐한다. 집단 간의 차이를 무시하는 것은 주류집단의 관점과 경험을 중립적이며 보편적인 것으로 조작하여 소수집단에 강제하는 것이다. 이에 따라 주류집단의 문화제국주의는 영구화된다. 셋째, 주류집단의 '중립적' 기준을 적용하여 소수집단의 관습이나 문화를 일탈로 간주하면, 소수집단의 구성원도 그 기준에 따라 자신의 집단을 폄하하게 된다. 문화적으로 보편적 기준이 존재한다는 생각을 받아들이게 되면, 예를 들어 소수집단의 자녀는 백인의 영어식 억양과 다른 억양을 사용하는 자신들의 부모를 업신여기게 된다.

이와 달리 집단 간의 차이를 인정하고 그 차이의 긍정성을 옹호하게 되면, 소수집단은 자유롭게 되고 역동성을 얻게 된다. 지배문화가 경멸하도록 가르쳤던 자신의 정체성을 회복하고 이를 자신 있게 내세움으로써, 그동안 억압받아 왔던 소수집단은 비로소 이중적 자의식을 극복할 수 있게 된다. 또한 소수집단은 자신의 문화와 특성에 대한 가치와 특수성을 옹호함으로써 보편성이라는 이름으로 정당화해온 지배적인 문화를 상대화할 수 있게 된다.

### [라]

어느 사회에서나 젊은이는 일탈자의 많은 부분을 차지한다. 미국 사회의 소수집단인 아미쉬(Amish)는 16세에서 20대 초반까지의 기간에, 부모의 엄격한 통제를 받는 시기와 교회에 헌신을 다해야 하는 시기 사이의 중간 기간을 거친다. 흔히 이 시기는 '럼스프링가(rumspringa)'라고 불린다. 럼스프링가 기간에 많은 아미쉬 젊은이는 부모나 교회의 간섭을 거의 받지 않고 세속적인 삶의 즐거움을 경험한다. 아미쉬의 교리는 교회에 대한 헌신 서약이 자유로운 선택임을 강조하는데, 럼스프링가는 세속적인 삶에 대한 포기가 자발적인 것임을 보여준다. 럼스프링가 기간이 끝나고 헌신 서약을 하고 나면, 공동체는 일탈의 정도가 심한 사람을 적극적으로 그리고 공식적으로 멀리한다. 이 경우에 가족도 일탈자와의 접촉을 거부하도록 요구받는다. 그러나 럼스프링가 기간 동안에는 일탈의 정도가 아무리 심한 젊은이와의 접촉도 가족 내 문제로 간주된다. 일탈자는 다시 돌아올 수 있으며 실제로 많은 이들이 돌아오는데, 일탈에 대한 온전한 고백과 공동체의 관례에 대한 재헌신의 서약 과정을 거쳐야 한다. 아미쉬 공동체는 높은 집단 순응성 때문에 전체 사회의 가치가 아미쉬 공동체 안으로 침투하는 것을 막아내고 있다. 사실상, 사회적 변화는 공동체가 집단적으로 인정하는 범위 안에서만 수용되고 있는 것이다.

1. [가]에 나타난 히잡 착용의 의미를 [나]의 관점에서 분석하시오.




2. [나]와 [다]는 다문화주의에 관한 글이다. [나]와 [다]의 관점을 대조하여 설명하시오.




3. [라]의 사례를 활용하여 [다]의 주장이 가지고 있는 약점을 보완하시오.

# 2011학년도 고려대학교 오전 인문계 A 기출문제

**아래의 제시문을 읽고 논제에 답하시오.**

[1]

거실 테이블 위에 함께 놓여 있는 전통 수공예품과 아방가르드 미술의 카탈로그, 청량음료와 스포츠카를 고대 역사 유물의 배경에 뒤섞어 놓은 콜라주 광고물, 이런 것들을 어떻게 이해할 수 있을까? 여기서 전통적인 것과 근대적인 것을 대비시키는 이분법의 틀은 더 이상 작동할 여지가 없다. 고급문화와 대중문화, 외래문화와 토속문화의 상이한 층위도 기존에 우리가 기대해왔던 모습과는 다른 양상을 지닌다. 이러한 구분을 해체할 필요가 있다. 전 지구화가 급속히 진전되며 세계가 촘촘하게 연결되고 인적, 물적 교류가 급격히 증가하자, 문화 개념을 둘러싸고 몇 가지 상충하는 견해들이 등장했다. 첫째는 문화 접촉이 증가함에 따라 문화 간의 차이에 대한 인식이 강화되고 나아가 문화 간 갈등이 증폭되어 결국에는 서로 충돌하게 될 것이라는 전망이다. 둘째는 초국적 기업의 전 지구적 활동을 지적하며, 문화 간의 차이가 줄어들고 동질화가 빠르게 진행되어 하나의 보편적인 문화로 통합되리라고 보는 시각이다. 셋째는 혼종화가 본격적으로 전개될 것이라고 예측하는 관점이다.

원래 생물학에서 유래된 혼종이라는 용어는 제국주의 팽창에 따른 인종 간의 섞임, 즉 혼혈에 대한 두려움을 동반한다. 유럽인이 아시아인이나 아프리카인보다 우수하다는 식의 우생학적 학설을 토대로, 혼혈인은 열등한 인종보다 더 열등하다고 인식되기도 했던 것이다. 서양의 제국주의가 팽창한 19세기가 겉으로 보기에 인본주의를 토대로 한 계몽의 시대였지만 내면적으로는 혈통에 따른 정치사회적 구별짓기가 뚜렷했던 시대였던 것도 바로 이 때문이다. 이후 식민 지배가 종결되고 많은 나라들이 독립한 뒤 국가 간의 교류가 활발해지자 혼종에 대한 이해도 점차 바뀌어, 정체성과 문화에 끼친 혼종의 영향력이 주목받게 되었다.

사실 혼종이라는 현상 자체는 이전에도 늘 존재해 왔다. 아프리카, 유럽, 아시아의 만남이 빈번했던 지중해 지역에서 일어난 고대 그리스문명, 유럽인이 아메리카 대륙으로 이동하면서 생긴 새로운 문화 등을 문화적 혼종현상의 역사적 예로 볼 수 있다. 개별적인 형식으로 존재했던 분리된 구조나 행위가 뒤섞여 새로운 구조나 행위를 창조하는 사회문화적 과정을 혼종화라고 한다면, 혼종은 특정한 역사적 시기에만 나타나는 현상이 아니라 모든 문화의 지속적인 조건으로 이해된다. 섞임이 없이 순수한 문화란 세상에 존재할 수 없기 때문이다. 순수하게 분리된 구조로 보이는 문화라 할지라도 이미 혼종화의 결과이므로 따지고 보면 어떤 문화도 순수한 기원으로는 결코 환원될 수 없다.

이러저러한 역사적 조건 가운데 오랜 시간 단일한 문화인 것처럼 발전되어 오면서 그 문화에 섞여 들어와 있는 다른 문화요소들의 존재를 변별적으로 인식하지 못하게 된 것일 뿐이다. 예컨대 미국에 거주하는 히스패닉 공동체에서 비롯되어 인터넷을 통해 확산되었고 심지어는 미국의 한 대학에 강좌가 개설되기도 한 스팽글리시(Spanglish)를 공식적으로 용인해야 하는가에 대한 찬반의 논란도 이런 시각에서 이해할 수 있다. 스팽글리시 사전 편찬을 반대하는 주장의 일각에는 영어와 스페인어는 라틴어, 아랍어, 신대륙 원주민 언어 등으로부터 영향을 받지 않은 것으로 간주하는 시각이 전제되어 있다. 그러나 정도의 차이가 있을 뿐, 특정한 언어 역시 궁극적으로는 혼종의 결과임을 부인할 수 없다. 모든 문화는 끊임없이 횡단의 과정을 겪어왔고, 지금 이 순간도 겪고 있다. 오늘을 사는 우리 역시 문화라는 틀 안에서 살고 있는 만큼이나 문화들 '사이'에서도 삶을 영위하고 있는 것이다.

이처럼 혼종현상은 문화 전반에 존재해 왔으나 혼종성이라는 개념으로 문화를 이해하게 된 것은 비교적 최근의 일이다. 혼종성 개념을 어떤 이는 고급문화와 대중문화의 융합현상을 이해하는 틀로, 또 어떤 이는 전 지구화의 과정 속에서 지역문화 간의 상호작용을 설명하는 틀로 사용하기도 한다. 그리고 어떤 이는 인종 간의 접촉과 탈식민화를 이해하는 틀로 인식하기도 하는데, 여기서의 혼종성은 문화제국주의에 대한 비판을 이끌어내면서 식민 종주국과 피식민국 양자에 존재하는 본질주의의 근간을 흔들어 놓았다. 다시 말해, 자기동일성의 확장이라는 식민 지배 측의 환상뿐만 아니라 토착성의 보존이라는 피식민지 측의 환상도 함께 깨뜨림으로써, 지배문화에 일방적으로 병합되거나 편입, 동화될 가능성을 거부하는 동시에 피지배국의 자민족중심주의 문화도 비판하는 기능을 수행했던 것이다. 나아가 혼종성의 개념은 정체성, 차이, 불평등과 같은 주제들이나 전통과 근대, 빈국과 부국, 지역과 세계 같은 대립 항들에 대한 이해를 근본적으로 변화시켰다. 혼종성은 문화 주체의 복합적 정체성을 보여줌으로써 '우리 대 그들'이라는 익숙한 이분법적 사고방식을 넘어 새로운 문화공동체를 이끌어내기 위한 실천적 개념으로 매우 유용하다. 상이한 문화의 갈등 없는 공존이라는 이상(理想)을 지향하는 다문화주의와는 달리, 혼종성 담론은 상이한 문화의 혼합을 통해 제3의 새로운 문화를 창출해 가는 데에 높은 가치를 둔다.

그런데 이처럼 이질적인 요소들이 혼합되어 나타난 결과물들이 항상 긍정적이라고 말할 수 있을까? 이종교배를 통해 식물의 번식력과 저항력을 높여 영양가와 경제적 효율성을 증대시킬 수 있다는 긍정적 측면을 강조하는 의견이 있는 반면, 말과 당나귀의 잡종인 노새의 경우 힘은 좋아지지만 생식이 불가능해진다는 예를 들어 혼종의 부정적인 측면을 지적하는 의견도 있다. 혼종성이 인종적 우월주의의 기반인 본질주의를 해체하는 힘을 지니는 것은 사실이지만, 특정한 역사적 상황에서는 오히려 인종적 순수성이 현실적으로 사람들에게 소속감이나 자존심을 부여하는 무시할 수 없는 이데올로기적 기능을 수행할 수 있다는 점도 고려되어야 할 것이다. 문화집단 간의 현실적 힘이 비대칭적일 경우 이들 사이의 혼합으로 생산된 문화 산물은 해석과 소통의 수단을 독점하는 지배적 문화집단의 가치를 일방적으로 대변하게 될 가능성이 높다. 전 지구적 영향력을 지니는 할리우드 대중문화가 문화상품 시장의 확장과 포섭이라는 전략에 의해 특정한 지역문화를 빌려서 혼종을 만들어내는 경우, 이를 반드시 긍정적으로 받아들이기는 어려울 것이다.

혼종에 대한 이러한 입장 차이에도 불구하고, 문화와 문화를 잇는 각종 움직임이 비약적으로 발전을 이룬 오늘날 혼종화는 문화영역 전반에서 한층 다채롭고 빠르게 진행되고 있다. 이렇게 진행되고 있는 혼종현상을 제대로 분석하고 특정한 맥락과 권력관계에 따른 문화적 경계를 넘어서기 위해 혼종성에 대한 더욱 깊고 섬세한 논의가 요청된다.

### [2]

인류문화사의 관점에서 늘상 나를 황홀경으로 몰고 가는 한 시기가 있다. 그 것은 유럽문화의 바탕을 마련한 고대 그리스·로마 시절도 아니고, 이백, 두보, 한유, 유종원이 각기 문재(文才)를 뽐내며 세련된 귀족적·국제적 문화를 꽃피 웠던 중국 당대(唐代)도 아니고, 천재와 완전인(完全人)의 시절이라고 할 만한 유럽의 르네상스 시기도 아니고, 서양 르네상스의 한국판이라고 할 만한 영정조 치하 실학의 전성기도 아니다. 그런 돌출한 문화적 개화(開花)들도 어느 정도 내 마음을 뛰게 하지만, 그것들보다 더 내게 감동을 주는 것은 일본 에도 중기 이래의 난학(蘭學: 네덜란드 문헌들을 통한 서양 학술 연구)과 메이지시대 이후 의 번역 열풍이다. 에도시대의 난학과 메이지시대의 번역 열풍이야말로 한문 문 명권과 그리스·로마 문명권을 융화시키며 동서 문화 교섭의 가장 빛나는 장면 을 연출했다고 판단하기 때문이다.

18세기 말 스키타 겐파쿠 등이 네덜란드어 해부학서를 『해체신서(解體新 書)』라는 제목으로 번역함으로써 공식적으로 시작된 난학은 의학에서 화학, 물 리학, 천문학, 군사학 등으로 영역을 넓혀 갔다. 당시 동아시아는 지구 위에서 유럽인들의 발길이 뜸한 유일한 지역이었다. 일본인들의 뛰어남은 유럽문화의 전 지구화를 마무리했다는 데에 있는 것이 아니라, 그 문화를 게걸스럽게 흡수 하면서도 한자라는 동아시아 문명의 공통 유산 속에 완전히 녹여버렸다는 데에 있다.

일본과 서양의 본격적인 문화적 접촉은 18세기에 들어 막부(幕府)의 명령으 로 나가사키의 통역사들이 네덜란드어 사전을 편찬함으로써 개막됐다. 막부가 있던 에도의 난학자들이 나가사키 통역사들의 도움을 받아 개화시킨 난학의 요 체는 번역이었다. 이들의 번역 작업은 결코 만만한 일이 아니었다. 오늘날 예컨 대 영한사전이나 불한사전을 편찬하는 한국의 사전 편찬자들에게는 영일사전 이나 불일사전과 같은 준거 틀이 있다. 그러나 나가사키의 통역사들이나 에도의 난학자들에게는 그런 준거 틀이 없었다. 그들은 네덜란드어의 한 단어를 일본어로 번역하기 위해, 그 단어의 어원, 변천과정, 당시의 쓰임새 등 전 역사를 조사한 뒤, 그에 상응한다고 판단된 한자들을 골라내 이를 조립해야 했다. 번역 대상이 네덜란드어로 된 책이라고 하더라도 그 책 자체가 다른 유럽어의 번역본인 경우도 있었으므로, 통역사들이나 난학자들은 어설프게나마 유럽의 다른 언어들과 그리스어, 라틴어 등의 고전어에까지 기웃거려야 했다. 일본이나 동아시아에 비슷한 개념의 어휘들이 있을 경우엔 문제가 그리 크지 않았지만, 그들이 옮기려고 한 네덜란드어 단어들 가운데는 일본이나 동아시아의 문화적 전통에는 낯선 개념들이 태반이었으므로 그들의 고생은 더 컸다. 그것은 극도의 열정과 재능이 필요한 일이었고, 통역사들과 난학자들은 그 일을 성공적으로 해냈다.

메이지시대 이래 일본어로 번역된 유럽의 어휘들은 그 대부분이 한자를 매개로 해 한국어 어휘에 흡수되었고, 또 그 상당량은 한자의 종주국인 중국으로 역수출되었다. 예컨대 이성(理性), 철학(哲學), 사회(社會), 전통(傳統), 종교(宗敎), 현실(現實) 등의 단어들이 우리에게 얼마나 익숙한 단어들인지 생각해보자. 우리는 독자적으로 서양문화를 받아들여 우리 언어체계 속에 녹여낼 기회를 얻지 못했다. 우리는 우리가 원했든 원하지 않았든, 일본 사람들의 노력으로 한자어화된 서양의 문화를 빌려 쓰는 길을 걸었고, 메이지시대 이래 일본 열도에서 만들어진 무수한 신조어들은 한자라는 매개를 통해 즉각 한국어에 흡수됨으로써 한국어의 어휘를 배가시켰다.

### [3]

엎드려 아룁니다. 자질이 부족하고 배운 것도 별로 없는 신이 성은을 입고도 감히 소장(疏章)을 바치는 것이 매우 외람된 일인 줄은 잘 압니다만, 구구하게 올리는 말씀은 모두 나라를 걱정하는 소신의 심혈에서 나온 것이오니 부디 밝게 살펴 주소서.

서양의 풍기를 쓸어내는 일이 시급합니다. 서양의 사술(邪術)은 비상(砒霜)이나 짐새의 독과 같아서 한번 입에 가까이하면 오장이 파열되고 온몸의 맥이 들끓어 다시는 구제할 길이 없습니다. 서양 오랑캐들이 사람들 사이에 하루를 섞여 있으면 하루의 화가 있고, 이틀을 섞여 있으면 이틀의 화가 있습니다. 그런데 십수 년 이래로 세도(世道)가 날로 어두워지고 정형(政刑)이 날로 해이해져서 괴상한 모양의 선박들이 강해(江海) 주변을 왕래하는데도 관리들이 검문하지 않고, 도깨비 같은 자들이 계곡 사이에 몰려 있는데도 관리들이 잡아들이지 않은 채 날이 가고 달이 바뀌니, 그 무리가 점점 번성하게 되었습니다.

저들이 험난한 길을 거쳐 우리나라에까지 온 이유는 물화를 교역하여 생계로 삼고 이를 통해 장차 우리를 유인하여 교류의 계제로 삼으려는 것입니다. 신이 살펴보건대, 저들이 들여오는 물건이라고 하는 것은 거의 모두 기괴한 기술로 마음을 현혹하고 풍속을 해치는 도구일 뿐, 민생의 일용에 도움이 되는 것이 아닙니다. 온 나라 사람들이 저들의 음식을 먹고 저들의 옷을 입으며 저들의 물건을 사용하면서 저들의 학술과 문화는 끊고자 한다면 그것이 가능하겠습니까? 그러니 서양 물건은 저들이 공납(貢納)한다 해도 받아서는 안 되거늘 하물며 우리 백성들의 의식(衣食)의 자원을 몰래 끌어다가 서양 물건들과 바꿔서야 되겠습니까?

우리 백성은 오랫동안 순박한 풍속을 지키며 전통을 보전하여 왔습니다. 그런데 서양 오랑캐들이 이처럼 제멋대로 왕래하고 물건을 팔며 민간에 섞여 거처하게 된 이래, 온 백성이 곤궁해지고 나라는 나라가 아니게 되었으며 예의의 민족이 재화와 여색에 달려들게 되었습니다. 서양 오랑캐는 사람 꼴을 한 금수(禽獸)입니다. 그들은 부자, 군신, 부부, 장유의 질서와 예악, 문물, 절의, 복식의 융성함을 등에 박힌 가시나 눈에 생긴 못처럼 여깁니다. 우리가 쇠약해진 틈을 타서 방자하게 호령하기를, '어찌 너희의 거추장스러운 복식을 버리고 남녀 상하의 구분을 없애서 우리의 간편함을 따르지 않느냐'고 합니다. 처음에는 주저하던 우리 백성들도 점차 예의와 염치를 버리고 문란하게 휩쓸려 저들의 문화에 부화뇌동하고 있습니다. 결국은 저들이 우리를 돼지로 길러 거세해도 성낼 줄 모르고, 소로 길러 코를 뚫어도 아무렇지도 않게 여기게 될 것이니, 천성이 바뀌어 관습이 되어 버리기 때문입니다. 이러고서 어찌 온 천하가 금수로 변하지 않을 수 있겠습니까?

엎드려 바라옵건대, 하루속히 엄중한 금령을 선포하여, 지금 이후로는 서양 물건을 집에서 쓰거나 저자에서 파는 자는 모두 중벌을 받게 하여서 저들의 문화가 전파되는 길을 끊고 민생의 근본을 넉넉하게 하소서. 애군우국(愛君憂國)의 간절함을 이기지 못하여, 성명(聖明)에 힘입어 죽음을 무릅쓰고 아룁니다. 통촉하소서.

[4]

"오빠와 전화하는 거 들었어요." 카밀이 포도주잔을 들며 말했다.

"로스앤젤레스 흑인폭동이라니, 그게 뭐예요?"

"백인들이 흑인들 무시하고 함부로 대했기 때문에 일어난 폭동이었어. 아버지가 그때 입은 총상의 후유증으로 돌아가셨고 막내오빠 총을 맞고 죽었지. 끔찍한 일이었어. 아까 카밀에게 왔다간 둘째오빠, 그 상처 때문에 무조건 외국인이라면 싫어해. 막내오빠에게 총을 쏜 것은 흑인이 아니라 남미계였거든. 말은 흑인폭동이라고들 하지만 흑인만 폭동을 일으킨 게 아냐. 남미계통 사람들이 오히려 흑인보다 더 거칠었으니까. 미국은 그런 나라야. 알고 보면 인종폭동이 수없이 일어났고, 또 일어나고 있는 나라가 미국이라고. 구조적으로 불평등하니 계속 폭동이 일어날 수밖에. 말이야 좋지, 기회의 나라라고. 이민을 갔던 아버지의 꿈도 그랬어. 열심히 살면 열심히 산 만큼 정직하게 보상받는 나라가 미국이라고, 기회의 나라에서 한번 성공해보자고. 하지만 어림도 없어. 아무리 열심히 일해도 백인들 주류사회에 들어가는 건 하늘의 별따기야. 백인들이 우선 인정 안 해. 카밀은 내가 말하는 거 금방 알아들을 거라고 봐. 카밀 같은 외국인 노동자들은 여기 한국을 기회의 나라라고 생각하니까. 미국사회에 사는 흑인, 아시안들, 멕시칸 다 그래. 그들은 대대로 억압받고 살았으니 우선 가난해. 가난이 대를 물리니 배우지도 못하고, 못 배웠으니 밑바닥 일을 전전하게 돼. 그럼 백인들에게 더 무시받고 더 천대받고, 악순환이야. 대를 물려서 그렇게 살아봐. 폭동이 일어나지 않고 배기겠어?"

"알아요. 충분히 알아들어요."

포도주잔을 단숨에 비우고 카밀이 말했다.

"내가 궁금한 건 그런 것이 아니라 왜 흑인과 다른 소수민족이 한국 사람들을 공격했냐 그거예요. 같은 소수민족이잖아요?"

"그것은……."

나는 말을 멈추었다.

(중략)

"물론 한국인들에게도 잘못이 있었어."

나는 간결하게 설명하려고 애썼다.

"우리나라 사람들이 흑인지역으로 많이 들어간 건 짧은 시간에 큰돈을 벌겠다는 욕심 때문이었다고 봐. 원래 유대인들이 흑인지역 상권을 장악하고 있었거든. 그러다가 자꾸 흑인폭동이 일어나고 하니까 돈 번 유대인들이 떠나고, 흑인들은 그 가게를 인수할 여력이 없고, 그럴 때 우리나라 교포들이 싼값에 가게를 인수해 흑인지역으로 자꾸 들어간 거야. 우리나라 사람들 돈 버는 일엔 용감하잖아. 근데 문제는 돈 벌 욕심만 앞섰지, 가난한 흑인이나 중남미계 사람들하고 친구 될 마음은 전혀 없었다는 점이야. '부자 되면 더럽고 무식한 저들을 떠날 거야', 우리나라 사람들은 보통 그렇게 생각했어. 그러니 인색하고 무례해 보일 수밖에 없지. 친구하고 싶은 백인들과는 어떻게 친구로 만들지 모르고, 상종하고 싶지 않은 흑인들은 계속 돈벌이 때문에 상종하고 살아야 하니, 피차 소통이 되겠냐고. 자연히 티격태격하게 되고, 사건도 생기고 그러는 거지."

"네. 누나 말 이해할 수 있어요." "흑인들은 게을러. 아버지도 늘 그렇게 말씀하셨어. 저놈들 못사는 거 자업자득이다. 우리나라 사람들처럼 눈에 불 켜고 열심히 살아봐라, 왜 못살겠냐. 나도 그런 생각을 했었어. 흑인들 너무 게으르고 더럽고 부정직하고, 그래서 싫더라고. 그러나, 그건 한국 사람의 입장에서 보는 것일 뿐야. 흑인들의 입장에서 보면 차라리 웃기는 소리라고 생각할 거야. 왜냐면 그들은 대를 물려 살면서 열심히 일한 적도 많이 있었으니까. 오랜 시간 역사적 경험을 통해 열심히 일해봤자 백인의 벽을 뚫고 넘어갈 수는 없다는 걸 그들은 알고 있는 거지. 그들은 말하자면 그들의 조국인 미국이 기회의 나라라고 생각 안 해. 미국은 백인들을 보호하기 위해 오히려 자기들을 착취하거나 억압하고 있다고 생각한단 말야. 아버진 그 점을 몰랐던 거야. 예전의 나도 그랬고. 이민간 한국 사람은 미국이 기회의 나라라고 무조건 믿거든. 기회는 희망이야. 미국은 희망의 나라, 자유와 평등의 나라, 그렇게 믿어봐. 열심히 일하게 되지."

아버지의 임종 장면이 떠올랐다.

아버지가 흑인폭동에서 받았던 가장 큰 상처는 가슴 한편을 관통한 총상이 아니었다. 당신의 모든 것인 마켓을 지키고자 고립무원의 상태에서 총을 들고 폭도들과 싸운 것은 아버지로선 어쩔 수 없는 유일한 선택이었다. 아버지는 나중에 마켓 지붕 위에 올라가 폭도들과 맞서 싸웠고, 아버지가 지붕에 엎드려 총을 쏘는 장면을 누가 촬영했는지 텔레비전을 통해 미국 전역에 방영됐다. 용감하다고 칭찬하는 미국인은 전혀 없었다. 아버지는 오히려 범법자 취급을 받았다. 이런 식의 편견은 언론뿐 아니라 미국 정부도 마찬가지로 갖고 있었다. 아버지는 바로 그 점 때문에 상처받았다. 주방위군이 폭동의 현장에 투입된 것은 악몽 같은 밤이 다 지나가고 나서였다. 만약 백인지역에서 그런 일이 집중적으로 발생했다고 하더라도 수천 개의 가게들이 약탈방화되는 걸 정부가 수수방관하며 보고만 있었겠는가.

아버지는 충격을 받았다.

당신이 자유와 평등의 이상적 법치국가라고 믿었던 미국이 정작 당신 자신이 위험에 처했을 때 보호자가 되어주지 않았던 사실을 아버지로선 이해할 수가 없었다. 그들은 오히려 흑인들을 두둔하며 한국인들을 부정적으로 몰아치는 데 급급했다. 흑인들의 돌팔매가 백인들에게 날아올까봐 본능적으로 아시안계 한국인들을 방패막이 삼고자 했던 것이었다. 아버지가 총상을 이겨내지 못하고 끝내 눈을 감은 것도 알고 보면 당신이 믿었던 미국에 대한 배신감 때문이었다.

아버지는 그 해 가을에 죽었다.

총상을 입고 주로 병원에서 보낸 6개월 사이, 아버지는 40킬로그램까지 몸무게가 빠졌고, 시력을 잃었으며, 하회탈처럼 주름살투성이로 급격히 늙었다. 더욱 억울하고 분한 것은 막내오빠의 죽음까지도 폭동지역에서 일어난 사건이 아니라는 이유로 단순강도 사망 사건으로 처리된 것이었다. 작은오빠가 총격 당시의 상황을 상세히 진술하고 억울함을 호소했지만 인명피해 규모를 되도록 줄일 필요가 있었던 경찰은 작은오빠의 진술을 끝내 받아들이지 않았다. 우리 가족의 고통은 그것으로 더욱더 깊어졌다.

무섭다. 한국으로 가자.

병원에서 깨어난 아버지가 처음 내뱉은 말이었다.


1. 제시문 [1]을 요약하시오. (15점)


2. 제시문 [1]의 논지를 바탕으로 제시문 [2], [3]을 비교하시오. (30점)

3. 제시문 [1]과 제시문 [3]의 논의에 근거해서, 제시문 [4]의 '나'가 생각하는 로스앤젤레스 폭동의 원인들에 관해 논하시오. (30점)

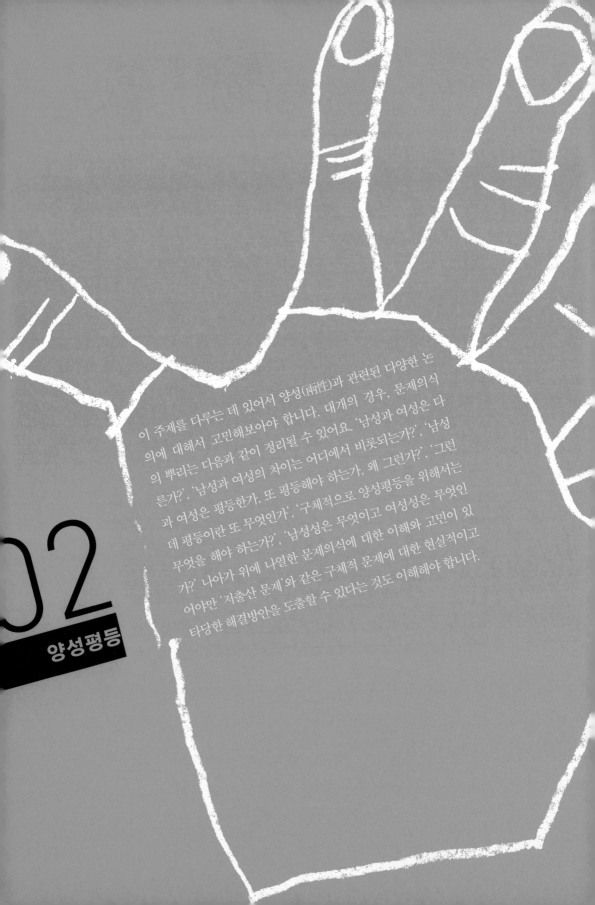

## 02
### 양성평등

이 주제를 다루는 데 있어서 양성(兩性)과 관련된 다양한 논의에 대해서 고민해보아야 합니다. 대개의 경우, 문제의식의 뿌리는 다음과 같이 정리될 수 있어요. '남성과 여성은 다른가?', '남성과 여성의 차이는 어디에서 비롯되는가?', '남성과 여성은 평등한가, 또 평등해야 하는가, 왜 그런가?', '그런데 평등이란 또 무엇인가?', '구체적으로 양성평등을 위해서는 무엇을 해야 하는가?', '남성성은 무엇이고 여성성은 무엇인가?' 나아가 위에 나열한 문제의식에 대한 이해와 고민이 있어야만 '저출산 문제'와 같은 구체적 문제에 대한 현실적이고 타당한 해결방안을 도출할 수 있다는 것도 이해해야 합니다.

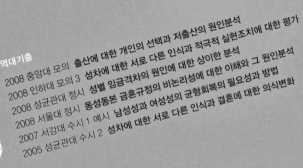

주제강의

# 1
## 성차는 자연적인가 사회적인가

[가]

| 구분 | 교장, 교감 | 보직교사 | 평교사 |
|------|-----------|---------|--------|
| 초등학교 | 15.9 | 42.4 | 79.0 |
| 중학교 | 17.6 | 35.0 | 66.0 |
| 고등학교 | 7.2 | 11.5 | 35.3 |

통계청, 「통계로 보는 여성의 삶」, 2000

    고등학교 『사회·문화』 교과서에 실려 있는 도표입니다(2000년도의 통계지만 지금도 별로 달라진 것은 없습니다). 초·중·고등학교의 '직위별 여성교사 비율'을 보여주고 있지요. 어떻게 해석할 수 있을까요?

    교장, 교감의 성비(여성 : 남성)를 보면 초등학교의 경우는 15.9 : 84.1이죠. 남성이 여성의 약 5.7배 많습니다. 그런데 보직교사의 경우는 차이가 현저히 줄어들었죠. 남성이 1.4배 많습니다. 그런데 평교사의 비율을 보면 앞서와 양상이 확연히 다르지요. 여성이 남성의 4배입니다. 이 현상을 어떻게 이해해야 할까요? 여러분의 경험을 떠올려보세요. 초등학교로 돌아가보면 선생님이 대부분 여교사였죠. 요즘에도 그런 현상이 이어지고 있지요. 교대에 지원하는 학생 대부분이 여성이며 합격생의 절대다수가 여성입니다. 그러니 평교사의 성비는 당연하다고 할 수 있겠지요. 그런데 보직교사(학년주임, 학생주임 등)와 교감·교장처럼 소위 관리직의 경우에는 성비가 역전되어 있습니다. 어떻게 받아들여야 할까요? 이런 현상은 중학교에서도 비슷하게 나타납니다.

그런데 고등학교의 경우에는 또 다른 양상이 나타나지요. 우리의 경험상 고등학교에는 여성교사의 수 자체가 적습니다. 그러니 보직교사, 교감, 교장의 비율이 초중학교와 비교해서 매우 적게 나타날 수밖에 없어요. 그런데 왜 고등학교에서는 여성교사의 비율이 이렇게 낮을까요?

앞의 도표를 해석하는 방법 중 하나는 이렇습니다. 초등학교와 중학교의 평교사에서 여성교사의 비율이 높은 것은 중학교까지는 교육이 학습과 돌봄의 기능을 겸하고 있기 때문이지요. 여성이 갖고 있는 모성(母性), 즉 어머니로서의 특별한 자질이 교사에게 요구되는 중요한 능력이기 때문에, 그런 능력을 많이 가진 여성 교사가 초·중학교에는 필요하다는 말입니다. 그리고 여성 스스로 그것을 잘 인식하고 있기 때문에 그들 역시 고등학교보다 초등학교와 중학교를 더 선호합니다. 여학생들이 교대를 선호하고, 사범대를 졸업한 후 중등에서도 고등학교보다 중학교 교사를 선호하는 경향이 이를 잘 뒷받침하고 있습니다.

그런데 보직교사와 교감, 교장의 경우에는 양상이 달라집니다. 교육 관리직에서는 학습과 돌봄의 능력보다는 오히려 조직(학교, 교사조직) 전체를 이해하고, 거시적인 안목에서 새로운 계획을 세우는 능력이 필요합니다. 또 조직 구성원을 잘 이끌어갈 수 있는 리더십과 강력한 추진력이 필요하지요. 그리고 리더로서의 권위를 인정받을 만한 조건이 필요합니다. 여성의 자연적 속성인 부드러움, 친절함, 세밀함 등과는 좀 거리가 있는 자질이지요. 그러다 보니 관리직으로 올라갈수록 여성의 비율이 낮아지는 것은 자연스러운 현상입니다. 이것은 여성에 대한 차별이나 남성에 대한 우대가 아니며, '각자에게 자신의 몫을' 이라는 평등과 정의의 개념에 부합하는 당연한 결과이지요.

이런 분석의 전제는 여성은 남성과 전혀 다른 특별한 자질을 자연적으로 타고 난다는 것입니다. 그렇다면 아래 글을 읽어볼까요?

[나]

성경을 거론하면서 바티칸 성명은 성경의 첫 두 장으로 되돌아가 "태초부터 인간성은 남녀 관계를 구별하는 것으로 묘사했다"고 확언한다. 창세기 2:4~25에 따르면, 여성은 아담을 위한 조력자와 삶의 동지로서 창조되었다. "이 말은 여기에서 열등자를 언급하는 것이 아니라 생명 있는 조력자라는 것이다. 이것은 아담의 삶이 황폐해지지 않도록 하고 결국 스스로 해악과 만나지 않도록 하기 위한 것이다. 그것은 자신과 비슷한 다른 존재와 관계를 형성하는데 필요한 것이다. 동일한 육체로 창조되고 동일한 신비로 덮여 있는 여성은 남성의 삶에 미래를 줄 수 있다."

성차는 신의 영광을 반영하고 또 결혼제도라는 본질적 선과 출산으로 불리는 것과 관련된 인간성을 알려주기 위해 봉사하는 것이다. 결혼서약에서 남녀의 '한 몸'으로의 결합은 남녀 둘 모두의 의미를 충만하게 하고, 그리고 이런 서약에는 부끄러움이란 없는 것이다.

흥미롭게도, 바티칸은 분명히 물질적인 차원을 넘어서 남성과 여성, 둘 다의 심리적이고 정신적인 구조로 그 논의를 밀어 넣는다. 특별히, 이 얘기는 '성차'가 물질적 차이뿐만 아니라 남성과 여성 사이의 심리적인 차이도 포함한다는 것을 말한다. 이것은 여성이 물질적 구조의 차이뿐만 아니라 하나의 유일한 심리적이고 정신적인 축복체로서 특별한 역할을 담당하고 있다는 것을 의미한다. "결국 과거사와 현재 증명되는 바와 같이 심지어 매우 절망적인 상황에 빠져 있는 여성일지라도 불운에 인내하기 위한, 또 극한의 상황에서 삶을 지켜내기 위한, 그리고 미래를 끈기 있게 붙잡기 위한, 그리고 마침내 모든 인간 삶의 가치를 눈물로 기억할 수 있는 독특한 능력을 소유하고 있다."

정치적 수정과 현대의 혼동에 직면해서, 바티칸은 여성이 최초의 '가족 구성원 안에서 중요하고도 활동적인 존재'라고 했다. 여성들의 지배적 역할에 대한 이러한 분명한 강조는 사회와 교회에서의 여성의 역할이 중요하다는 성명의 확언에 의해 균형 잡혀졌다. 그럼에도 가족에 있어서의 '여성의 자질'은 이 가톨릭 성명의 주된 관점 중의 하나이다.

성균관대 2005 수시

[나]에서 바티칸은 특히 남성과 여성의 '심리적 자질의 차이'를 중요하게 여기고 있어요. 여성은 '심지어 매우 절망적인 상황에 빠져 있는 여성일지라도 불운에 인내하기 위한, 또 극한의 상황에서 삶을 지켜내기 위한, 그리고 미래를 끈기 있게 붙잡기 위한, 그리고 마침내 모든 인간 삶의 가치를 눈물로 기억할 수 있는 독특한 능력을 소유하고 있다'는 겁니다. 이 부분을 한마디로 표현하면 뭘까요? 그렇죠. '모성(母性)'입니다. 그러니까 여성은 '가족의 품'으로 돌아가라는 말이지요. 이처럼 여성의 특별한 자질을 인정하는 입장에서는 [가]의 결과가 당연하다고 이해됩니다.

어떤가요? 위의 설명이 수긍이 되나요? 세상의 모든 것은 양면적입니다. 그렇죠? [가]의 도표에서 앞의 해석과 전혀 다른 결과를 읽어내는 사람도 있습니다. 다음을 보세요.

초등학교의 경우 여성교사가 압도적으로 수가 많음에도 대부분이 평교사에 머물러 있는데 반해, 소수의 남성 교사가 주로 고위직을 차지하고 있는 것은 우리 사회의 가부장적 문화 때문입니다. 여성이 남성에 비해서 리더십, 추진력이 부족하고 부드러운 돌봄 노동에만 적합하다는 것은 남성이 만들어낸 편견이기 때문이지요. 현실에서는 리더십이 강한 여성도 있고 약한 남성도 있습니다. 추진력이 강한 여성도 있고, 그렇지 못한 남성도 있지요. 어떻게 '여성의 자연적 특질은 이러저러하다'라고 규정할 수 있나요. 이것은 가부장적인 분위기가 강한 우리 사회에서 만들어진 그릇된 통념일 뿐입니다. 그리고 그런 그릇된 통념에 의해 여성이 정당한 대우를 못 받고 차별당하고 있는 겁니다.

물론 여성이 초등학교나 중학교 교사에 더 적합하다고 생각하는 이면에는 여성 스스로가 '여성의 자연적 특질은 이러저러하다'라는 사회적 통념을 받아들이고 있기 때문이기도 하겠지요. 이런 여교사는 스스로를 반성해야 할 겁니다. 그러나 '여성은 원래 이렇고, 남성은 원래 저렇다'라는 생각을 우리 사회는 아주 어려서부터 주입합니다. 그래서 자기도 모르게 사회적 통념에 입각한 '성관념'을 가지게 되는 것이죠. 다음 글을 읽어보세요.

[다]

"여성은 항상 여성이 될 것이다"고 회의주의자는 말한다. 다른 예언자는 자신들의 여성성을 벗어버리는 데 있어서 여성이 자신들을 남성으로 변화시키는 것은 성공하지 못할 것이고, 그들은 괴물이 될 것이라고 예언한다. 이것은 오늘날의 여성이 자연의 산물이라는 것을 승인하는 것이다. 인간 사회에 있어서 어떤 것도 자연적이지 않으며, 다른 많은 것처럼 여성도 사회화에 의해 만들어진 생산물이라는 것은 한 번 더 되뇌어져야 한다. 여성의 운명에 있어서 타자의 방해는 근본적이다. 만일 이런 행동이 다른 방향을 취한다면 상당히 다른 결과를 낳을 것이다. 여성은 자신의 호르몬이나 신비스런 본능에 의해 결정되는 것이 아니라 세상에 대한 자신의 몸과 관계가 자신보다 타인들의 행위를 통해 수정되었던 방식에 의해 결정되었다. 청소년기의 소년과 소녀를 분리시켰던 심연은 그들이 아주 어렸을 때부터 그들 사이에서 신중하게 발달될 것이다. 다시 말하자면, 여성은 나중에 형성된 자신 이외의 다른 존재가 될 수 없고, 자신의 과거는 그의 삶에 그림자를 드리운다는 것이다. 만일 우리가 이러한 영향을 인정한다면, 우리는 여성의 운명이 영원히 예정된 것은 아니라는 것을 분명히 보는 것이다.

시몬느 드 보부아르, 『제2의 성』

[다]에서 보부아르는 '여성이 자연의 산물'임을 거부합니다. 즉 '자연적으로 여성은 이러저러하다'는 관념을 거부하는 것이지요. 여성은 사회적으로 길들여지면서 여성이 되어간다는 겁니다. 예를 들어볼까요. 8살짜리 아들이 장남감 가게에서 '미미인형'을 사달라고 하면 부모의 반응은 어떨까요? "혹시 우리 아들이 이상한 것이 아닐까?"라고 생각하며 걱정하겠지요. 그리고 아이를 타일러서 아이의 손에 '총이나 칼'을 쥐어줄 겁니다. 이런 식으로 강제로 주입되는 남성성과 여성성은 사실 인간의 탄생에서부터 시작됩니다. 산부인과에서 초음파 검사를 하면 태아의 성을 감별할 수 있지요. 물론 그것은 불법입니다. 그런데 부모 입장에서는 궁금하니까 의사에게 가르쳐달라고 하기도 하고, 아예 어떤 의사는 자신들이 먼저 가르쳐주기도 합니다. 이렇게요. "파란색 옷을 준비하세요, 분홍색 옷을 준비하세요." 태어나는 그 순간부터 우리는 성별로 좋아해야 하는 색깔, 어울리는 색깔이 이미 지정되어 있지요. 결국 보부아르의 결론은 "여자는 태어나는 것이 아니라 만들어진다"는 겁니다. 이것을 조금 더 구체화하면 "여자는

(자연적으로, 선천적으로) 태어나는 것이 아니라 (사회적으로, 후천적으로) 만들어진다"는 말이지요.

　지금까지의 논의를 정리해 볼까요. [가]에서 제시된 우리 사회의 현상에 대해서 [나]와 [다]는 서로 다른 관점에서 분석하고 평가하고 있습니다. [나]의 관점은 성차는 자연적이기 때문에, 특히 여성은 어머니로서의 특별한 자질이 있기 때문에, 남성과 여성의 역할이 다른 것은 자연적이고 당연하다는 입장입니다. [가]의 결과는 정당한 것이지요. 반면 [다]의 관점은 성차는 사회적으로 형성된 것이기 때문에 정당한 것으로 받아들여서는 안 되며, 그러므로 남성과 여성의 역할의 차이를 인정하지 않습니다. [가]의 상황은 [다]의 관점에서는 명백히 여성에 대한 차별입니다. 여러분의 생각은 어떤가요?

　[나]의 관점을 옹호하는 사람은 남성과 여성은 차이를 타고난다고 주장합니다. 과거에는 주로 종교적 차원에서 이런 주장이 이루어지다 근대 이래로 서구에서 기독교의 세력이 약화되면서 이 주장의 설득력이 약해졌습니다. 그런데 자연과학이 발달하면서 다시 이런 주장이 힘을 얻고 있습니다. 생물학적 차이에서 비롯되는 성차(性差)를 정당화하는 입장이지요. 여성은 남성이 가지지 못한 자궁을 가지고 있어서 임신과 출산이 가능합니다. 그 때문에 여성 호르몬이 상대적으로 강하게 분비되고 생리도 하게 되지요.

　그런데 어떤 호르몬이 얼마나 분비되는가가 인간의 지적·정서적 활동에 큰 영향을 미치게 된다는 것이 밝혀지고 있습니다. 예를 들어 옥시토신이라는 여성 호르몬이 분비되면 친밀감을 느끼게 된다고 해요. 여성의 출산과 수유기에 이 호르몬이 분비되는데 산모가 아기에게 강한 정서적 유대감을 느끼게 되는 것도 이 때문입니다. 놀라운 자연의 섭리지요. 물론 여성에게 이런 호르몬이 존재하는 이유가 자연적인 진화의 결과인지, 아니면 우리가 알 수 없는 생명작용인지는 명확하게 설명하기 어렵습니다.

　이처럼 여성이 임신과 출산을 담당하고 나아가 양육을 하는 것은 여성의 생리적 특성상 가장 자연스럽고 적절한 삶의 방식이라고 [나]의 관점에 서 있는 이들은 주장합니다. 또한 많은 남성이 아내가 아이를 출산한 후에 자신에게는 소홀하고, 아이에게만 모든 애정을 쏟아붓는다고 불만입니다. 그리고 아이도 아빠보다는 엄마를 더 따른다고 합니다. 엄마와 아이는 만 9개월을 한 몸으로 지내잖아요. 정서적 유대감이 아주 강할 수밖에 없겠지요. 그러니 여성이 가정에서 양육을 담당하는 것이 자연스럽게 정당화됩니다. 가정 내에서의 여성의 역할을 강요하는 것이 아니라, 여성에게는 그 일이 가장 적합하다는 겁니다.

어느 시점에선가 이렇게 남성과 여성의 역할이 자연스럽게 나뉘고, 그로 인해 가정 내에서의 역할을 잘할 수 있는 유전형질을 가진 여성이 인위선택되었을 겁니다. 그래서 지금 대부분의 여성은 유전적으로도 가정에 충실하게끔 태어나는 것이죠. 여성은 부드럽고 자애롭고 타인을 위해 희생하는 정신을 타고 나는 겁니다. 임신·출산·양육은 인간에게 매우 소중하고 고귀한 일인데, 자연적으로 그런 능력을 타고난 여성은 그야말로 특별하고 대단한 존재지요. 그러니 여성의 첫째 임무는 아이를 가지고, 낳고, 키우는 것이라고 [나]의 관점은 주장합니다.

그런데 [다]의 관점에 동의하는 사람은 이런 생물학적 결정론을 기존의 가부장적 사회를 유지하고자 하는 사람들(여성을 포함하여)의 독단적 주장이라고 봅니다. 남성과 여성의 자연적인 차이를 강조하는 것은 여성을 가정 내에 가두어둠으로써, 첫째는 남성이 양육의 의무로부터 탈출하고, 둘째는 남성이 사회적 권력을 독점할 수 있기 때문입니다.

생리적 구조상 여성만이 자궁을 가졌으므로 임신은 여성의 몫인 것이 분명합니다. 그러나 그렇다고 해서 남성이 임신·출산·양육을 여성만의 일로 여겨서는 안 된다고 그들은 주장합니다. 왜냐하면 원론적으로 보았을 때 새로 태어날 생명체의 절반은 남성의 유전자를 절반은 여성의 유전자를 물려받았으므로, 임신조차도 사실은 둘이 분담해야 하는 일이기 때문입니다. 그런데 그것을 생리학적인 이유로 여성이 전담하게 되었으므로, 남성은 임신과 출산 기간 중에는 당연히 여성과 함께해야 합니다. 함께해야 한다는 말의 의미는 포괄적인데, 임신 중인 여성의 고통을 함께하고 그것을 이해해야 한다는 것까지 포함하고 있습니다.

임신과 출산의 과정에서 여성이 겪는 고통은 말로 하기 힘듭니다. 임신 말기에는 자궁이 명치까지 올라갑니다. 내부 장기가 모두 제자리를 이탈하게 되지요. 게다가 소화불량, 임신당뇨, 빈혈, 우울증, 요통(腰痛) 등 수많은 질병을 한 몸에 안게 됩니다. 이런 고통을 이겨내고 출산할 때는 또 어떤가요. 농담처럼 '수박을 콧구멍에 넣는 기분'이라고들 말합니다.

이런 과정을 남성이 분담할 수 없다는 이유만으로도 사실 양육에 대한 책임은 남성에게 주어져 있다고 [다]의 관점에 선 사람은 주장합니다.

또한 이 관점에서는 모성(母性)을 일종의 신화(허구적 이데올로기)라고 주장합니다. 실제로 여성이 아이에게 지극한 모성을 발휘한다기보다는 오히려 남성이, 혹은 사회가 여성은 그러해야 한다고 규정하고 강요하고 있다는 겁니다. 예를 들어 많은 산모(産母)가 임신 중과 출산 후에 심한 우울증을 겪습니다. 잠을 자지 못하면서 아이를 돌보아야 하고, 모유수유를 하는 과정의 고통도 매우 크기 때문이지요. 게다가 한동안은 외부와 차단된 채로 아이를 위해서만 살아야합니다. '나'를 상실하게 되는 거죠. 그래서 산모가 아이를 미워하거나 심한 경우 아이에게 위해를 가하는 경우도 흔합니다. 우리는 그런 고통을 이해하려고는 하지 않고, 오히려 그런 여성을 모성(母性)이 부족하다고 나무라기만 하지요. 그러나 모든 남성이 리더십이 강하고, 진취적이고, 결단력이 있지 않은 것처럼 모든 여성이 섬세하고, 부드럽고, 희생적이지는 않습니다. 남성은 모두 이렇다, 여성은 모두 저렇다라는 생각은 일반화의 오류이자 일종의 제도적 폭력입니다.

[라]는 여성 중에서도 강력한 리더십을 바탕으로 진취적이고 결단력 있게 국가 운영을 도모한 여러 인물이 있었음을 시사하고 있습니다. 밀은 이에 해당하는 사람으로 러시아의 예카테리나 여제, 영국의 빅토리아 여왕·엘리자베스 여왕 등을 제시합니다.

[라]

심리학적 분석을 떠나 단지 경험에 의거해서 결론을 도출해볼 때, 여성에게 허용되지 않은 분야에서 여성은 특별한 업적을 냈다. 이를테면 기회가 몇 번밖에 없었지만 나라를 다스리는 일에 여성은 혁혁한 공을 세웠다. (중략) 우리는 남자 왕에 비해 여왕이 다스린 사례가 얼마나 희귀한지 잘 안다. 그러나 몇 안 되는 여왕이지만 지배자로서의 능력이라는 측면에서 볼 때는 남성보다 훨씬 뛰어났다는 것을 역사가 증명하고 있다. 상당수 여왕이 정치적으로 아주 어려울 때 권좌에 올랐다는 사실을 감안하면 그 놀라움은 더 커진다. 또 한 가지 놀라운 사실은 아무 근거 없이 전통적으로 여성을 따라다니는 편견을 비웃기라도 하듯, 여왕은 뛰어난 지적 능력은 물론이고 단호하고 정력에 넘치는 통치행태를 매우 자주 선보였다.

존 스튜어트 밀, 『여성의 종속』

게다가 [나]의 관점에 서 있는 사람은 호르몬의 작용이 마치 인간성의 모든 것을 결정하는 것처럼 주장하기도 하지만 이는 그릇된 생각이죠. 호르몬의 작용이 인간의 심리와 신체에 큰 영향을 주는 것은 사실이지만, 그렇다고 해서 한두 개의 호르몬의 작용이 일정한 결과를 불러오지는 않습니다. 다양한 호르몬의 복합적 작용을 현대과학은 아직 밝혀내고 있지 못하며, 그런 관점으로는 이해할 수 없는 '마음'의 영역이 인간에게는 분명 존재합니다. 게다가 특정 호르몬의 작용 양상은 개인별로 큰 차이가 있습니다. 남성이라고 해서 모든 호르몬이 같은 비율과 양으로 분비되는 것도 아니며, 호르몬 간의 상호작용도 복잡합니다. 여성도 마찬가지지요. 특히 남성에게도 여성호르몬이 분비되며, 여성에게도 남성호르몬이 분비됩니다. 인간이 인위적으로 설계된 기계가 아닌 이상 모든 인간을 동일한 매커니즘으로 이해할 수는 없습니다. 모든 인간은 개별자로 이해되어야 합니다.

그럼에도 남성이, 심지어는 여성 스스로가 '여성은 이래야 한다'고 생각하는 것은 사회가 끊임없이 그것을 주입하기 때문입니다. 따라서 사회가 만들어낸 왜곡된, 허위의 여성상(女性像)을 극복하고 여성 각자가 인간으로서 주체성을 회복하기를 [다]는 주장합니다.

여기까지 남성과 여성의 차이에 대한 서로 다른 관점과 각각의 입장에서의 자기주장과 근거를 살펴보았습니다. 이 논의를 바탕으로 여러분 스스로가 더 심화된 상호비판을 진행해보고, 자신의 관점을 확립하기 바랍니다.

# 2
## 슈퍼맘 이데올로기 — 이중적 속박

우리 사회는 전통적으로 강력한 가부장제를 바탕으로 운영되어 왔습니다. 개별 가정뿐만 아니라 사회 전체가 가부장적 논리에 의해 움직여왔던 것이지요. 이런 구조 속에서 여성은 남성에게 순종해야 한다는 의식이 자리 잡게 됩니다. 흔히 말하는 삼종지도(三從之道), 즉 '어려서는 아버지를 따르고, 결혼해서는 남편을 따르고, 남편이 죽으면 아들을 따른다'는 것입니다. 이 말 속의 여성은 주체적으로 무엇을 결단할 수 있는 존재가 아니며, 남성에게 중요한 결단을 맡기고 그들의 뜻에 따라 살아가는 존재로 그려집니다. 우리가 흔히 '한국의 여인상'으로 떠올리는 성춘향, 신사임당이 그 대표적인 인물 아닙니까? 신사임당이 5만 원권 지폐의 초상으로 선정된 것은 그만큼 우리 사회 구성원이 여성의 대표로 그녀를 인정한다는 것이지요.

[마]

그런데 내게는 그 '여성의 자기성취'란 말과 거기 따른 논의처럼 애매하고 수상쩍은 것도 없다. 애매한 것은 자기성취란 말의 내용과 그 실현방식이다. 그리고 수상쩍은 것은 그 애매한 논의로 여성을 충동질하는 저의이다.

자기성취의 내용을 특수하면서도 그 가치가 사회적 승인을 받을 수 있는 업적으로 한정 짓는다면 남성에게도 자기성취는 흔한 일이 아니다. 빼어난 재능과 노력으로 남들이 다 인정할 만한 성취를 이루는 남성은 많아야 백에 하나를 넘기지 못할 것이다. 따라서 자기성취를 못한 것이 불행이라면 그것은 여성만의 것이 아니다.

자기성취의 내용을 겸손하게 낮춰도 마찬가지다. 평범한 재능이라도 그 나름의 성의와 노력으로 어떤 결과를 얻었을 때 그것을 모두 자기성취로 쳐준다면 이번에는 모두가 자기성취를 한 셈이 된다. 아무도 노력과 성의 없이 이 세상을 사는 사람은 없다. 도대체 이 세상이란 게 그렇게 수월하게 살 수 있도록 만들어져 있지 않다. 따라서 모든 사람은 크건 작건 그 나름의 자기성취를 하게 되어 있고 그 점에서는 여성도 예외가 아니다.

그런데 참으로 알 수 없는 일은 어떤 뜻으로 말하든 여성의 자기성취에서는 가정에서의 성취가 제외된다는 점이다. 남편을 내조하고 아이를 기르는 일은 여성이 가장 오랫동안 해왔고 또 가장 효율성이 높은 분야인데도 대중적으로 자기성취를 논의하는 자리에서는 어김없이 뒷전으로 밀려버리고 만다. 지금껏 훌륭하게 자기 일을 해온 중년의 자랑스런 주부를 갑작스런 허망감과 무력감 속으로 밀어넣는 해괴한 논의이다.

이문열, 「선택」

[마]에서 화자는 여성이 사회 내에서의 자기성취를 운운하면서 전통적인 가정 내에서의 자기역할을 허무한 것으로, 무의미한 것으로 전락시키고 있다고 비판합니다. '남편을 내조하고 아이를 기르는 일'이야말로 '가장 효율성이 높은 분야'라는 화자의 주장은 곧 여성에게 있어서 가장 효율적으로 자기성취를 하는 길은 남편을 내조하고 아이를 기르는 일이라는 말이지요. 이 말은 모든 여성이 남편을 내조하고 아이를 기르는 일에 타고난 적성이 있다는 것을 은연중 전제하고 있습니다. 그런데 요즘 젊은 여성은 그런 것을 무시하고 사회에서의 자기성취만이 전부인 양 주장하며 가정을 등한시하고, 그로 인해 전통적인 여성의 삶을 까닭 없이 비하하고 있다는 주장이지요. 이는 우리 사회의 지배적 가치관에 부합하는 내용인 듯 합니다.

그런데 좀 다르게 생각해볼 수는 없을까요? 여성이 가정에서 '남편을 내조하고 아이를 기르는 일이 가장 효율성이 높은 분야'고 그로 인해 자기성취를 할 수 있다는 생각은 이미 모든 여성은 그런 능력을 타고난다는 것을 전제합니다. 그런데 [다]의 관점에서라면 '모든 여성'이 '모두 그렇다'는 말은 타당성이 부족한 주장이 아닐까요? 여성이 가사노동에 적합하다는 발상 자체가 문제인 것이죠. 아내를 내조하고 아이를 기르는 일을 더 잘 할 수 있는 남성도 존재할 것이고, 반대로 사회에서 중요한 일을 담당할 수 있는 여성도 있겠죠. 2010년에 임용된 판사의 70% 이상이 여성이라고 합니다. [마]의 논리를 따르는 사람은 '그 판사들은 가장 효율적인 가사노동을 버리고 판사가 되었으니 우리 사회가 참 잘못된 방향으로 흘러가는구나' 하고 탄식하겠군요.

또한, 만약 여성의 가사노동이 그렇게 고귀한 것이라면, 한 인간의 자아성취를 운운할 정도로 대단한 것이라면 우리는 왜 전업주부에게 그에 응당한 보상

을 하지 않느냐고 [다]가 물어올 겁니다. 요즘에는, '엄마 매니저'라는 말이 있을
정도로 양육에 있어서 교육 컨설팅의 중요성이 커지고 있습니다. 그런데 그렇게
중요한 일을 하는 엄마에게 자식이나 남편이 무엇으로 보상하나요? [마]의 관
점은 지나치게 남성중심적인 생각이 아닐런지요.

지금 여성이 자아실현을 위해 무엇인가를 해야 한다고 느끼는 것은 우선 전
혀 그런 일에 어울리지 않거나 그럴 의향이 없는 여성에게까지 가사와 양육이
마치 여성의 숙명처럼 부과되기 때문입니다. 개인에게 어울리지 않는 일을 사회
가 강요하는 것이지요. 또 하나의 이유는 그렇게 평생을 남편과 아이를 위해 살
아봤자 여성에게 남는 것은 결국 흘러간 청춘뿐이기 때문입니다. 남편은 아내를
무시하기 일쑤고, 자식은 자신의 인생을 찾아 가정을 떠나 버립니다. 가장 고귀
한 삶이라고 여성의 인생을 입으로는 찬양하면서도 사실 여성에게 어떠한 보상
도 하지 않습니다. 돈을 버는 것도, 사회적 지위를 얻는 것도, 가족의 사랑을 얻
는 것도 아니지요. 그러고 나면 그녀에게 남은 것은 빈 껍데기밖에 없지 않습니
까? 지금까지 남의 인생을 살았다는 절망감. 〈엄마가 뿔났다〉라는 드라마에서
주인공이 단 1년만이라도 자신만의 인생을 살고 싶다는 말을 하는 장면이 떠오
르는군요. 인생의 황혼에서 문득 돌아보니 '내 인생'은 없는 것이죠.

물론 [마]의 입장에서는 남성도 그렇다, 남성의 인생도 결국 아내와 자식을
위해 희생한 것이라고 주장할 것입니다. 맞는 말입니다. 현대사회에서 대부분의
남성은 은퇴를 하고 자신을 돌아보면 빈 껍데기밖에 없다고 슬퍼할 겁니다. 자
신의 인생은 없었던 거죠. 단지 돈을 벌기 위해서, 가족의 생계를 부양하기 위해
서 이 악물고 온갖 시련을 겪으며 버텨낸 거죠.

그렇다면 이렇게 삶의 의미도 모른 채 오직 '돈'을 벌고, 생존하기 위해서만
인생 전체를 투자해야 하는 불합리한 상황에 대해서 문제의식을 가지는 것이
옳은 태도일 겁니다. 그러니까 남성의 입장에서 "왜 우리는 이렇게 살 수밖에
없나?"라는 문제의식을 가지고, 여성에게 "왜 너희는 그렇게 살 수밖에 없니?"
라고 안쓰러워하며, 함께 사회의 근본문제를 해결하기 위해 노력해야 할 겁니
다. "나 이렇게 사니까 너희들도 그렇게 살아"라는 주장은 좀 억지스럽습니다.

[마]의 주장이 꼭 그렇게 보입니다. "원래 인생은 그렇게 힘들게 살다가 죽는

거야. 남자도 무지 고생하거든. 여자가 고생하는 것은 당연하고, 그것을 운명으로 받아들이고 너희에게 가장 효율적인 일을 하다가 죽으면 그만이지"라고 말입니다. 참 유치한 주장이지요. "나 힘드니까 너희도 힘들어라. 인생 원래 그런 거다. 인생의 의미, 자아실현, 그런 생각하지 말고 집 잘 보고 애나 잘 키워라"는 말을 조금 멋지게 표현한 것에 불과하지요.

[마]에 대해서 여러분은 어떤 평가를 내리나요?

지금까지 언급한 것처럼 우리 사회에서는 여성의 가장 이상적인 삶으로 '현모양처(賢母良妻)', 즉 '남편 내조와 아이 양육에 헌신할 것'을 강요합니다. 그런데 신자유주의가 점점 심화되면서 이제 여성에게 경제적 역할까지도 은연중 기대하는 분위기가 팽배합니다. 여성 입장에서는 이중의 속박이지요.

서울에서 집 한 채를 장만하려면 보통 사람은 평생이 걸립니다. 2009년 도시가구 평균 소득이 약 370만 원입니다. 이해를 기준으로 서울에서 평균, 약 30평 정도의 아파트가 4억 원이라고 하면, 10년을 꼬박 저축해야 집 한 채를 살 수 있습니다. 물론 월급 통장에 손대지 않고 그대로 쭉 저축했을 때 가능합니다. 그런데 사람이 그럴 수 있나요? 먹어야지요. 입어야지요. 가끔 놀아야지요. 그러다 보면 웬만한 가계수입으로는 자녀 교육비 대는 것만으로도 속된 말로 등골이 휩니다. 이런 상황에서 여성이 마음 편하게 가사노동에만 종사할 수 있나요. 그래서 요즘 젊은 부부는 대부분 맞벌이를 합니다. 현실은 이처럼 급속히 변화하는데 여성에 대한 인식은 아직도 조선시대에 머물러 있습니다. 여전히 여성은 '현모양처(賢母良妻)'여야 하지요. 그러면서 '돈'도 벌어와야 합니다. 그래야 좋은 '엄마·아내'가 되는 거죠. 그런데 대중매체는 교묘하게 이런 이중의 부담을 합리화하고, 두 가지를 병행할 수 있는 엄마를 찬양합니다. 이른바 '슈퍼맘'이지요. 이제 여성에게는 [마]에서 제기한 전통적인 여성상을 넘어선 '초인적인 능력'이 요구되는 겁니다. [나]의 관점에 선 남성은 이런 현상조차도 '자연'의 이름으로 합리화하려 합니다. 그들은 이렇게 주장합니다. "요즘처럼 경제적으로 힘든 시기에 맞벌이하는 것은 당연하다. 그런데 아이 양육은 내가 어떻게 해보려고 해도 잘 안 되더라. 남자는 원래 그런 능력이 없으니까. 엄마와 아이의 정신적인 유대감, 그건 자연적인 것이고 그러니까 엄마가 양육을 책임지는 것은 당연한 것 아니냐." 이 글을 읽는 여학생은 이쯤에서 분노할 겁니다. 정말 남자가 이런가 하고 말이죠. 물론 요즘에는 변화된 의식을 가지고 출산과 양육, 가사노동에 있어 남성과 여성이 동등한 역할을 해야 한다고 생각하는 남성이 늘어가는 추세입니다. 그렇지만 아직은 소수지요.

여기에서 여러분에게 질문을 하나 던지겠습니다. 남학생도 여학생이라고 가정하고 질문에 대해 생각해주세요. 만일 여러분이 여성이라면 결혼하고, 임신·출산·양육의 부담을 진 채, 경제활동까지 할 수 있겠습니까? 아니면 결혼은 포기하고, 결혼하더라도 출산은 포기하고 그냥 여러분의 인생을 사시겠습니까? 뒤엣것에 생각이 끌린다면 이제 저출산 문제의 원인도 연결해서 생각해볼 수 있습니다.

# 3
## 저출산의 원인과 해결방안

저출산과 고령화가 동시에 진행되면서 우리 사회는 급속히 고령화 사회로 진입하고 있습니다. 이는 국가적 차원의 문제이기 때문에 다양한 해결책이 등장하고 있습니다만 아직 뚜렷하게 출산율을 높이지는 못하고 있습니다.

일각에서는 출산율이 낮아지는 것은 여성이 자신의 의무, 즉 '출산의 의무'를 기피하고 있기 때문이라고 주장합니다. [마]의 관점처럼 여성이 사회적 자아실현에만 매몰되거나 임신·출산·양육으로 이어지는 고통을 회피하려고 출산을 포기한다는 주장입니다. 그러나 이런 원인 분석은 지극히 피상적인 생각일 뿐입니다. 어쩌면 좀 유치하기까지 하지요. 논의의 범주를 우리 사회로 국한시켜서 생각한다면, 여성이 출산을 기피하는 원인은 사실 우리 사회의 열악한 사회복지와 전근대적인 가부장제 때문입니다.

앞서 논의한 것처럼 우리 사회에서 평범한 사람이 인간다운 삶을 누리기란 참 힘든 일입니다. 당장의 생계를 유지하는 것이야 그럭저럭 가능하다고 해도 자식을 양육하거나 노후를 대비할 수 있는 수준의 자금을 축적하려면 부부 모두가 직장생활을 해야 합니다. 그리고 여가생활에 들어가는 비용도 최소화해야 겠지요. 이런 상황에서 아이를 가진다는 생각 자체를 하기가 힘듭니다.

만약 여성이 임신을 했다고 가정해봅시다. 임신의 고통은 여성의 운명이니까 감내해야 한다고 주장할 수 있겠지만, 대부분의 기업이 임신한 여성에게 법이 정한 출산휴가를 제공하지 않습니다. 만삭의 몸으로 생계를 위해 일터로 나가야 하는 것이지요. 그리고 법이 정한 출산휴가라고 해봐야 최장 6개월 정돕니다. 출산 후 3개월이 되면 여성은 다시 일터로 나가야 합니다. 육체적으로도 너무 힘든 일이지요. 나이 드신 분은 이렇게 말하곤 합니다. '우리 때는 아이 낳고 밭에 나가서 일했다'고. 이런 논리가 얼마나 유치한 것인지는 아까도 말씀드렸지요. 그렇기 때문에 여성이 임신 자체를 기피하는 것은 당연합니다.

아이를 낳았다고 해도 여성의 고통이 사라지는 것은 아닙니다. 이제 직장생활과 양육을 모두 떠맡아야 하는 것이죠. 양육은 여성의 몫이라는 고정관념이 강한 우리 사회에서는 여성은 그야말로 전일제 노동자로 전락합니다. 하루 24시간 내내 노동의 연속이지요. 게다가 아이 양육비 부담이 크기 때문에 편하게 쉴 수도 없지요. 보통 유치원 교육비가 한 달에 40만 원 정도입니다. 영어 유치원은 100만 원가량이 들지요. 여러분의 사교육비를 생각해보세요. 결국, 엄마는 일도 하고 애도 키우는 슈퍼맘이 되어야 하는 거지요. 중산층 이상이 아니면 아이를 낳는다는 것은 여성에게는 중차대한 결단입니다.

여성이 출산을 기피하는 것이 아니라 사실은 우리 사회가 여성의 출산권을 제한하고 있다고 보는 것이 더 타당할 겁니다.

[바]

〈주요 OECD국가들의 합계출산율 및 여성경제활동참가율 비교('03)〉

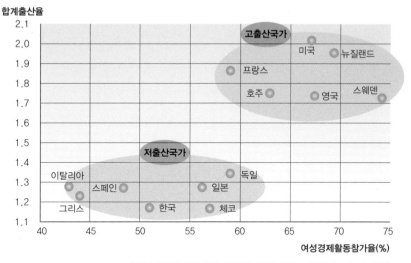

* 자료: 통계청, 2004 출생·사망통계, 2005. OECD, OECD Facebook, 2005

[바]에서 우리는 저출산 문제를 해결할 실마리를 얻을 수 있습니다. 고출산 국가와 저출산 국가를 비교해보면 여성의 경제활동참가율이 높은 국가일수록 오히려 출산율이 더 높습니다. 그렇다면 고출산 국가의 여성은 일과 양육을 병행할 수 있는 슈퍼맘이고 저출산 국가의 여성은 상대적으로 능력이 부족하다는 말일까요? 그렇지 않지요. 이 그래프에 표면적으로 드러나지 않은, 이면에 감추어진 내용을 분석할 수 있어야 합니다.

소위 고출산 국가로 분류되는 나라는 여성이 사회에 많이 진출하면서도 출산과 양육에 상대적으로 부담을 덜 느낀다는 것이지요. 그 원인은 두 가지일 텐데요. 첫째는 사회적인 양육 시스템이 갖추어져 있다는 겁니다. 즉 출산과 양육은 개인이 아니라 사회의 책무라는 인식이 확고한 것이지요. 또 하나는 사회적 책무에 남녀의 구별이 없듯이 양육을 포함한 가사노동에서도 양성평등이 자리잡았기 때문이지요.

예를 들어 스웨덴은 출산휴가 자체가 우리와 견줘 상당히 깁니다. 여성의 경우 최장 3년까지 유급휴가가 보장되며, 여성이 초기 양육을 마치고 회사에 복귀

하면 회사는 업무적응교육을 해줄 의무까지 집니다. 우리 사회에서는 상상도 할 수 없는 일이지요. 게다가 아빠도 출산휴가를 신청할 수 있습니다. 법적 권리로, 다르게 말하면 남성에게도 양육의 의무가 있다는 것이 사회적으로 공인된 것이지요. 여기에 더해서 웬만한 규모의 회사는 자체에 보육시설을 갖추고 있습니다. 그래서 오늘은 아빠가 자신의 회사 보육시설에 아이를 맡기고, 내일은 엄마가 데려가고, 하는 식입니다. 꿈같은 일인가요? 여기에 하나를 더하자면 이런 복지국가일수록 사교육비 지출은 상대적으로 적습니다. 그렇기 때문에 양육의 부담이 줄어들 수밖에 없지요.

정리하면 인간다운 삶을 살 수 있는 사회를 만들어나가려는 노력 없이, 여성에게 출산을 의무로 강요하거나, 다자녀 가구에 대해 분유값도 안 되는 지원금으로 생색내는 정책만으로는 저출산 문제를 해결할 수 없습니다. 먼저 좀 더 인간다운 사회를 만들어나가겠다는 사회 구성원의 의지가 중요합니다. 이를 위해서는 복지예산을 충분히 확보해야 하지요. 또한 이제 더 이상 출산과 양육, 가사 노동의 책임을 여성에게만 미루어서는 안 됩니다. 남성과 여성 모두 이를 분담해야 한다는 발상의 전환이 필요합니다. 무엇보다 남성의 의식이 전환되는 것이 아주 중요하겠지요. 아이는 혼자 만드는 것이 아니니까요. 더 자세하고 구체적인 해결방안은 여러분 스스로 찾아보기 바랍니다. 자기만의 논거가 필요합니다.

# 4
## 양성평등 어떻게 이룰 수 있나

이번에는 논의의 방향을 조금 틀어서 사회적 차원에서 양성평등을 어떻게 이룰 수 있을지를 고민해봅시다. 양성평등을 고민하고 있다는 것은 이미 남성과 여성이 평등하지 않다는 것을 전제로 하는 말이지요. 그런데 좀 이해가 안 되는 학생들도 있을 겁니다. 왜냐하면 앞서 얘기했던 것처럼 2010년에 임용된 판사의 70% 이상이 여성이거든요. 매해 각종 고시의 수석은 거의 여성이 차지하고 있고, 전체 합격자 비율에서도 여성이 절반 이상이잖아요. 이런 이유로 이제 여성에 대한 사회적 차별이 있다고 말하기가 어렵지 않느냐고 생각하는 사람이 많습니다. 그런데 [가]를 분석하면서 우리 사회는 분명 여성을 차별하고 있다고 주장하는 사람이 있습니다.

이와 같은 양상이 판사·검사·공무원 조직, 일반회사에서도 그대로 나타납니다. 예를 들어 법원에 여성판사는 매우 많지만 부장판사 중 여성비율은 극히 낮습니다. 부장검사도 그렇습니다. 임명직, 선출직이 아닌 내부진급을 통해 고위직에 오르는 여성은 거의 없습니다. 공무원 조직 내에서도 마찬가지입니다. 일반회사도 그렇지요. 물론 재벌 2세나 3세의 경우처럼 경영권을 승계하거나 부모의 후광으로 고속승진하는 여성은 있지만 이는 예외적인 경우지요. 이런 현상을 '유리천장'이라고 합니다. 분명히 형식적으로는 남성과 여성에게 동등한 승진의 기회가 주어져 있습니다. 그러나 실제로 결정적 순간에는 능력 있는 여성보다 상대적으로 능력이 부족한 남성이 승진하는 경우가 더 많습니다. 여러분이 대학에 가 보면 알겠지만 우리 학계에서도 이런 일은 비일비재합니다. 오죽 여성교수가 드물면 그냥 교수가 아니라 '여교수'라고 말하겠어요. 여성에게는 보이지 않는 가로막이 있는 거죠. 투명한 유리 같은 천장 말입니다.

물론 이 현상을 [나]의 관점에서는 문제 삼지 않을 겁니다. 여자와 남자는 원래 다르다고 생각하니까요. 그러나 우리는 이런 현상이 문제가 있다고 인정하고 이를 해결하기 위해서 노력해야 한다는 취지의 논술 문제를 만날 수 있습니다. 그러므로 이런 문제적 현상에 대해서 고민하는 것이 필요하지요. 또 그것이 시대의 흐름입니다.

여성차별을 완화하기 위한 방안으로 먼저 떠오르는 것은 의식변화입니다. 아무리 좋은 제도라도 실제로 잘 작동하지 않는다면 유명무실하니까요. 우리 사회 구성원 모두가 양성이 동등해야 한다는 점을 인식하고 그렇게 실천하려고 노력해야겠지요.

물론 이런 의식의 변화를 이끌어내기 위해서 매체를 활용하는 것도 좋은 방법입니다. 일례로 얼마 전에 이런 공익 광고가 있었습니다. 중년의 관리직 남성이 젊은 여성직원에게 매우 비인격적인 언행을 하고 집에 돌아옵니다. 그런데 자신의 딸이 집에 들어와서 울면서 하소연합니다. 여성이라는 이유만으로 무시당하고 차별받았다고 말이죠. 그래서 아빠가 반성을 하게 된다는 내용이지요. 그렇습니다. 내가 여성을 차별하면 내 아내와 딸, 내 누이가 차별당한다는 사실을 기억해야겠지요.

그러나 개인적 노력은 한계가 있겠지요. 그래서 제도적인 접근이 필요합니다. 일례로 여성을 근거 없이 차별할 경우 제재를 가하는 방법이 있겠네요. 회사에서 업무나 승진체제에서 여성을 부당하게 차별한다면 그것을 법적으로 구제할 수 있도록 하는 방법입니다. 서구에서는 진작에 시행되고 있으며, 우리 사회도 형식적으로는 이런 제도가 있습니다. 헌법에도 여성이 남성과 평등함을 명기하고 있으니까요. 하위법률도 헌법의 취지를 따르고 있습니다.

그런데 이런 제도적 방안 중에 소위 말하는 적극적 실현조치라는 것이 있습니다. 영어로는 'affirmative action'이라고 하지요. 대표적인 사례가 노르웨이의 '여성이사 할당제'입니다. 노르웨이는 법적으로 모든 상장기업의 이사 중 여성 비율을 40% 이상으로 높일 것을 강제했습니다. 그리고 이 법을 어기면 상장을 폐지하겠다고까지 기업을 압박했습니다. 그런데 실제로 대부분의 기업이 이 법을 지키고 있고, 이후에 노르웨이의 기업문화가 개선되고, 생산성이 향상되었다는 보도가 있습니다. 그래서 유럽의 다른 나라도 적극적으로 이 제도를 시행할 것을 고려하고 있다고 합니다. 우리가 이 제도를 응용한다면 부장판사 중 여성비율을 30% 이상으로 하거나, 대학에서도 여성교수 비율을 25% 이상으로 하는 등의 제도를 실시할 수 있겠지요.

이런 제도에 대해서 반대하는 사람은 이와 같은 적극적 실현조치는 오히려 상대방에 대한 역차별의 성격이 강하다고 주장합니다. 강제적으로 여성에 대해 쿼터를 할당하는 것은 남성에 대한 역차별이라는 것이지요. 그들은 평등을 실현하기 위해서라는 명목으로 능력 있는 남성을 희생시켜서는 안 된다고 주장합니다. 틀린 말은 아닙니다.

이 문제를 고민하는 데 도움이 될 수 있을지 모르겠습니다만, 예전에 노르웨이의 아동평등부 장관이 이런 말을 했습니다. "남성과 여성의 자연적 차이를 인정하지 않는다면 현실에서 남성이 더 많은 권력을 가진 것은 비정상이다. 이것은 사회 내에서 공정한 경쟁이 이루어지지 않고 있음을 증거한다. 출발선에서 남성은 이미 앞서 있다. 이런 비정상적 상황을 해소하기 위해서 일시적으로 여성을 우대하는 것은 서로 다른 지금의 출발선을 공정하게 조정하는 것일 뿐이다. 출발선이 공정해지면 이런 강제적 규정도 자연히 소멸될 것이다."

위에서도 알 수 있듯이 적극적 실현조치를 통해서 현실의 불평등이 해소된다면, 그 조치는 소멸되어야 합니다. 평등이 이루어진 후에도 그것이 여전히 남아 있으면 오히려 역차별이 될 수 있다는 겁니다. 양성평등의 지향점은 그야말로 양쪽의 성(性)이 어떠한 차별도 받지 않고 동등한 삶을 사는 것입니다. 또한 남성은 이래야 한다, 여성은 저래야 한다는 식의 획일화된 기준으로 개인의 삶을 억압하던 것에서 벗어나 자유로운 삶을 살아야 한다는 것도 양성평등이 지향해야 할 목표입니다.

1. 김소월의 시 〈진달래꽃〉을 여성적 어조라고 가르치는 이유는 무엇이고, 그 문제점은 무엇인가?

2. 저출산, 고령화는 정말 문제일까? 인구가 줄어드는 것은 무조건 바람직하지 않은 현상인가?

3. 중산층, 부유층에서도 저출산 현상이 나타나는 이유는 무엇일까?

## 읽기자료

# 1
### 김경희, 「고용평등과 적극적 조치」

적극적 조치는 여성을 포함한 소수집단의 실질적인 평등을 실현하기 위해 적극적으로 지원해주는 조치이다. (중략)

적극적 조치는 적용대상이 공공부문과 사기업, 교육 등에 걸쳐 있고, 기회의 평등을 넘어선 적극적이고 포괄적인 정책으로, 반대론자의 공격을 지속적으로 받아오면서 찬반론의 팽팽한 대결을 벌여왔다. 특히 자유경쟁의 원리를 중시해 온 미국사회는 이 제도가 업적주의를 침해하고, 백인 남성을 역으로 차별하며, 이 제도의 수혜자인 여성과 소수인종에게 불명예를 안겨줄 뿐이라는 논거가 설득력 있게 받아들이는 분위기를 조성하였다. 그럼에도 불구하고 적극적 조치를 지지하는 논자는 보상과 배분의 정의를 주장하고 이 제도의 사회적 효용성을 강조하면서 반대론에 맞서 왔다. (중략)

적극적 조치를 반대하는 논자는 기회의 평등원칙에 기초해서 비판한다. 적극적 조치가 역차별을 불러들인다고 주장하는 입장에서는 역설적으로 적극적 조치의 법적 근거가 되는 공민권법 제7편을 들어 공격한다.

1974년 역차별 소송 사건으로 미국사회를 떠들썩하게 했던 배크(Bakke) 사건은 기회의 평등원칙론에 기초해서 역차별 논쟁을 불러일으켰고, 치열한 공방전으로 적극적 조치의 도입 필요성과 정당화의 근거를 알리는 기회가 되었다. 배크는 백인 남성으로, 캘리포니아대학교 의과대학 입학시험에 응시했다가 두 차례 낙방했다. 그가 응시한 학교는 적극적 조치를 이행하고 있었는데, 흑인의 입학을 돕기 위해 입학 정원 100명 중의 16퍼센트인 16명을 소수인종으로 채용하도록 되어 있었다. 소수인종 응시자의 시험성적은 탈락한 백인 남성보다 나빴지만 이러한 특별전형절차에 의해 일부가 합격될 수 있었다. 배크는 자신의 입학성적이 합격한 소수인종의 응시자보다 높았지만 자신이 백인이라는 이유로 탈락되었다고 학교를 상대로 고소하였다. 학교는 대학의 특별전형 절차가 공민권법에서 보장하는 적극적 조치의 실행방법의 하나이므로 합헌이라고 주장했으나, 1심 법원과 캘리포니아 주대법원은 제7편 제601조에서 규정한 '누구든지 인종·피부색·종교·출신지를 이유로 연방정부의 재정적 지원을 받는 계획, 활동에의 참가 배제, 수혜 거부 등의 차별을 받지 아니한다'는 조항에 위배된다며 배크의 손을 들어줬다. 대학 측은 연방대법원에 상소하였고, 미연방 대법원은 5 대 4의 결정으로 이 대학의 적극적 조치를 위헌으로 판결했다. (중략)

찬반론자가 논거로 삼고 있는 평등개념은 각각 달랐다. 기회의 평등원칙을 지지하는 논자는 조건을 고려하지 않은 형식적 평등(equity)만을 거론하고 있을 뿐이다. 자원배분의 불균등이 성별, 인종별로 확연하게 다른데도 불구하고 기회의 평등원칙론자는 기회의 평등원칙을 철저하게 운용해나가면 평등해질 수 있다고 강조한다. 그러나 이미 잘 짜여진 조직체제와 분배방식은 권력 중심부에 있는 다수집단에게 유리한 방식으로 구성되어 있어서 출발부터가 공정하지 않다.

그럼에도 불구하고 기회의 평등원칙이 설득력을 지닐 수 있는 이유는 개인주의가 강한 풍토에서 개인 간 기회의 공정성이 공감대를 갖도록 하기 때문이다. 개인주의적 접근은 차별의 피해자가 누구인지 그 개인을 찾아내어 보상해야 한다는 이유로 집단적 보상을 반대한다. (중략)

배분적 정의론은 차별을 교정하기 위해서 보상을 통해서만이 아니라 결과적으로 배분의 평등을 위해 적극적 조치가 실행되어야 한다고 주장한다. 여기에서 무엇을 누구에게 배분할 것인가를 논의할 필요가 있다. 니켈(Nickel)은 "권리, 공적, 능력, 공헌도 등 관련 있는 요소를 종합적으로 고려하여 이익과 부담을 배분하는 것"이라고 말한다. 이는 배분적 정의가 권리와 자원의 배분과 함께 사회적 공헌과 의무를 나눈다는 의미를 담고 있어 보상적 정의보다 한 단계 나아간 논의임을 보인다. 이러한 접근은 과거에 차별을 받았기 때문에 보상을 받아야 한다기보다는 사회적 자원의 배분을 두고 공정한 절차가 필요하다는 것이다. 소수집단이 누적된 차별로 인해 공정하게 경쟁할 기회를 박탈당해왔다면 그 기회를 적극적으로 부여하고, 다수집단이 경쟁기회를 독식해왔다면 그 집단의 기회를 부분적으로 제한하자는 것이다.

연방대법원 판결 과정에서 과거 차별에 대한 개별적인 입증은 종종 요구되어 왔다. 차별받은 사람을 가려내어 그가 받은 차별의 사실을 밝혀낸 다음 보상해야 한다는 것이다. 그러나 차별적 관행이 구조화되고 집단에게 가해지기 때문에 일일이 차별 사실을 검증해내는 것은 현실적으로 가능하지 않다.

배분적 정의는 보상적 정의론이 갖는 한계를 보완하는 이점이 있다. 자원의 공정한 배분을 통해 평등한 사회에 다가갈 수 있다는 전망은 적극적 조치의 필요성을 적극적으로 해석하도록 유도한다. 적극적 조치는 소수집단에 대한 차별의 보상, 희생집단에 대한 구제를 위한 조치이기보다는 기회를 '평등하게 배분'하기 위한 제도라는 것이다. 이와 같은 접근방식은 연방의회와 연방대법원에 의해 지지되고 있다. (중략)

적극적 조치는 여성이 겪고 있는 성차별이 개인의 무능력, 인적 자원의 열등함에서 비롯된 것이 아니라 사회의 다수집단인 남성중심사회가 역사적으로 창출해낸 성차별적인 구조와 제도에 의한 결과임을 인식한 데서 출발하고 있다. 또한 적극적 조치는 사회의 모든 구성원과 그들이 속한 집단이 사회를 운영하는 과정에 대등한 위치에서 참여할 수 있어야 한다는 평등과 정의의 원칙에 기반해서 나온 것으로 여성의 참여기회를 구조적이고 체제적으로 배제해온 성차별적인 제도를 목적의식적으로 바꾸어냄으로써 사회적 환경을 바꾸어보려는 제도다.

# 2
## 로즈마리 퍼트남 통, 『페미니즘 사상-종합적 접근』

슐라미스 파이어스토운은 『성의 변증법』에서 가부장제, 즉 체제적인 여성의 예속이 생물학적 불평등에 뿌리박고 있다고 주장했다. 여성의 출산 역할을 숙고한 후 파이어스토운은 마르크스와 엥겔스가 제안한 유물론적 역사이론을 페미니즘적으로 수정했다. 비록 마르크스와 엥겔스는 역사의 추진력으로서의 계급투쟁에 제대로 초점을 맞추긴 했지만, 그들은 파이어스토운이 '성 계급'이라고 이름 지은 것에는 별 관심을 보이지 않았다. 파이어스토운은 경제적 계급보다 성 계급이 중심개념인 역사적 유물론의 페미니즘적 변종을 개발하여 이러한 과실을 보충할 것을 제안했다.

파이어스토운이 마르크스주의적 방식을 흡수한 것을 이해하려면 우리는 단지 역사적 유물론에 대하여 그녀가 내린 정의를 엥겔스의 역사적 유물론에 대한 정의와 대조하기만 하면 된다. 엥겔스는 역사적 유물론을 "모든 역사적 사건들의 궁극적인 원인과 거대한 추동력을 사회의 경제적 발전에서, 생산과 교환양식의 변화에서, 결과적으로 사회를 별개의 계급으로 구분하는 것에서, 그리고 이러한 계급 간의 투쟁에서 찾고자 하는 역사과정에 대한 견해"라고 규정했다. 파이어스토운은 엥겔스의 정의를 다음과 같이 재공식화하였다.

> 역사적 유물론은 모든 역사적 사건들의 궁극적 원인과 거대한 추동력을 성의 변증법에서 찾고자 하는 역사 과정에 대한 견해로서, 즉 생식적 재생산을 위한 전혀 다른 두 개의 생물학적 계급으로서의 사회구분, 이 계급들 간의 상호 투쟁, 이러한 투쟁들에 의해 창조된 결혼, 출산, 육아 양식의 변화, 그리고 신체적으로 차별화된 다른 계급들의 연관된 발전(사회적 지위), 그리고 (경제-문화적) 계급 제도로 발전된 성에 기초한 최초의 노동분업이 주요 변수인 것이다.

다시 말해서 파이어스토운에게는 생산관계보다 재생산관계가 역사의 추동력인 것이다. 본래의 계급 구분은 남성과 여성의 서로 다른 재생산 역할에 뿌리박고 있다. 왜냐하면 인간 사이의 생산적 차이에 기초한 계급이나 심지어 인간 사이의 인종적 차이에 기초한 계급의 패러다임을 제공하는 것은 성 계급이기 때문이다.

파이어스토운은 마르크스가 노동자의 해방이 경제적 혁명을 필요로 한다고 결론지었던 것과 아주 똑같은 방식으로 여성해방은 생물학적 혁명을 필요로 한다고 결론 지었다. 무산계급이 경제적 계급체제를 타파하기 위해서 생산수단을 장악해야 하는 반면에, 여성은 성적 계급체제를 타파하려면 재생산수단의 지배권을 장악해야 한다. 공산주의 혁명의 궁극적 목표가 계급이 없는 사회에서 계급의 구분을 종식시키는 것이듯이, 페미니즘 혁명의 궁극적 목표는 양성적 사회에서 성의 구분을 종식시키는 것이다. 기술발전으로 자연출산의 생물학적 제한을 극복하게 되면 곧 어떤 사람은 자궁이 있고 또 다른 사람은 페니스가 있다는 사실은 '더 이상 문화적으로 중요하지 않게' 될 것이라고 파이어스토운은 말했다.

파이어스토운은 여성이 아무리 많은 교육적·법적·정치적 평등을 획득하게 되든 간에 그리고 아무리 많은 여성이 공적 산업에 투입되든지 간에, 자연출산이 규칙으로 남아 있고 인공적인 또는 보조적인 재생산이 예외로 남는 한, 여성에게 근본적인 것은 결코 변화되지 않을 것이라고 역설했다. 자연출산은 결코 여성에게 최고의 이익이 되는 것도 아니고 그렇게 태어난 자녀에게도 최고의 이익이 되지 않는다. (중략) 더군다나 자연출산은 더 많은 악의 근원이고, 특히 인간 사이에 적개심과 질투의 감정을 야기하는 소유욕이라는 악덕의 근원이라고 파이어스토운은 말했다. 엥겔스의『가족, 사유재산 그리고 국가의 기원』은 그가 무엇 때문에 남성이 잉여가치의 생산자가 되었는지를 적절하게 설명하지 못해서라기보다는 무엇 때문에 남성이 그들의 재산을 그들의 생물학적 자녀에게 그토록 열렬하게 이전시키고 싶어 하는지를 적절하게 설명하지 못했기 때문에 불완전했다고 파이어스토운은 말했다.

# 글쓰기

## 1
### 2008학년도 성균관대학교 정시 인문 기출문제

**문제 1. 아래 제시문(1~4)은 어떤 사회·경제현상에 대한 상이한 관점을 담고 있다. 이 제시문들을 상반된 두 입장으로 분류하고, 각 입장을 요약하시오.(30점)**

[1]

지난 30년 동안 영국에서 여성과 남성의 임금격차가 줄기는 했어도, 고용된 여성의 평균임금은 남성의 평균임금에 비해서 훨씬 낮다. 1970년에 전일제로 일하는 남성의 임금이 1파운드라면 전일제로 일하는 여성은 63펜스의 임금을 받았다. 1999년에 그것은 84펜스로 높아졌다. 이처럼 임금격차가 줄어드는 경향은 당연히 남성과의 평등으로 나아가는 의미 있는 발걸음으로 보인다.

여러 과정이 이러한 추세에 영향을 미쳤다. 한 가지 중요한 요인은 이전에 비해서 더 많은 여성이 임금이 높은 전문직으로 진출한다는 것이다. 이제 능력 있는 젊은 여성이 수입이 많은 일자리를 얻을 가능성이 남성과 비슷해졌다. 그러나 직업구조의 상층에서 이루어진 이러한 발전은 빠르게 확대되는 서비스 부문의 저임금 시간제 근로여성의 엄청난 증가로 인해 상쇄되고 있다.

　개인의 능력이 아닌 사회구조에 따른 성별 직업분리는 남성과 여성의 임금격차가 유지되는 중요한 요인 가운데 하나이다. 여성은 임금이 낮은 직종 부문에 과잉 분포되어 있다. 남성의 20%가 주당 100파운드 이하를 버는 것에 비하여, 여성의 45%가 주당 100파운드 이하를 번다. 어느 정도 개선이 되었음에도 불구하고, 역시 여성이 소득분포에서 상위에 제대로 분포되어 있지 않다. 여성의 2%만이 주당 500파운드를 버는 데 비하여, 남성의 10%가 주당 500파운드를 벌고 있다.

### [2]

　한국의 성별 임금격차는 과거에 비해 그 크기가 축소되었으나 여전히 상당한 차이를 보이고 있는 실정이다. 산업과 직종(職種)에서의 성별 임금격차의 요인을 세 가지 부분, 즉 고용분포의 차이에 의한 고용차별, 임금계수의 차이에 의한 임금차별, 생산적 요소를 포함한 기타 요인으로 구분하여 분석하였다. 분석 결과를 정리하면 다음과 같다. 첫째, 전반적인 성별 임금격차는 산업과 직종에서 0.52의 수치로 나타나 남성이 여성보다 더 많은 임금을 받고 있음을 보여준다. 둘째, 성별 임금격차에 영향을 주는 요인 중 차별적 요소를 비교해보면 산업(3.6%)보다는 직종(6.0%)에서 차별적 요소가 심하게 나타났고, 특히 임금계수에 의한 차별적 요소는 산업(2.4%)보다 직종(5.2%)에서 약 2배 높게 나타났다. 이는 우리나라 노동시장에서 여성에 대한 임금차별이 존재하고, 특히 직종에서 이러한 현상이 더욱 두드러짐을 나타낸다. 셋째, 산업과 직종 모두에서 고용비중과 임금계수의 차별적 요소보다는 다른 요인의 영향력이 매우 크게 나타났다. 전체 임금격차의 90% 이상을 설명하는 기타 요인 중에는 교육, 경력, 근속기간과 같은 생산적 요소가 상당한 비중을 차지하고 있으므로, 남녀간 인적자본 투자에 의한 생산성 차이가 우리나라의 성별 임금격차를 설명하는 데 매우 중요한 역할을 한다고 볼 수 있다.

**[3]**

여성의 자격은 가정 내에서 여성의 복종을 유지하기 위해 고수되어온 것이라고 필자는 믿는다. 왜냐하면 대부분의 남성은 평등한 사람과 함께 산다는 생각을 관용할 수 없기 때문이다. 그것이 아니라면 현재의 정치학과 정치경제학의 수준에서는 누구라도 인류의 반을 수입 좋은 수많은 직업과 높은 지위로부터 배제하는 것의 불공정함을 인정할 것이다. 태어날 때부터 여성은, 가장 어리석고 비열한 남성에게조차도 법적으로 개방되어 있는 직업에 적합하지 않거나 어떻게 해도 적합해지지 않을 것이라고 규정되어 있는 것이다. 또한 여성이 얼마나 적합하든지 간에, 남성의 배타적인 이익을 위해 그러한 직업들은 여성에게 금지된 것이다.

무엇이 여성에게 금지될 때, 여성은 그것을 할 수 없고 여성이 그것을 하려고 하면 진정한 성공과 행복의 길로부터 떠나는 것이라고 말하는 것이 필요하다. 그러나 그것을 주장하는 사람은 그 이유를 그럴듯하게 만들기 위해서 과거에 주장했던 사람보다 더 철저하게 주장할 준비를 해야 한다. 평균치의 여성이 지적으로 평균치의 남성보다 못하다든가, 남성보다는 적은 수의 여성이 높은 지성을 요구하는 직업에 적합하다든가라고 주장하는 것으로는 충분하지 않다. 어느 여성도 그러한 직업에는 적합하지 않으며, 가장 뛰어난 여성이 현재 그러한 직업을 갖고 있는 가장 평범한 남성보다도 지적으로 열등하다는 주장이 필요하다.

우리가 과거의 경험에다 현재의 경험을 덧붙인다면, 여성을 가장 철저하게 경시하는 사람조차도 소수만이 아닌 다수의 여성이 남성이 해온 일을 성공적으로 그리고 믿을만하게 수행함으로써 여성의 능력을 증명해왔다는 것을 감히 부정할 수 없을 것이다. (중략) 이러한 사실이야말로 여성이 지적 활동을 위해 남성과 경쟁하도록 허용되지 않는다는 것이 여성에 대한 억압이며 사회에 대한 피해임을 충분히 그리고 그 이상으로 증명하지 않는가?

**[4]**

미국 국민은 누구나 법에 따라 아이를 학교에 보내야 한다. 그러나 이 의무의 구체적인 내용은 주마다 약간씩 다르다. 학생이 16세 이상이 되면 학업을 그만

둘 수 있도록 허용하는 주도 있지만, 어떤 주는 17세인 경우도 있고, 18세인 경우도 있다. 더구나 이 연령은 시간이 지남에 따라 바뀌어왔다. 각 주의 이러한 의무교육 연령차이와 이 연령의 시간적 변화로 인해 학자는 의무교육의 효과를 실증적으로 분석할 수 있는 자료를 갖게 되었다. 노동경제학자 앤그리스트와 크루거는 이 자료를 사용하여 학교교육과 임금과의 관계를 분석하였다. 이들의 연구결과에 의하면 학교를 오래 다니도록 의무화된 학생은 실제로 나중에 더 높은 임금을 받게 되었다는 것이다. 이 결과는 학교교육이 사람들의 생산성을 실제로 높인다는 것을 의미한다. 그러므로 남녀 간 임금의 차이가 있다면 이는 두 성별 간의 학력의 차이에 기인한 것으로 설명될 수 있다. 또한 직장 경력의 차이에 따른 남녀 간의 인적자본 축적의 차이도 임금격차를 설명하는 요인이라고 볼 수 있다.

**문제 2. 아래 표는 가상의 임금근로자들의 성, 학력, 생산기여도 및 월평균 임금수준을 나타내고 있다. 이 표의 사례가 [문제 1]의 상반된 입장과 어떻게 연관되는지 상세한 분석을 통해 밝히시오.(40점)**

| 근로자 | 월평균임금* | 학력 | 생산기여도* | 성별 |
|---|---|---|---|---|
| A | 250 | 대졸 | 160 | 남 |
| B | 180 | 고졸 | 120 | 남 |
| C | 200 | 대졸 | 150 | 여 |
| D | 150 | 고졸 | 100 | 여 |

\* 가상 단위

**문제 3. 아래 제시문(5와 6)이 공통적으로 보여주는 사회현상의 발생 이유를 [문제 1]에서의 입장을 활용하여 설명하시오.(30점)**

[5]

중앙인사위원회는 6일, 2007년도 행정고시 행정직군 최종합격자 251명의 명단을 발표했다. 이 가운데 여성합격자는 123명으로 전체의 49%를 차지해 역대 최고치다. 지난해 45%보다 4%p 늘어난 것이다. 특히 일반행정직 67%, 국제통상직 74%, 교육행정직 75% 등 일부 직렬에서는 이미 여초(女超)현상을 나타냈다. 국제통상직에서는 19명 가운데 여성이 무려 11명이다. 양성평등 채용목표제에 따라 남성합격자 1명이 추가로 나오기까지 했다. 수석합격자도 4년째 여성 몫이다. 고시에서의 '여풍'은 해마다 위세를 더했다. 행정고시 합격자의 여성비율은 10년새 무려 5배나 급증했다. 1997년 11%에 지나지 않았던 여성 합격자 비율은 2003년 30%를 돌파했고, 2005년 40%를 처음 넘겼다. 여성이 전통적으로 강세인 외무고시에서는 올해 여성합격자 비율이 68%를 기록하기도 했다. 사법시험도 지난해보다 2% 줄기는 했지만 35%나 된다.

[6]

'알파걸(Alpha Girl)'이란 엘리트 여성집단을 지칭하는 신조어다. 미국 하버드대 아동심리학 교수인 킨들러가 2006년 출간한 『알파걸: 새로운 여자의 탄생』에서 처음 이 용어를 사용하였다. 킨들러 교수는 미국과 캐나다의 15개 학교를 방문해 재능 있고 성적이 우수하며, 리더이거나 앞으로 리더가 될 가능성이 있는 10대 소녀 100여 명을 인터뷰하고, 900여 명의 학생을 대상으로 설문조사를 하였다. 여학생의 20% 가량이 공부, 운동, 친구관계, 미래에 대한 비전, 리더십 등 모든 면에서 남학생을 능가하는 엘리트 소녀로 성장하고 있다는 결과를 얻었다. 그는 이 결과를 토대로 이전 세대와 근본적으로 다른 '완전히 새로운 사회계층의 출현'을 선언하고, 그 계층을 '알파걸'이라고 불렀다. 그의 저서에서 알파걸은 '성실하고, 낙천적이고, 실용적이고, 이상주의적이며, 개인주의자이면서 동시에 평등주의자인, 그러면서 관심영역이 광범위해 인생의 모든 가능성에 열린 마음을 갖고 있는 유능한 소녀집단'으로 정의된다. 초·중·고등학교는 물론 대학, 직장에서까지 알파걸의 활약이 남성을 압도하기 시작했다.

**다음 제시문을 읽고 논제에 답하시오.**

**[가]**

우리나라는 가부장 중심의 대가족을 당연시하고 부계혈통을 중시해왔다. 요즘 부모의 성(姓)을 모두 쓰는 사람도 간혹 있지만, 대부분은 아버지의 성을 따른다. 전통적으로 부계조상을 집안의 뿌리로 삼아 부자 간에 혈통을 계승하고 이를 통해 집안이 지속되도록 제도화되어 있다. 조선후기 이후 외손봉사(外孫奉祀)를 꺼리게 됨에 따라, 아들이 없는 집안에서는 딸이 있어도 가까운 동성(同姓)의 남자를 양자로 삼았을 정도로 부계혈통주의가 오늘날에도 확고히 확립되어 있다.

남성위주의 사회구조는 사회활동에서의 남녀차별, 육아에 대한 부부 간의 불평등한 분담, 더 나아가서는 능력보다 외모에 의한 여성 평가, 남아선호, 장자우대 등 여성에 대한 차별을 낳고 있다. 조상과 후손의 연결고리로서 조상 섬김의 대표적인 행사인 제사도 부계혈통과 남성위주의 행사로 치러진다.

**[나]**

동성동본금혼 규정은 자유와 평등을 근본이념으로 하고 남녀평등의 관념이 정착된 현대의 자유민주주의 사회에서 사회적 타당성 내지 합리성을 상실하고 있다. 이것은 인간의 존엄성과 행복추구권을 규정한 헌법이념, 그리고 개인의 존엄과 양성의 평등에 기초한 혼인과 가족 생활의 성립, 유지라는 헌법정신에 정면으로 배치된다. 또한 혼인을 제한하는 범위를 동성동본인 혈족, 즉 남계(男系)혈족에만 한정하여 적용하는 이 금혼규정은 성별에 따라 차별하는 결과가 되어 헌법의 평등원칙에도 위반된다.

## [다]

동양의 남녀관에 따르면, 남녀는 각기 고유한 특성을 가지고 있으므로 어느 한 쪽이 우월한 존재가 아니라, 평등한 입장에서 서로를 보완해주는 관계이다. 서양의 민주주의사상도 인간의 존엄성 이념을 바탕으로 하여 모든 사람이 평등하다는 것을 전제하고 있다. 따라서 청소년은 전통적인 가부장적 가족질서를 친애와 화합의 가족질서로, 그리고 신분이나 성에 따라 차별화된 사회질서를 평등과 조화의 사회질서로 재창조함으로써 새로운 윤리체제의 구현을 위하여 노력하여야 할 것이다.

〈도표 1〉

| 밀양박씨 | 김승지 | 남원양씨 | 이거용 | 한양조씨 | 신세영 | 영천최씨 | 정운경 | 개성박씨 | 이회원 | 파평윤씨 | 이세운 | 안산이씨 | 남대식 | 남원양씨 | 장고조(4대) |
|---|---|---|---|---|---|---|---|---|---|---|---|---|---|---|---|
| 광주김씨 | | 이사부 | | 거창신씨 | | 정기근 | | 경주이씨 | | 이대율 | | 의령남씨 | | 장증조(3대) | |
| 전주이씨 | | | | 정동진 | | | | 전주이씨 | | | | 장조부(2대) | | | |
| 동래정씨 | | | | | | | | 장부(1대) | | | | | | | |

1. 17세기 중엽에 간행된 어느 가문의 족보에 나오는 16조도(十六祖圖)를 기초로 가상의 인물인 '장본인'의 16조도를 다시 구성하였다. 장본인의 고조대(4대) 조상이 모두 16명이라는 것을 도표로 그린 것이다.

2. 맨 위 칸의 오른쪽 장고조와 남원 양씨는 부부이고 그 둘의 아들이 장증조이다. 장증조와 의령 남씨는 부부이고 그 둘의 아들이 장조부이다.

김승지와 밀양 박씨 부부의 후손 등도 위와 같은 방식으로 이해하면 된다.

〈도표 2〉

**장본인의 고조부로부터 자녀대까지의 족보**

| 세 | 본인 | 관직 | 생년 | 졸년 | 향년 | 묘 | 부인 | 부인생년 | 부인졸년 | 부인향년 | 부인묘 | 부 | 조 | 증조 | 고조 |
|---|---|---|---|---|---|---|---|---|---|---|---|---|---|---|---|
| 14세 | 장고조 | 영의정 | 1454년생 | 1520년졸 | 67세 | 묘위치 ○○○ | 부인 남원양씨 | 1461년생 | 1534년졸 | 74세 | 묘위치 ○○○ | 부 양○○ | 조 양○○ | 증조 양○○ | 고조 양○○ |
| 15세 | 장증조 | 이조판서 | 1493년생 | 1563년졸 | 71세 | 묘위치 ○○○ | 부인 의령남씨 | 1492년생 | 1521년졸 | 30세 | 묘위치 ○○○ | 부 남○○ | 조 남○○ | 증조 남○○ | 고조 남○○ |
| 16세 | 장조부 | 호조판서 | 호 처사 1517년생 | 1584년졸 | 68세 | 묘위치 ○○○ | 부인 전주이씨 / 저서 처사집 | 1517년생 | 1581년졸 | 65세 | 묘 ○○○ | 부 이대율 | | | |
| 17세 | 장부 | 예조판서 | 1536년생 | 1591년졸 | 56세 | 묘 ○○○ | 부인 동래정씨 | 1537년생 | 1595년졸 | 59세 | 묘 ○○○ | 부 정몽진 | 부 이대율 | | |
| 18세 | 장본인 | 병조판서 | 호 허이재 / 1535년생 / 1583년 문과 | 1611년졸 | 59세 | 묘 ○○○ | 부인 광주김씨 | 1554년생 | 1595년졸 | 42세 | 묘 ○○○ | 부 김○○ | | | |
| | 장장남 | 장차남 出系 | 1女 이응도 | | | | 2女 조주원 | | | 4女 유세현 | | 5女 윤남식 | | | | |

1. 〈도표 1〉의 16조도 뒤에는 16조도 각각의 인물을 알 수 있도록 여러 성씨의 '세계(世系)'를 싣고 있다. 그중 장씨 세계에는 1세(世) 시조부터 18세 장본인까지 기술되어 있다. 여기서는 장씨 세계 중에서 14세부터 18세까지의 세계를 조선후기의 족보형태로 재구성해보았다. 일반 족보에서는 성(姓)을 적지 않지만 여기서는 편의를 위해 추가로 적어 넣었다. 위의 장씨 세계에 의하면 14세 장고조가 3남 3녀, 15세 장증조가 3남, 16세 장조부가 3남, 17세 장부가 4남, 18세 장본인이 2남 4녀를 두고 있는데 둘째 아들 이하의 후손은 모두 생략하였다. 장차남 아래의 '出系'는 아들이 없는 친척에게 양자로 들어감을 뜻한다.

2. 조선 후기의 전형적인 족보
1) 가문에 따라 다르기는 하지만 30년마다 간행하는 것이 원칙이었다.
2) 한 면을 6칸으로 나누어 한 칸에 한 세대 또는 같은 항렬을 기재한 족보가 많다.
3) 위 칸과 아래 칸은 부자(父子)관계를 나타낸다.
4) 남자 구성원의 이름을 큰 글씨로 적고 이름의 왼쪽 옆에 부기란(附記欄)을 만들어 작은 글씨로 다음과 같은 내용을 기록한다.
① 당사자 : 과거 급제, 관직경력, 생몰년월일, 나이, 묘의 위치 등.
② 부인 : 본관과 성, 생몰년월일, 나이, 묘의 위치, 부·조·증조·고조 등
5) 아들 다음에 딸을 기록하는 족보의 경우 일반적으로 딸의 난에 출생순서를 一, 二, 三, 四 등으로 표시한다(〈도표 2〉에서는 아라비아 숫자). 그 아래의 성명은 남편을 가리킨다.

**논제 1. 제시문 [가], 〈도표 1〉, 〈도표 2〉를 참조하여 물음에 답하시오. (800자 이내)**
**① 구성원 수를 살펴보면 〈도표 1〉은 31명이고 〈도표 2〉는 14세(世)부터 18세까지 5명으로, 26명의 차이가 난다. 이러한 차이가 의미하는 바를 서술하시오.**
**② 두 족보의 작성목적에는 뚜렷한 차이가 있다. 이러한 차이에서 드러나는 두 족보의 특징을 구체적으로 서술하시오.**

논제 2. 제시문 [나]에 따르면 동성동본금혼 규정은 헌법에 합치하지 않는다. 제시문 [나]에 나오는 논거 이외에 혈통계승의 측면에서도 동성동본금혼 규정이 불합리한 것임을 두 도표를 활용하여 밝히시오. (400자 이내)

논제 3. 논제 1과 2의 내용을 바탕으로 제시문 [다]를 읽고 바람직한 성(姓) 표시방법에 대하여 서술하시오. (600자 이내)

인간소외는 그 원인이 도구적 이성, 합리적 이성을 중시하는
근대사회의 특성에 있기 때문에 다양하게 출제될 수 있어요.
자본주의, 관료제, 물신주의, 일차원적 인간으로의 전락 등
현대문명의 모순점을 인간소외와 연결하여 사고하도록 노력
해야 합니다.

03

**인간소외**

# 1
## 인간소외의 개념

요즘 사회적으로 '왕따' 문제가 심각하지요. 특정한 사람을 집단이 따돌리고 괴롭힌다는 의미에서의 '왕따'를 좀 고상하게 표현하면 '소외'라 부를 수 있습니다. 소외를 국어사전적 정의로 이해하면 아래와 같습니다.

[가]

**소외(疏外)**　　　[명] 서로 사이를 벌어지게 하여 물리침

**소외감(疏外感)**　　[명] 남에게 따돌림을 당한 것 같은 느낌

『새 국어사전』, 교학사

그러니 '인간소외'는 '인간이 서로를 따돌리는 것'이라고 생각하시면 이해하기 편할 겁니다. 거대한 대중사회에서 인간은 자신의 개성이나 특성을 드러내지도 인정받지도 못한 채 그저 이름 없는 누군가로 살아갑니다. 이것을 흔히 '대중사회의 익명성'이라고 표현하지요. 지금 거리에 한번 나가보세요. 대도시 중심

부에는 많은 이들이 오고가지만 그 안에서 여러분 각자의 존재감은 그다지 크지 않을 겁니다. 다르게 표현하자면 여러분이 한 인간으로서 진지하게 대접받지 못한다는 거지요. 그러면 여러분은, 나아가 현대인은 어떤 감정을 느낄까요? 고립되고 외롭지요. 그렇습니다.

[나]

아저씨는 그저 우리 처분만 바란다는 듯한 태도로, 또는 지금 자기가 서 있는 곳이 어딘지도 모른다는 태도로 멍하니 서 있었다. 여관에 들어서자 우리는 모든 프로가 끝나버린 극장에서 나오는 때처럼 어찌할 바를 모르고 거북스럽기만 했다. 여관에 비한다면 거리가 우리에게 더 좋았던 셈이었다. 벽으로 나누어진 방들, 그것이 우리가 들어가야 할 곳이었다.

"모두 같은 방에 들기로 하는 것이 어떻겠어요?" 내가 다시 말했다.

"난 지금 아주 피곤합니다." 안이 말했다. "방은 각각 하나씩 차지하고 자기로 하지요."

"혼자 있기가 싫습니다"라고 아저씨가 중얼거렸다.

"혼자 주무시는 게 편하실 거예요." 안이 말했다.

우리는 복도에서 헤어져 사환이 지적해준, 나란히 붙은 방 세 개에 각각 한 사람씩 들어갔다.

"화투라도 사다가 놉시다." 헤어지기 전에 내가 말했지만

"난 아주 피곤합니다. 하시고 싶으면 두 분이나 하세요"라고 안은 말하고 나서 자기의 방으로 들어가버렸다.

"나도 피곤해 죽겠습니다. 안녕히 주무세요"라고 나는 아저씨에게 말하고 나서 내 방으로 들어갔다. 숙박계엔 거짓 이름, 거짓 주소, 거짓 나이, 거짓 직업을 쓰고 나서 사환이 가져다 놓은 자리끼를 마시고 나는 이불을 뒤집어썼다. 나는 꿈도 안 꾸고 잘 잤다

다음날 아침 일찍 안이 나를 깨웠다.

"그 양반 역시 죽어 버렸습니다." 안이 내 귀에 입을 대고 그렇게 속삭였다.

"예?" 나는 잠이 깨끗이 깨어버렸다.

"방금 그 방에 들어가보았는데 역시 죽어버렸습니다."

"역시……." 나는 말했다.

김승옥, 「서울, 1964년 겨울」

인간소외 ● 현대사회에서 개인은 왜 점점 더 소외되는가?

여러분이 익숙히 알고 있는 김승옥의 소설입니다. 서로 일면식도 없던 세 사람이 별 이유 없이 모여 슬픈 돈을 다 써버리기 위해 술을 마시고, 여관에 듭니다. 그런데 이미 마음이 무너져내린 '아저씨'를 '나'와 '안'은 외면합니다. 그들은 마치 단절된 인간관계를 묘사하는 듯이 '벽으로 나누어진 방들'로 들어가고, '아저씨'는 자살을 합니다. 더 놀라운 것은 '아저씨'의 자살을 이미 예감하고 있었다는 듯한 '나'와 '안'의 태도이지요. 현대사회에서 인간이 인간을 어떻게 따돌리고 있는지를 뚜렷하게 보여주는 장면입니다.

'인간소외'를 또 다른 국어사전에서는 아래와 같이 정의하고 있습니다.

[다]

**인간소외(人間疏外)** 인간성이 상실되어 인간다운 삶을 잃어버리는 일. 기계문명이나 거대한 사회조직, 산업조직, 고도로 관리화되고 정보화된 사회가 오히려 인간에 대하여 부정적인 작용을 하는 데서부터 생겨난다.

「국어사전」, 다음

[다]의 정의대로라면 [나]에서 '나'와 '안'은 인간성을 상실하고 인간다운 행위를 하지 못한 것이 되고, '아저씨'는 인간성을 상실당한 채 비인간적으로 삶을 마감한 것이 됩니다. 그렇다면 이 경우 '나'와 '안'이 인간적이었다면 어떻게 했을까요? 아마도 '아저씨'의 자살을 직감한 '안'과 '나'는 '아저씨'와 한 방에 들어, 그를 위로하고 그의 상처를 치유하려 노력했겠지요. 그렇다면 '아저씨'도 그렇게 비극적으로 삶을 마감하지는 않았을 거고요.

그런데 왜 '안'과 '나'는, 나아가 현대인은 이처럼 인간성을 상실하게 되었을까요? 그들도 인간이라고 불린다면 본원적으로는 '인간성'을 내재하고 있어야 하는데 말이지요. 무엇이 우리에게서 인간성을 앗아가는 걸까요? 그것은 좀 더 철학적으로 '소외'의 개념을 이해하는 데서부터 출발합니다. [다]에서 말했던 '인간소외'의 사전적 정의가 바로 [라]에 제시된 소외에 대한 철학적 개념을 바탕으로 성립된 것이랍니다.

**소외(疏外)**  인간이 자신의 활동을 통해 만들어낸 생산물, 관계 및 제도가 오히려 인간 위에 군림하는 낯선 힘이 되어 인간을 지배하고, 인간이 맹목적이고 제멋대로인 그 힘의 작용에 내맡겨지는 사회적 관계를 뜻한다.

「철학소사전」, 동녘

[나]로 다시 돌아가볼까요? 소설 전반부에 영어시험의 '액센트' 문제를 틀린 것으로 고민하는 '나'의 모습이 나옵니다. 취중에도 그 문제를 생각하며 고민하는 '나'의 태도와 '아저씨'의 죽음에 대한 냉정한 태도 사이의 간극을 보면 현대사회에서 무엇이 우리의 삶을 지배하고 있는지 분명합니다.

우리의 삶을 풍요롭게 하기 위한 교육제도가 우리의 인간성을 앗아가고 있습니다. 한 인간의 죽음보다 시험문제 하나가 더 중요합니다. 인간성보다도 시험점수가 더 중요합니다. 혹시 우리도 소설 속의 '나'처럼 살고 있는 것은 아닌가요? 나아가 지금 그렇게 살고 있는 우리 스스로가 자신의 인간성을 따돌리고 있는 것은 아닌지 생각해보아야 합니다.

이처럼 우리는 타인을 따돌리고 스스로를 따돌리면서 살아가고 있습니다. 어른들은 입시에 성공해서 좋은 대학을 가고 좋은 직장을 다니기 위해서는 잠시 '인간문제'는 접어두자고 말합니다. 그러나 대부분의 사람에게 그 '잠시'는 '영원'이 되고 말지요.

또 다른 예로 화폐를 들 수 있겠네요. 인간은 생활의 편리함을 위해 화폐를 만들어냅니다. 교환수단으로서의 화폐는 물물교환할 때 무거운 짐을 지고 다녀야하는 고행에서 인간을 해방시킵니다. 그런데 화폐가 수단에서 벗어나 우리를 억압하기 시작하더니 이제는 한 인간을 평가하는 잣대로, 우리 인생의 목적으로 우리를 지배하고 있습니다. 화폐의 획득이 지상과제가 되는 경쟁적 자본주의 사회에서 '인간성의 도야'를 외치다가는 인간으로서의 기본권조차 사라질 가능성이 높지요. 우리가 더 나은 삶을 위해 고안한 화폐가 오히려 우리의 삶을 지배하고 있습니다.

현대사회에서는 다양한 경로로 인간성의 상실이 나타나고 있습니다. 그것은

[라]에서 말한 것처럼 인간이 자신의 활동에 의해 만들어낸 것으로부터 오히려 지배당하고 있기 때문입니다. 교과서에서도 이 문제를 종합적으로 정리해주고 있네요.

[마]

산업화와 도시화로 인해 산업 및 인구 구조가 변화함에 따라 생활전반에 걸쳐 대중사회화 현상이 일어났다. 신분사회가 붕괴됨에 따라 정치적으로 국민이 주권자가 되는 민주주의가 발전하였으며, 경제적·사회적 혜택이 다수에게 분배되고, 문화와 교육도 보편화되어 대중의 참여가 활발해졌다. 이와 함께 조직이 거대화되고 제도화되는 추세를 보이고 있다. 이에 따라 인간이 사회를 주도적으로 움직인다기보다 사회구조와 기계문명에 매여 규칙이나 원칙, 제도에 따라 살아가는 경향이 나타나게 되었다.

고등학교 『사회 문화』 교과서

정리하자면, 인간소외란 '인간이 스스로 만들어낸 것들에 의해 오히려 지배당하면서 인간성을 상실당하고, 그로 인해 스스로와 타인을 따돌리게 되는 현상'이라고 할 수 있겠습니다. 이제 현대사회에서 나타나는 다양한 인간 소외의 양상들에 대해서 구체적으로 살펴보도록 하지요.

# 2
## 인간소외의 구체적 양상

### 노동 소외에서 비롯한 인간소외

마르크스는 유명한 저작 『경제철학수고』에서 인간소외의 근원을 사적소유라고 지적합니다. 사적소유란 '생산수단(토지, 자본, 노동, 기계설비 등 생산의 도구가 되는 것)을 타인에 대해 배타적으로 소유하는 것'을 의미합니다. 과거의 원시공산제사회에서의 사회적 소유가 노예제에 접어들면서 사적소유로 변하게 되고, 그로 인해 생산수단을 소유하지 못한 노예-농노-노동자는 주인-영주-

자본가의 부를 쌓는 도구로 전락하게 되었다는 것이 마르크스의 생각입니다.

특히 산업사회의 노동자는 과거의 노예나 농노보다는 신분적으로 자유로운 것처럼 보이지만 실질적으로 생계를 유지하기 위해서는 스스로의 노동력을 파는 것밖에는 생존수단이 없습니다. 그런데 자본주의사회에서는 노동자가 힘들여 생산한 상품으로부터 따돌림을 당하는 현상이 발생하게 됩니다. 노동자들의 노동량과 반비례하여 그들의 노동의 가치는 오히려 줄어든다는 말이지요. 마르크스는 이렇게 말하고 있습니다.

[바]

노동자가 상품을 많이 생산하면 생산할수록, 그는 더욱 더 저렴한 상품으로 된다. 인간세계에 대한 평가절하는 사물의 세계에 대한 이용과 직접적인 관계에 있다. 노동은 상품만을 생산하는 것이 아니라, 자기 자신과 노동자를 하나의 상품으로서 생산해낸다. 그것도 노동이 상품을 생산하는 관계 속에서.

이러한 사실은 결국 노동이 생산하는 대상 곧 노동의 생산물이 낯선 존재로서, 생산자와 무관한 권력으로서 노동과 맞선다는 것을 나타낼 뿐이다. (중략) 즉 그것은 노동의 대상화이다. (중략) 대상화는 다름아닌 대상의 상실이므로, 노동자는 가장 필요한 대상 곧 생명뿐만 아니라 노동의 대상까지도 빼앗긴다. 실로 노동 자체는 노동자가 온갖 노력을 기울이고 가장 변칙적인 범죄를 저질러야 비로소 자기 것으로 차지할 수 있는 하나의 대상으로 된다. (중략) 노동자가 대상을 더 많이 생산하면 생산할수록 그는 더욱 더 적게 소유하게 되고 더욱 더 극심하게 자기 자신이 생산한 생산물 곧 자본의 지배 아래 떨어지게 된다.

마르크스, 『경제철학수고』

[바]를 풀어서 설명하자면 이렇습니다. 자본주의사회에서 노동자는 생산수단을 소유하지 못했기 때문에, 노동을 하고 임금을 받아서 생활을 합니다. 여기서 '생활을 한다'는 것은 다양한 상품을 소비한다는 것과 같지요. 그러면 상품은 누가 만드나요? 그 상품을 만든 주체가 노동자잖아요. 그러니까 노동자는 자신의 노동을 통해서 만든 상품을 소비하면서 살아갑니다.

그런데 여러분도 잘 알다시피 자본주의 초기에는 산업의 부흥을 위해서 농민을 도시빈민으로, 산업예비군으로 만드는 작업이 진행됩니다. 영국의 인클로저 운동이 대표적인 사례가 되겠지요. 일을 하려는 노동자는 많고, 일자리는 제한적입니다. 상대적으로 임금이 낮을 수밖에 없습니다. 생존을 위해서는 낮은 임금의 일자리도 감사할 테니까요. 이런 상황에서는 노동자가 임금을 받아도 자신의 생존에 필요한 상품을 충분히 구매하는 것이 불가능했겠지요. 마르크스 당시 유럽의 노동자는 대개가 이런 상황이었답니다. 열심히 일해서 임금을 받지만, 내가 직접 생산한 상품조차 살 수 없는 상태, 이것이 바로 노동의 결과물로부터의 따돌림(소외)입니다. 이런 상황에서는 노동자는 많은 상품을 만들수록 더욱 더 자신의 노동으로부터 소외되는 것이지요.

물론 산업사회 이전에는 모든 인간이 자신의 생산물을 소유했다고 주장하는 것은 아닙니다. 원시공산제사회를 제외하고는 모든 사회에서 노동소외는 있었습니다. 노예제시대의 노예도 스스로의 노동으로부터 소외되었겠지요. 농노도 마찬가지입니다. 우리의 경우에도 조선시대의 지주와 소작농의 관계를 생각해보면 쉽게 이해되겠지요. 노동소외는 인간사회에 항상 존재했지만 자본주의사회에서는 대다수의 인간이, 더 철저하게 자신의 노동으로부터 소외되고 있습니다.

이처럼 노동의 결과물로부터 소외된 노동자가 자신의 노동에 애착을 가질 수 있을까요? 노동하는 과정이 행복할까요? 노동은 이제 인간에게 고통과 괴로움으로 다가옵니다. 그래서 인간은 노동하는 과정 자체로부터 소외당하게 됩니다. 노동을 하고는 있지만 '자아'가 주체적으로 일하는 것이 아니라 '낯선' 누군가가 일을 하고 있는 거지요. 이것을 우리는 노동활동으로부터의 소외라고 합니다.

나아가 인간은 동물과 분명히 다른 특성, 즉 자유롭고 주체적이고자 하는 속성이 있습니다. 호랑이는 이성적 판단에 따라서 사냥을 하지 않겠지요. 호랑이는 본능에 충실할 뿐입니다. 아리스토텔레스가 말하듯이 인간의 고유한 기능은 이성(理性)에 있으니, 자유롭게 이성을 활용할 수 있어야 진정한 인간이라고 할 것입니다. 그런데 산업사회에서 노동자는 자유롭고 주체적인 이성적 판단에 의해서 노동하지 못합니다. 누군가의 명령에 의해서 정해진 작업을 해야만 하고, 작업을 할 때조차 그것은 낯선 힘의 작업일 뿐입니다. 그리고 급속하게 진행되는 기계화는 노동자를 더욱 단순한 반복작업으로 내몰게 되고 그 결과 노동으로부터의 소외는 더 심화되겠지요. 그래서 마르크스는 노동 결과물로부터의 소외, 노동 활동으로부터의 소외에서 더 나아가 노동이 인간을 인간의 본원적 가치로부터 소외시킨다는 의미에서 유적(類的) 소외라는 개념을 더합니다. 물론 이런 개념어를 외울 필요는 없습니다. 그 실질적인 의미를 이해하는 것이 더 중요합니다. 이성적이고 주체적인 인간의 본질이 노동을 통해 훼손된다는 의미이지요.

그렇다면 이제 노동하는 인간은 인간성을 상실당한 것이니, 동물과 다를 바 없는 존재가 됩니다. 아니 오히려 동물보다 더 비극적인 존재가 됩니다. 동물은 원래 동물이지만 인간은 원래 동물이 아니니까요. 동물은 존재의 근원을 유지하고 있지만 인간은 타락한 것이지요. 자, 그럼 이쯤에서 또 다른 문제를 생각해봅시다. 이처럼 인간의 본원적 가치로부터 소외된 인간이 다른 인간을 인간답게 대할 수 있을까요?

인간성을 상실한 인간이 같은 처지의 인간과 대면한다면 그것은 동물끼리의 만남이거나 혹은 '타락한' 인간의 만남일 뿐, 인간의 만남은 아닐 겁니다. 이렇게 자본주의적 산업사회에서는 노동소외로부터 야기된, 인간에 대한 인간의 소외로 나타나게 됩니다.

[사-1]

　공장을 끼고 흐르는 작은 내를 건널 때는 숨을 쉬지 않았다. 시커먼 폐수와 폐유가 그냥 흘렀다. 근로자들은 아침 일찍 공장으로 걸어 들어갔다. 저녁때 노동자들은 터벅터벅 걸어 나왔다. 계속된 조업으로 새벽 교대반원 얼굴에는 잠이 그대로 붙어 있었다. 공원들은 잠을 쫓기 위해 잠 안 오는 약을 먹고 일했다. 영국의 상태는 아주 끔찍했던 모양이다. 로드함 공장에서는 어린 공원들이 정신을 차리게 하기 위해 채찍질을 했다는 기록을 나는 읽었다. 이 로드함 공장이 오히려 인간적이었다는 기록도 나는 읽었다. 리턴 공장에서는 어린 공원들이 한 공기의 죽을 먹기 위해 서로 싸웠다. 성적 난행도 당했다. 공장 감독은 무서웠다. 공원들의 손목을 묶어 기계에 매달았다. 공원들의 이를 줄로 갈아버릴 때도 있었다. 리턴 공장의 공원들은 겨울에도 거의 벌거벗고 일했다. 하루 열네 시간 노동은 보통이었다. 공장 주인은 노동자들이 시계를 갖는 것을 금했다. 하나밖에 없는 공장 표준 시계가 밤늦게까지 일을 하게 했다. 이들 노동자와 가족들이 공장 주변에 빈민굴을 형성하고 살았다. 노동자들은 싸고 독한 술을 마셨다. 죽어서 천국에 간다는 복음만이 그들에게 위안을 주었다. 참혹한 생활에서 빠져나오기 위해 아편을 쓰는 사람도 있었다. 자식에게까지 쓰는 사람이 있었다. 공장 주인과 그의 가족들은 상점이 들어선 깨끗한 거리, 깨끗한 저택에서 살았다. 그들은 좋은 옷을 입고 맛있는 음식을 먹었다. 교외에 그들의 별장이 있었다. 신부는 그들을 위해 기도했다. 더 이상 참을 수 없게 된 영국의 노동자들은 공장을 습격했다. 그들이 제일 먼저 때려부순 것은 기계였다. 프랑스의 철공장에서는 노동자들이 망치 소리에 맞추어 노래를 불렀다. 그 노래는 절망에서 나온 부르짖음이었다.

조세희, 「잘못은 신에게도 있다」

[사-2]

오늘날 생산물만이 중시되고 그것을 만들어낸 노동이 등한시된다는 것은 단지 상점이나 시장, 무역의 경우에 한하는 것은 아니다. 근대적인 공장 안에서도 노동자의 경우에는 사정이 전적으로 동일하다. 작업상의 협력이나 이해, 상호평가란 그야말로 고위층의 권한에 속할 뿐이다. 노동자 계층에 있어서 여러 부서와 여러 직무 사이에 형성된 관계란 다만 사물 간의 관계일 뿐 인간 상호 간의 관계는 아니다. 부품은 명칭과 형태, 원료가 기입된 쪽지가 붙어 유통된다. 이 부품이야말로 바로 인간이며, 노동자는 다만 교환 가능한 부품이라고 생각될 수도 있을 것이다. 부품은 제조 명세서를 갖는다. 또 몇 개의 큰 공장의 경우처럼 노동자가 출근시에 죄수같이 가슴에 번호를 단 사진이 붙어있는 신분증을 제시하지 않으면 안 될 경우, 그 신분 확인 절차는 가슴을 찌르며 고통을 주는 하나의 상징이 되는 것이다. 사물이 인간의 역할을 하고 인간이 사물의 역할을 하는 것이야말로 악의 근원이다. (중략) 큰 공장은 물론이고 조그만 공장에서까지도 많은 남녀 노동자들은 명령에 의해 있는 힘을 다해서 대충 1초마다 한 번씩 행하는 대여섯 개의 단순한 동작을 끊임없이 되풀이할 따름이다. (중략) 기계 작업은 마치 시계의 똑딱 소리처럼 끊임없이 계속된다. 이 경우 하나의 일이 끝나고 다른 일이 시작된다는 것을 알려주는 것은 아무것도 없다. 저 똑딱거리는 시계 소리의 기운 빠지는 듯한 단조로운 소리를 오랫동안 듣는다는 것은 참을 수 없는 노릇이지만, 노동자는 자기 몸으로 그것을 감당하지 않으면 안 된다.

시몬느 베이유, 「노동일기」

[사-1]은 산업사회에서의 노동소외를 잘 보여주고 있습니다. 노동자들은 그들의 생산물로부터, 노동활동으로부터, 인간으로부터, 타인으로부터 소외되고 있습니다. 그들에게 노동은 고통일 뿐이지요. [사-2]는 특히 기계적이고 반복적인 노동이 인간을 기계화하는 양상을 보여줍니다.

### 합리적 체제로 인한 소외 — [마] 참조

노동소외를 설명하면서 인간의 유적(類的) 본질이 이성적 자율성, 주체성에 있다고 말했습니다. 물론 모든 사람이 이에 동의하는 것은 아니지만 대다수는 이 의견에 동의하고 있으니 이를 전제로 논의를 전개해보겠습니다.

인간이 혼자서 사는 것보다는 누군가와 집단을 이루는 것이 더 낫겠지요. 아무래도 개인은 힘과 능력의 한계가 있으니까요. 그리고 집단 내에서는 분업을 하는 것이 효율적이겠지요. 일이 중복되면 비효율적이잖아요. 또한 자기가 맡은 분야에서는 최고의 전문성을 가지는 것도 중요하겠네요. 그런데 만약 집단에서 중요한 일을 결정해야 할 때는 어떻게 하는 것이 효율적일까요? 모두가 모여서 토론하나요? 서로 전문분야가 다른 이들끼리 합의가 쉽지 않겠네요. 그렇다면 소수의 능력 있는 사람이 모여서 합의하고 그것을 집단 전체가 실행하는 방식이 가장 효율적일 겁니다.

예를 들어 러시아 제국과 같은 거대한 국가를 통치하기 위해서는 관료제의 방식이 가장 효율적일 것입니다(하지만 러시아의 관료제는 악명 높기도 하지요). 이처럼 관료제는 효율성을 추구하는 이성적 사고의 결과물입니다. 현실적으로도 상당히 효용성이 높지요. 그런데 관료제는 인간소외를 야기하는 부작용이 있다는 것이 중론입니다.

> [아]
>
> 한편, 관료제의 틀 속에서 생활하는 구성원 개인에게는 자신의 창의성이나 개성을 발휘할 기회가 좀처럼 주어지지 않는다. 오직 분화된 업무를 정해진 절차에 따라 반복하여 수행할 뿐이다. 이에 따라 인간을 조직의 주체가 아닌 객체로 전락시키는 인간소외 현상을 낳을 수 있다.
>
> 고등학교 『사회·문화』 교과서

인간소외 ● 현대사회에서 개인은 왜 점점 더 소외되는가?

'영혼 없는 공무원'이라는 말을 많이 합니다. 어느 사회나 정권이 바뀌면 기존에 추진하던 정책을 손바닥 뒤집듯이 뒤집는데, 이럴 때 어느 하위급 공무원이 기존정책을 고수하려 한다면 어떻게 될까요? 아마도 징계를 받거나 면직될 겁니다. 따라서 공무원은 '행정부'의 정해진 체제 내에서 맡은 임무를 수행하면 될 뿐, 자유롭고 주체적으로 사고하거나 행위할 이유가 없습니다. 스스로 생각하는 것을 규제하고 체제에 의해 짜인 데로만 움직일 것을 강요받는 공무원에게 주체적 의지를 기대하는 것은 너무나 힘든 일인지 모르겠습니다.

대기업의 경우 관리직 간부가 아닌 이상 개인이 자율적으로 의사결정을 하는 것은 거의 불가능합니다. 교사가 자신이 가르치고자 하는 내용을 학생에게 가르치는 것은 불가능합니다. 학생도 자신이 배우고 싶은 내용을 배우는 것은 불가능합니다.

이런 체제로부터의 소외는 우리가 왜 체제를 형성하는가를 생각해보면 당연할 귀결입니다. 앞서의 관료제를 채택한 이유와 교육제도를 채택한 이유는 좀 더 효율적인 업무처리와 교육을 위해서입니다. 근대사회의 효율성 추구가 인간성을 상실하는 원인이 되는 것이지요. 아도르노의 말처럼 체제의 효율성에 종속된 인간은 점점 불구화되고 기형화되어가고 있는 것은 아닐까요?

[자]

아도르노 : 당신이 강조하는 것처럼, 인간이 제도 아래에서 갖는 책임이란 순응과 복종의 형태를 띨 수도 있습니다. 그러나 내가 강조하듯이, 인간이 자기 실현의 가능성에 따라 살아가는 것이 책임이 될 수도 있습니다. 달리 말하면, 잠재해 있는 인간 실현의 가능성을 방해하는 것에 맞서는 것이 책임일 수도 있습니다. 오늘날 제도에 대한 순응은 인간을 심각하게 기형화하는 결과를 초래하고 있지요. 인간의 잠재력은 제도에 의해서 억압되고 불구가 되었다고 말할 수 있습니다.

겔렌, 「인간학적 연구」

이처럼 합리적 체제 내에서 인간성을 상실한 극단적 사례가 아래에 제시되고 있습니다. 나치의 전범으로 기소된 아이히만은 이렇게 고백합니다. 에리히 프롬이 지적했듯이 인간 스스로 체제의 부속품으로 전락해 '자유로부터 도피'해버린 전형적인 인물이라고 평가할 수 있겠습니다.

[차]

"나의 소명은 사전에 정해졌던 것 같다. 부친이 내게 종교인이 되도록 서원하셨기 때문이다. (중략) 나는 부친이 친구들 앞에서 권위에 대한 전적인 복종을 어떻게 역설했는지 기억하고 있다. (중략) 나 자신이 오랫동안 수감자들의 고통스런 삶을 체감한터라 마음속으로는 수용자들에 대해 아주 긴밀한 연대감을 느꼈다. (중략) 아이케는, 친위대원이라면 국가나 아돌프 히틀러의 구상에 대해 반란을 일으킨다면 부모라도 죽일 수 있어야 한다고 말했다. (중략) 처는 나를 용납하기 힘들다고 생각했다. 나는 일만 생각했던 것이다. (중략) 체포된 후 사람들은 내가 명령의 이행을 거부하고 또 기회가 되면 히틀러를 죽일 수도 있었을 것이라고 말했다. 하지만 그러한 생각은 수천 명의 친위대 장교 가운데 누구도 할 수 없었다고 나는 믿는다. (중략) '제국 총통'인 히틀러는 신성불가침한 존재였다. (중략) 이렇게 평상시와 다른 상황이 되면 어린아이들은 보통 훌쩍거리기 시작한다. 하지만 엄마나 작업반원이 달래면 그들은 장난감을 안고 장난을 치면서 가스실로 향한다. (중략) 수용자들을 대량으로 살육하기 시작한 후 나는 아우슈비치에서 행복감을 느끼지 못했다. 나 자신에게 불만을 느꼈던 것이다. 일에 시달린 나는 부하들을 믿지 못했고, 상관들은 나를 이해하지 않았으며 내 말을 듣지도 않았다. 모두들 '사령관은 매우 흡족한 생활을 하고 있다'고 말했지만 사실 나는 별로 선망할 것도 없는 상황에 처해 있었다. (중략) 나는 한번도 잔혹하게 군 적이 없으며 가혹행위에 이끌려 간 적도 없었다. (중략) 나는 제3제국의 거대한 살육기계의 무의식적인 한 부품에 불과했다. 이 기계는 부서지고 엔진은 사라졌다. 나도 그렇게 되어야 한다. 세계가 그것을 요구하고 있다."

한나 아렌트, 『예루살렘의 아이히만』

**화폐(교환가치)를 맹목적으로 숭배하는 데서 오는 소외**

이근삼의 희곡 『원고지』에는 매일매일 기계적으로 번역 일을 하는 대학교수가 나옵니다. 다들 알고 있는 작품이지요? 내용을 들여다보면 가족은 처자식 할 것 없이 모두 그에게 돈을 벌어올 것만을 요구하고, 그 액수로 그를 평가하잖아요. 이처럼 자본주의 사회에서는 한 사람에 대한 평가가 그의 사람됨으로 이루어지지 못하고, 그 사람이 버는 화폐의 양으로 결정됩니다. 인간관계도 화폐를 중심으로 연결됩니다. 내게 돈(이익)을 가져다줄 수 있느냐 없느냐가 다른 사람과의 친밀도를 결정하지요. 결혼정보회사에서 개인 평가 항목의 1, 2순위가 연봉과 부모재산임이 이를 입증합니다. 그러다 보니 돈을 벌지 못하는 인간은 인간 취급을 받지 못하게 되고, 타인으로부터 소외됩니다. 심지어는 가족으로부터도 말입니다.

[카]

아침 일찍이 할멈이 왔을 때—그런 짓만은 제발 말라고 지금까지도 몇번이나 타일렀지만, 성급히 힘껏 도어란 도어를 모조리 닫기 때문에 이 할멈이 오면 온 집안 사람은 편히 잠도 잘 수 없을 지경이었다. 할멈은 보통 때처럼 슬쩍 그레고르의 방을 들여다보았으나 처음에는 아무런 이상도 발견하지 못했다. 할멈은 그가 감정이 상해서 일부러 꼼짝도 않고 누워 능글능글 불쾌스런 태도를 취하고 있다는 생각을 했다. 할멈은 그가 모든 것을 다 이해하고 있다고 생각했던 것이다. 할멈은 때마침 손에 기다란 비를 들고 있었기 때문에 도어 밖에서 비를 내밀어 그레고르를 간지르려고 하였다. 그래도 아무 효과가 없자 할멈은 바짝 화가 나서, 그레고르의 몸을 약간 쑤셔보았다. 그레고르가 아무 반항도 하지 못하고 그 자리에서 밀려갔을 때 비로소 할멈은 이상하다는 듯이 주의 깊게 살펴보았다. 곧 그 진상을 알게 되자, 할멈은 눈이 휘둥그래져서 자기도 모르게 휘파람을 휙 하고 불었다. 그리고 그 이상 그 자리에서 우물쭈물하지 않고 갑자기 잠자 부부의 침실 도어를 열어 젖히고 어둠 속을 향해서 큰 소리로 이렇게 외쳤다.

"좀 가봐요, 저것이 뻗었어요. 저기 자빠져서 그만 뻗어버리고 말았어요!"

잠자 부부는 후딱 더블베드에서 일어나서 할멈의 보고 내용을 알아보기도 전에, 우선 할멈 앞에서 그들의 당황한 꼬락서니를 감추지 않으면 안 되었다. 잠자 부부는 기겁을 하며 침대 좌우로 내려와 잠자 씨는 어깨에 담요를 걸치고, 부인은 잠옷을 입은 채 침실에서 나와 그레고르의 방으로 들어갔다. 그러는 동안에 거실의 도어도 열렸다. 하숙을 친 다음부터 그레테가 거실에서 자고 있었다. 그레테는 한잠도 자지 못한 것처럼 제대로 단정하게 옷을 입고 있었다. 무엇보다도 창백한 얼굴빛이 그것을 증명하는 것 같았다.

하이논술 1 ● 역사 · 사회

"죽었다니?"

잠자 부인은 이렇게 말하면서 믿을 수 없다는 듯이 할멈을 쳐다보았다. 물론 자기가 알아보아도 알 수 있었고, 알아보지 않아도 알 수 있는 일이었다.

"죽은 것 같아요."

할멈은 이렇게 말하고 증거라도 보이려는 듯이 비로 그레고르의 시체를 옆으로 멀리 쭉 떠밀어보였다. 잠자 부인은 그 비를 가로막으려는 태도를 보였으나 사실 막지는 않았다.

"자아, 이제 우리는 하느님께 감사해야 할 거야."

잠자 씨는 이렇게 말했다. 그는 가슴에 십자가를 그었다. 어머니와 딸도 그가 하는 대로 따라서 똑같은 동작을 했다. 그때까지 시체에서 한눈도 팔지 않고 있었던 그레테가 입을 열었다.

"좀 보세요, 오빠는 어쩌면 저렇게 말랐을까요. 벌써 오래 전부터 아무것도 먹지를 않았어요. 음식을 갖다 주어도 그냥 그대로 내보냈지 뭐예요."

사실 그레고르의 몸은 너무 말라서 뱃가죽이 등에 달라붙어 있었다. 이미 다리들이 몸뚱이를 위로 떠받들고 있는 것도 아니고, 그 밖의 아무것도 사람들의 주의를 딴 데로 돌리게 하는 것이 없어져버린 지금에 와서 비로소 사람들은 그 사실을 똑똑하게 알게 되었다.

"그레테야, 이리 좀 온."

하고 잠자 부인은 슬픈 미소를 지으며 말했다. 그레테는 시체를 돌아다보며, 부모의 뒤를 따라 침실로 들어갔다. 할멈은 도어를 닫고 창문을 활짝 열어 젖혔다. 아직 이른 아침이지만, 신선한 공기 속에는 어딘지 훈훈한 온기가 감돌고 있었다. 어느덧 벌써 3월 말이었다.

카프카, 『변신』

카프카의 『변신』에서 그레고르 잠자는 어느 날 아침 자신이 흉물스런 벌레로 변해버린 것을 깨닫습니다. 식구는 아연실색한 와중에도 잠자가 없으면 어떻게 생계를 꾸려야 하나 고민합니다. 그들은 각자 생계를 위해 노력하고, 시간이 흐를수록 잠자를 귀찮게 여기게 됩니다. 누이동생 그레테는 오빠의 식사를 챙겨주기도 하지만 결국 잠자는 스스로 식사를 거부하고 굶어죽고 맙니다. 자신이 죽어야 가족이 편안하게 살 수 있다는 것을 깨달은 것입니다. [카]에서 잠자의 죽음 후 식구들이 안도하는 모습을 보면, 아무리 사랑하는 가족이라도 현실적 이해관계 앞에서는 냉정해질 수밖에 없는 현대사회의 인간소외가 잘 표현되어 있습니다. 여러분 스스로를 돌아봅시다. 우리 아빠는 그저 우리 아빠이기 때문에 내가 그를 사랑하는 것인지, 내게 이런저런 이익을 주기 때문에 사랑하는 것인 지를 말입니다.

화폐에 대한 맹목적 욕망은 돈 때문에 벌어지는 온갖 흉악한 범죄에서도 잘 나타납니다. 단순히 유흥비를 벌기 위해 길 가는 사람을 납치하고 살해합니다. 사람 목숨은 돈 앞에서 아무것도 아닙니다. 이렇게 인간성이 황폐해진 현대사회에서 인간은 서로를 신뢰하지 못하고 점점 더 고립되고 소외되어 가고 있습니다.

# 3
## 인간소외의 극복 방안

현대사회에 만연한 인간소외를 극복하기 위해서는 어떻게 해야 할까요? 인간소외가 발생하는 구체적 양상에 따라 다양한 답을 제시할 수 있겠지만, 인간소외가 인간성의 상실을 의미한다면 '인간성의 회복', '휴머니즘의 회복'이 지향점이 되어야 하겠습니다. 이를 위해서는 개인적 차원에서, 사회적 차원에서 어떤 대안이 필요할까를 고민해봅시다. 그런데 단순히 '개인적 차원의 의식개혁과 사회적 차원의 제도정비가 필요하다'는 식의 뻔한 답은 좋은 점수를 받지 못한다는 점을 주의해야 합니다. 의식개혁을 이끌어내기 위한 구체적 방안을 제시해주어야 하고, 어떤 제도를 구체적으로 어떻게 정비할 것인지에 대해서도 설명해주어야 합니다. 구체적으로 대안(극복 방안)을 제시해주어야 한다는 것을 잊지 말기 바랍니다.

### 정보화 · 자동화 시대의 도래로 인한 노동소외의 극복 가능성

[타-1]

이제까지의 '제2의 물결' 산업에서는 공정을 분업화, 반복화해서 인간이 기계처럼 되어 일하는 것이 능률을 올리는 요령이었습니다. 이제 그런 일은 컴퓨터가 더 빠르게 잘해주고, 위험한 작업은 로봇이 해줍니다. 지금까지의 공정은 시대와 함께 채산성도 생산성도 떨어지고

있습니다. 변화를 촉진하는 조건은 갖추어진 셈입니다. (중략)

'제3의 물결'의 노동자는 더욱 독창적이고 더욱 지능적이라서 이제는 기계의 부속품이 아 닙니다. 좀 더 구체적으로는 기능과 특수지식이 있는 인간입니다. 자기 전용의 연장 상자를 가지고 있었던 산업혁명 이전의 직업인과 마찬가지로 새로운, 말하자면 '두뇌 노동자'는 기 능과 정보가 가득히 들어 있는 '두뇌 도구 상자'를 가지고 있습니다. 미숙련 노동자가 갖지 못한 생산수단을 가지고 있는 것입니다.

이와 같은 새로운 노동자는 자립한 직업인과 비슷하기는 하지만 아무하고나 교체가 가능 한 조립라인의 노동자와는 그 질이 다릅니다. 젊고, 교육수준도 높고, 반복작업은 하지 않습 니다. 자기에게 적합한 방법으로 일을 해내기 때문에 상사의 잔소리를 싫어하고 항상 자기주 장을 지니고 있습니다. 애매한 공정이나 직제의 변화에도 꿈쩍하지 않습니다. 그들이야말로 새로운 노동력이며 그 수는 자꾸자꾸 늘어나고 있습니다. 경제가 '제2의 물결'에서 '제3의 물결'로 옮겨짐에 따라 새로운 가치체제가 생겨남과 함께 노동자의 기능도 새로워집니다.

(중략)

지금 일어나고 있는 것은 그와 정반대, 말하자면 '마르크스를 물구나무 세운 것'과 같습니 다. 오늘날의 경제에서 흥성하는 부문은 수천 명에 이르는 노동자에 의한 동일화, 규격화된 반복작업을 필요로 하고 있지 않습니다. 필요로 하고 있는 것은 적응력과 독창력과 고학력을 갖춘, 개성적이라 해도 좋을 정도의 노동자입니다.

앨빈 토플러, 『전망과 전제』

[타-2]

미래의 노동은 자동화시대의 '생활 배우기'를 하는 것이다. 일반적으로 이것은 전기 테크 놀로지에서 흔히 나타나는 패턴이다. 이것은 문화와 테크놀로지, 예술과 상업, 일과 여가라 는 낡은 이분법을 없애버린다. 단편화가 지배적이었던 기계시대에는 여가란 일이 없는 것, 또는 단순히 놀고 지내는 것이었지만, 전기시대에는 그 반대가 맞는 말이 된다. 정보시대가 모든 능력을 동시에 사용하는 것을 우리에게 요구하고 있기 때문에, 우리는 모든 시대의 예 술가들이 그랬던 것처럼 열심히 대상에 관여함으로써 가장 한가하게 여가를 누리게 된다. (중략) 현재의 노동력을 산업으로부터 철수시키려고 하는 이 자동화의 작용 때문에 학습 그 자체는 생산과 소비에서 중요한 것이 된다. 이렇게 생각한다면 실업에 대한 불안은 어리석은 것이 된다. 이때 급료를 받아가며 배우게 되는데, 이는 이미 지배적인 고용형태가 되고 있을 뿐만 아니라 우리 사회 내에서 새로운 부(富)의 원천이 되고 있다. 이것이 바로 사회 내에서 인간이 떠맡는 새로운 '역할'이다. 반면에 기계적인 구식 관념인 '직능' 즉 '노동자'에게 주어진 단편화된 일이나 전문가적 직위와 같은 개념은 자동화 상황에서는 더 이상 의의를 가지지 못한다.

(중략)

자동제어 기구의 전기시대는 갑자기 사람들을, 앞선 기계시대의 기계적, 전문가적 노예 상태로부터 해방시킨다. 기계와 자동차가 말을 해방시켜서 오락의 세계 속으로 던져 넣은 것처럼, 자동화가 인간을 해방시키는 것이다. 우리는 그 해방에 대한 대가로, 내부의 자원을 이용해 스스로 고용을 창출해내고 풍부한 상상력으로 사회에 참여해야 하는 부담을 갑자기 안게 되었다.

(중략)

전기적 에너지는 작업이 이루어지는 장소나 작업의 종류와는 무관하다. 그렇기 때문에 그것은 작업에서의 탈중심화와 다양성이라는 패턴을 형성한다. 예를 들면, 이것은 난롯불과 전깃불의 차이에서 분명히 나타나는 논리이다. 따스함과 빛을 찾아 난롯가나 촛불 주위로 모여든 사람들은 전깃불을 지급 받는 사람만큼 생각이나 과제를 자유롭게 추구하지는 못한다. 이처럼, 자동화 속에 숨어 있는 사회적, 교육적 패턴은 자기고용(self-employment)과 예술적 자율성의 패턴이다. 자동화가 세계적 규모의 획일화를 가져온다고 놀라 당황하는 것은, 이제는 이미 과거가 되어버린 기계적 규격화와 전문화의 미련에 사로잡혀 있는 것이다.

마셜 맥루언, 「미디어의 이해」

[타-1]에서 토플러는 미래사회에서 노동자는 소외되지 않은 노동, 주체적이고 창의적인 노동을 할 수 있을 것으로 보고 있네요. 그 근거는 노동자가 '생산수단'을 소유하게 되기 때문입니다. '두뇌 도구 상자'라고 표현된 부분이 있지요. 과거에는 '노동, 토지, 자본, 기계설비, 공장' 등의 생산수단을 자본가가 소유하고, 육체밖에 없는 노동자는 노동력을 제공했기 때문에 필연적으로 소외된 노동을 할 수밖에 없었습니다. 그런데 이제 정보를 생산하는 사회가 도래하게 되면 생산수단이 바로 노동자의 '두뇌'가 되니까 노동의 결과물로부터 소외될 일

이 없어집니다. 게다가 [타-2]에서 맥루언이 주장하는 것처럼 모든 것이 자동화된 세계에서 육체노동은 거의 사라질 것이고, 이제 노동자는 화가가 그림을 그리듯이 자신이 원하는 노동을 하면 됩니다. 이것은 마치 유희를 즐기는 것과 같지요. 그래서 노동이 유희로, 여가로, 즉 즐거운 활동이 될 테니 노동과정에서의 소외도 사라집니다.

미래학자들의 이러한 낙관주의를 수용하는 이들이 많습니다. 사실 그들의 주장과 일치하는 사례가 현실에서 종종 발견되곤 하니까요. 예를 들어 자동차를 좋아하는 디자이너가 있다고 가정합시다. 그는 창의적인 아이디어를 지녔고, 자동차에 대한 전문지식도 있습니다. 그는 새로운 자동차를 디자인하는 것이 즐거워서 식음을 잊는 경우도 많습니다. 그렇게 일하는 과정에서도 그의 내면은 기쁨으로 충만합니다. [타-2]의 주장처럼 노동과 여가가 일치하는 지점입니다. 그의 소식을 들은 A사는 엄청난 연봉을 주고 그와 계약을 했습니다. 그런데 경쟁업체에서 그를 빼앗아가려고 덤빕니다. A사의 회장을 비롯해서 임원들이 그에게 회사에 남아줄 것을 간청합니다. 산업사회에는 상상할 수도 없었던 일이 벌어지는 겁니다. 노동자가 자본가의 우위에 서는 거죠. [타-1]의 '마르크스를 물구나무 세운 것'이라는 표현이 이런 일을 두고 하는 말입니다.

그런데 미래학자들의 주장에 대해서 반대하는 이들도 많습니다. 같은 사례를 두고 생각해봅시다. 앞의 자동차 디자이너는 지적 노동을 하는 사람이 맞습니다. 그런데 지구 전체를 놓고 본다면 누군가는 디자이너가 먹을 식량을 생산해야 하고, 누군가는 그의 집을 지어야 하고, 누군가는 그가 디자인한 자동차를 만들어야 합니다. 정보화사회가 되었다고 해서 육체노동이 완전히 사라질 수는 없는 겁니다. 기계가 모든 것을 대신한다고 하지만 그럼 그 기계는 누가 만드나요? 기계가 만들지요. 그럼 그 기계는 누가 만드나요? 이렇게 끝이 없을 겁니다. 육체노동에 종사하는 이들은 여전히 노동소외에 시달리지 않을까요?

만약 모든 일을 다 기계가 한다고 가정해도 마찬가지입니다. 디자이너는 좀더 나은 디자인을 만들기 위해서 끊임없이 노력해야 합니다. 타인과의 경쟁은 두말할 것도 없고 자기 자신과의 경쟁에서 매일 이겨나가야 합니다. 그러기 위해서는 자신의 모든 것을 자신의 노동에 쏟아부어야 합니다. 그런 노동의 과정이 행복하다고 할 수 있을까요? 또 이런 식의 삶을 견딜 수 있는 사람이 몇이나 될까요? 남들보다 나은 결과물을 만들어야 한다는, 끊임없는 정신적 고통이 그를 괴롭히지 않을까요?

물론 이런 상황에서도 자동차 디자이너가 평온한 마음으로 노동을 할 수 있는 경우가 있을 겁니다. 어떤 경우라도 기본적인 생계, 인간으로서의 존엄을 지킬 수 있는 삶의 조건이 충족된다면 그는 모든 것을 자신의 노동에 쏟아부을 수 있을 겁니다. 그렇다면 노동소외를 극복하기 위해서는 우선 기본적인 삶의 조건이 안정되어야 한다는 결론이 도출되는군요. 소외의 문제를 극복하기 위해서는 사회적 체제의 개혁이 필요하다는 말입니다. 지금 같은 자본주의적 경쟁, 생존을 걸고 싸우는 무한경쟁의 체제 아래서 인간이 행복한 노동을 하는 것은 불가능합니다. 그렇다면 어떻게 인간의 기본적 삶의 문제를 해결해줄 수 있는 체제를 만들 것인가를 고민해봐야겠지요. 북유럽형의 복지사회가 하나의 대안이 될 수 있겠네요. 그들은 돈을 버는 이유가 세금을 내기 위해서라고 할 정도로 높은 소득세를 내지만, 사회 구성원 모두가 기본적인 인간생활을 보장받고 있습니다. 그러니 노동에 대한 만족도가 상대적으로 높은 편입니다.

이처럼 미래 정보사회가 도래한다고 해서 어느날 갑자기 노동소외가 사라지지는 않습니다. 노동소외를 극복하기 위해서는 노동의 영역, 그 자체만을 들여다보아서는 안 되고, 조금 더 넓은 눈으로 사회의 체제문제까지 생각해야 합니다. 이 문제에 대해서 좀 더 생각해보기 바랍니다.

### 체제로부터의 이탈과 인간성 회복

2의 ②에서 지적했듯이 이성의 합리성으로부터 도출되는 사회적 체제는 인간을 불구화합니다. 우리는 어떻게 이런 체제의 폭력성에서 벗어나 자유로울 수 있을까요? 가장 시급한 것은 지금 체제에 종속되어 인간성을 상실한 채 기계화되고 도구화된 우리의 모습을 깨닫는 것입니다.

이를 위해서는 비판적 이성, 즉 현실을 정확히 인식하고 본래적 세계(이상적 세계)와 현실과의 차이를 명확히 인식할 수 있는 이성을 회복하는 것이 선행되어야겠지요. 그런데 어떻게 비판적 이성을 회복할 수 있을까요? 그것은 비판적

이성이 상실된 지점까지 거슬러 올라가야만 해결의 실마리를 찾을 수 있는 문제입니다.

인간이 비판적 이성을 상실하고 현실에 매몰된 삶을 살게 된 이유는 무엇일까요? 그것의 근원은 아마도 욕망일 겁니다. 더 풍요롭고 싶고, 더 즐겁고 싶고, 더 편하게 살고 싶은 욕망 말입니다. 욕망으로 인해 우리는 타인을 희생시키고 자신의 인간성을 희생하면서까지 합리적인 체제를 만들어냈습니다. 그 체제는 우리의 정치·경제·사회·문화·학문적 제도와 그 실질적 내용 전체를 아우릅니다. 이것은 우리에게 다시금 욕망을 일깨우고, 그런 의식이 다시 기존의 체제를 공고화하는 악순환에 빠집니다.

이처럼 사고와 체제가 상호작용한다면 어떻게 해야 하는가라는 질문으로부터 우리는 개인의 인식전환과 사회체제의 변경이 동시에 이루어져야 함을 알 수 있습니다. 그렇다면 기존의 맹목적인 욕망과 폭력적인 사회체제에 저항할 수 있는 비판적 이성을 가진 사람이 먼저 사회적 운동을 조직해야 합니다. 그들이 먼저 나서서 사회적 체제의 부당함을 알리고 인간성 회복을 주장한다면 그들에 동조하는 사람이 생겨날 것이고, 그 힘이 모이면 조금씩 사회체제의 개혁이 이루어질 수 있을 것입니다. 그렇게 조금씩 사회체제의 개혁이 이루어지면 조금 더 많은 사람이 비판적 이성을 회복할 것이고, 또 사회체제도 개혁되겠지요. 이런 식으로 과거의 악순환을 선순환으로 바꿔나가야만 우리는 인간성이 회복된 사회를 만들 수 있을 겁니다.

[파]

(1) 모든 욕망의 무한정한 충족은 복리를 가져다주지 않으며, 행복에 이르는 길도 아니고, 최대의 쾌락에 이르는 길도 아니다.

(2) 자기생활의 독립된 주인이 된다는 꿈은 우리 모두가 관료제란 기계의 톱니바퀴가 되어 사고도 감정도 기호도 정치와 산업들이 지배하는 매스커뮤니케이션에 의해 조작되고 있다는 사실에 우리가 눈뜨기 시작했을 때 끝나버렸다.

에리히 프롬, 『소유냐 존재냐』

근래에는 프롬의 문제의식에 공감하는 사람이 점점 많아지고 있습니다. 대입 논술시험에서 자주 출제되는 문제라는 것이 이를 반증하지요. 대부분의 지식인 (교수만이 아니라 비판적 이성을 가진 모든 사람)이 이 문제를 중요하게 생각한 다는 겁니다. 그렇다면 우선 그들부터 움직이는 것이 필요하겠군요. 당연한 이 야기지만 지식인이 자신이 알고 있는 바를 실천하지 않는다면 그는 죽은 지식 인이고, 지식인의 존재 이유는 사라집니다. 왕양명이란 중국의 철학자가 그랬던 가요. 지행합일(知行合一)해야 한다고. 지식인이 글쓰기, 시민단체 활동, 강연 회 등을 통해서 조금씩 인간성 회복 운동에 앞장선다면 더 많은 시민이 행동에 나설 수 있을 겁니다. 그렇게 되면 사회 전 영역에서 조금씩 그들의 발언권이 신 장되겠지요. 그리고 그들이 직접 각 부문의 사회체제에 직접 참여하게 됨으로써 체제의 부속품에서 체제의 생산자, 변경자로 나선다면 조금 더 인간적인 체제, 인간성이 회복되는 체제의 형성이 가능할 겁니다.

[하]

'존재에 바탕을 둔 사회를 달성하기 위해서는 모든 사람이 시민으로서 그들의 경제적 기능 에 능동적으로 참여하여야 한다. 따라서 생존의 소유양식으로부터의 해방은 산업적·정치적 참여민주주의를 완전히 실현함으로써만 가능하다.'

이러한 요청은 대부분의 급진적 휴머니스트에게 공통되고 있다.

'산업민주주의'란 다음과 같은 것을 의미한다. 대규모 산업조직, 혹은 그 밖의 조직의 각 구성원은 그 조직 내의 생활에서 능동적인 역할을 한다. 각 구성원은 충분한 정보를 제공받 고 정책결정에 참여한다. 즉 개인의 작업과정, 건강, 안전조치 등의 수준에서부터(이것은 이 미 스웨덴과 미국의 몇몇 기업에서 시도되어 성공을 거두고 있다) 기업의 높은 수준의 전반 적 정책결정에까지 참여한다. 노동조합의 간부가 아니라 종업원 자신의 상호결정의 각 기구 에서 노동자를 대표하는 것이 중요하다. (중략)

'정치적 민주주의'의 실현에도 같은 원리가 적용된다. 민주주의가 권위주의의 위협에 저 항하기 위해서는 수동적인 '관객 민주주의'에서 능동적인 '참여민주주의'—거기서는 공동 체의 일이 국민 각자에게 그들의 개인적인 일만큼 친근하고 중요한 것이 되며, 더 나아가서 는 공동체의 복리가 각 국민의 개인적인 관심사가 된다—로 변모되어야 한다. 사람들이 공동체에 참여함으로써 그들의 생활이 더욱 흥미있고 자극적인 것이 된다. 참여민주주의는 비관료제이며, 선동적인 정치가의 출현을 사실상 배제하는 풍조를 낳는다.

에리히 프롬, 『소유냐 존재냐』

만약 우리가 [하]에서 제시하는 비판적 이성을 회복한 시민들이 참여하는 능동적 사회체제를 만들어낸다면 2의 ③에서 제기한 문제도 자연스럽게 해결될 수 있을 겁니다. 결국 인간소외를 해결할 열쇠는 우리 손에 쥐어져 있답니다.

인간소외 ● 현대사회에서 개인은 왜 점점 더 소외되는가?

# 1

## T.W. 아도르노·M. 호르크 하이머, 『계몽의 변증법』

후기자본주의에서 유흥은 일의 연장이다. 유흥을 찾는 사람은 기계화된 노동 과정을 다시금 감당할 수 있기 위해 그로부터 벗어나려는 사람이다. 그렇지만 후기자본주의에서는 유흥상품의 제조도 여가를 즐기는 방식도 철저히 기계적인 방식으로 바뀌었다. 결과적으로 그는 유흥 속에서도 노동과정의 심리적 잔상 외에는 어떤 것도 더 이상 경험할 수 없게 된 것이다. 소위 '내용'이라는 것은 다만 이미 빛이 바랜, 전면에 나타나는 이야기일 뿐이며, 뒤에 남는 인상은 오직 표준화된 업무가 자동적으로 흘러간다는 것이다. 공장이나 사무실에서의 노동과정에서 해방되는 것은 단지 여가시간에도 그러한 노동과정에 동화됨으로써만 가능하다. 모든 유흥을 괴로워하는 불치병은 이러한 상황에서 비롯된 것이다. 즐거움은 딱딱한 지루함이 되고 만다. 왜냐하면 즐거움은 즐거움으로 계속 남기 위해 어떤 괴로운 노력도 더 이상 지불하지 않으려 하며 이로 인해 닳아빠진 연상궤도 속에 갇혀 그로부터 한 발자국도 못 나간 채 다람쥐 쳇바퀴를 돌고 있기 때문이다. 구경꾼은 자신의 고유한 생각을 가지려해서는 안 된다. 제작물은 모든 반응을 미리 지시해준다. 그러한 지시는 작품의 자연스러운 연관구조가 아닌―그러한 구조는 사고를 필요로 하기 때문에 붕괴된다―'신호'를 통해 이루어진다. 정신적인 긴장을 요구하는 모든 논리적 연관은 교묘하게 기피된다. 작품의 전개는 가능한 한 바로 앞선 장면으로부터 따라 나와야지 전체라는 이념으로부터 나와서는 안 된다. 관람객의 주의력은 개별 장면이 어떻게 될지를 미리 짐작하며, 이러한 주의력을 거스르는 플롯은 없다. 또한 심지어는 아무런 의미도 만들어내서는 안 되는 곳에서 털끝만 한 의미연관이라도 지지해주는 것처럼 보이는 장치마저 위험시된다. 예전의 관례에 따라 극중의 등장인물이나 사물이 요구하는 줄거리의 발전 또한 종종 악의에 찬 거부를 당한다. 그 대신에 다음 장면을 만드는 것은 시나리오 작가가 상황에 맞게 선택한 기발해 보이는 착상이다.

## 2
### 손철성, 『허버트 마르쿠제 – 마르크스와 프로이드를 결합시키다』

프로이드는 인간의 역사를 억압의 역사로 보았다. 인간의 본능적 욕구에 대한 억압 및 이로 인한 그러한 욕구의 포기와 더불어 문명이 시작된다. 쾌락원칙이 현실원칙으로 바뀌면서 즉각적 만족 대신에 지연된 만족이, 쾌락이 쾌락의 억제로, 놀이가 노동으로 바뀐다. 생계를 유지하기 위하여 쾌락적인 본능적 욕구를 제어하고 노동이라는 현실적 원칙을 선택하게 된다. 따라서 문명은 억압을 토대로 하고 있다. 인간의 본능적 욕구를 자유롭게 충족시키는 것은 문명화된 사회와 양립할 수 없으며, 문명을 진보시키기 위해서는 만족의 포기와 유보가 필요하다는 것이다.

그런데 마르쿠제는 이러한 억압이 영원한 것이라고 보지 않는다. 문명의 발달과정에서 인류의 존속을 위해 본능을 억압하는 것을 '기본억압 (basic repression)'이라고 하며, 여기에 통용되는 원칙이 '현실원칙(reality principle)'이다. 이에 비해 특정한 역사적 단계에서 부가되는 억압을 '과잉

억압(surplus repression)'이라고 하며, 여기에 통용되는 원칙이 '수행원칙 (performance principle)'이다. 예를 들면 가부장적 가족제도의 영구화, 노동의 위계적 구분, 개인에 대한 공적통제 등이 바로 이것에 해당된다. 과잉억압은 특정한 사회적, 역사적 조건의 결과로서 지배계급의 특수한 이익을 위해서 시행되는 것이다. 따라서 문명의 일반적 원칙인 '현실원칙'과 문명의 특정한 원칙인 '수행원칙'은 서로 구분된다. 현실원칙과 수행원칙을 동일시하여 '현실원칙'이 '쾌락원칙'과 본질적으로 갈등관계에 있다고 보는 것은 옳지 않다. 과잉억압적인 수행원칙이 폐기된다면, 현실원칙은 쾌락원칙과 통합될 수도 있다. 이러한 역할을 담당하는 것이 바로 문명의 본능적 원천인 에로스적 충동이다.

에로스(=삶의 본능)는 리비도(=성 본능)와 자아본능(=자기보존본능)이 통합된 것으로서 '억압 없는 문명'의 가능성을 보여준다. 문명이 성숙하여 리비도가 억압 없이 발전될 수 있다면 현실원칙과 쾌락원칙은 통합될 수 있다. 수행원칙에 따르는 과잉억압을 제거하는 것은 노동을 제거하는 것이 아니라, 인간을 노동수단으로 전락시키는 낡은 조직을 제거하고 그 대신에 새로운 조직을 확립하는 것이다. 해방의 기준은 단순한 물질적 풍요에 있는 것이 아니라 본능의 보편적 충족에 있다. 여기서는 더 이상 생산성이나 효율성이 가치판단의 기준이 되지 않으며, 과잉억압에 따른 인간소외가 사라진다. 노동은 놀이로 전환된다. 즉 노동이 놀이처럼 즐거움과 쾌락을 가져다주는 에로스적 노동으로 전환된다. 에로스에 의해 쾌락원칙과 현실 원칙이 통합된다. (중략)

인간해방을 위해서는 거대한 산업기구를 합리적으로 재조직하고 자동화 시스템을 확대 도입함으로써, 노동시간을 단축하고 여가시간을 증가시켜야 한다. 유희적 노동은 현대사회의 높은 생산력을 최대한으로 활용할 때 가능하다. 기존의 사회제도를 개선하여 높은 수준의 생산력을 활용할 수 있을 때, 현실원칙과 쾌락원칙이 통합된 '억압 없는 문명'이 현실화될 수 있다. 이러한 유토피아에서는 노동소외가 극복되고 인간이 자신의 본질을 자유롭게 실현할 수 있다. 따라서 여기에는 마르크스가 초기저작에서 추구했던 공산주의 사회의 진정한 모습이 나타나 있다고 볼 수 있다. (중략)

문명의 발달과 함께 쾌락원칙은 현실원칙에 의해서 대체되지만, 무의식 속에는 현실원칙의 지배에서 벗어난 쾌락의 충동이 내재되어 있다. 이러한 쾌락의 충동과 과거의 기억이 상상력을 자극함으로써 유토피아적 의식이 형성된다. 즉 '무의식에 보존된 과거의 행복했던 기억'과 상상력이 유토피아적 의식의 근원이 되는 것이다. '억압 없는 문명'을 의식할 수 있는 것은 우리의 무의식 속에 완전한 만족을 획득했던 과거의 기억이 보존되어 있기 때문이다. 과거의 행복했던 유년기 기억이 미래를 향한 진보적 기능을 떠맡는다. 무의식에 보존된 기억은 단순한 치료적 기능을 넘어서서 유토피아적 의식의 근원으로 고양된다.

# 글쓰기

## 1
### 2008학년도 고려대학교 수시 2학기 기출문제

[1]

　유통시장에 한층 더 조직화된 대규모 기업이 등장하고 있다. 종전의 소규모 기업이 상품을 판매했다면 새로이 등장한 대규모 기업은 서비스를 우선적으로 판매한다. 기업가는 노동자를 고용하면서 그의 노동과 기술을 구매한다. 그런데 사무직이나 서비스직의 경우 기업가는 피고용자로부터 노동과 기술뿐 아니라 인성도 구매한다. 노동자의 임금노동은 고용주를 위해 시간과 에너지를 희생하는 일이다. 서비스 분야의 노동자는 그에 더하여 고객이나 관리자 같은 수요자를 위해 종종 자아를 희생해야 한다.

　서비스 판매도 시장의 논리에 좌우되므로 '인성시장'이 그 분야에서 형성되는 것은 그리 놀랍지 않다. 상품생산보다 인적관리에 대한 관심이 증가하면서 피고용자의 인성이나 인맥형성능력 등이 교환의 영역에 이입되고, 그로써 상업적 관련성을 지닌 상품으로 변모되는 과정은 자연스러워 보인다. 개인적 특성들에 대한 통제권이 가격을 매개로 이전될 때 인성시장이 형성된다. 인성시장이 안정적으로 지속되기 위해서는 세 가지 조건이 충족되어야 한다. 첫째, 피고용자는 기업의 관료 구조 속에 편입되어 상위의 권위자에 의해 훈련과 감독을 받아야 한다. 둘째, 피고용자의 일상업무는 고객과 접촉하여 그에게 회사의 좋은 인상을 심어주는 것이어야 한다. 셋째, 고객은 피고용자와 무관한 익명의 존재여야 한다.

고객은 인성시장에서 상업적 가면을 쓴 존재를 만난다. 따라서 고객은 백화점 판매원을 하나의 인격체로 생각하면서 그에게 감사하는 마음을 가질 필요가 없다. 단지 판매원의 친절과 호의에 대해 값을 지불하면 된다. 백화점 판매원도 맡은 바 역할을 효율적으로 수행하면 된다. 친절과 호의는 기업의 판매전략을 합리화하는 대외적 측면에 해당한다. 따라서 판매원은 고객과의 관계에서 정형적인 준칙과 규율을 지켜야 한다. 판매원은 상품을 전시하고 그것을 고객이 구매하도록 설득할 뿐이다. 바로 그 임무를 수행하면서 판매원은 자신의 인성을 사용한다. 판매원은 자신이 회사를 대표한다는 점을 염두에 두어야 하며 그 익명적 조직에 충성하기 위해 언제나 고객에게 친절과 봉사를 제공해야 한다.

판매원의 본심과 고객에 대한 그의 행동 사이에는 분명히 거리가 있다. 매장에서 판매원이 짓는 미소는 상업적인 미끼다. 판매원이 외모에 신경을 쓰지 않는다면 그것은 경영진이 부주의한 탓으로 보아야 한다. 판매원이 자기 규율과 성실성, 재치, 품위 등을 개인적으로 내면화하지 않았다 하더라도 그는 판매를 위해 그러한 미덕을 고객이 느끼도록 해야 한다.

인사 전문가의 교육 지침서에는 직원이 '무던하고 무난하며 효과적인 인성'을 갖도록 육성되어야 한다고 적혀 있다. 소규모의 자영상인처럼 판매직원도 서비스와 인성을 통해 서로 경쟁한다. 그러나 자영상인과 달리 판매직원은 그들 나름대로 가격을 흥정하거나 시장을 판단하여 판매할 물건을 구매할 수 없다. 시장에 대한 판단과 구매결정은 전문가의 몫이다. 판매직원은 자유주의의 고전적 영웅처럼 자기계발과 관리를 통해 승진을 위한 개인적 능력을 형성할 수 없다. 이제 직업의 세계에서 인성도 관리되어야 할 대상이다. 인성은 상품의 판매를 위한 도구로 사용되어야 한다.

현대의 기업은 치밀하게 짜인 장치로 직원을 훈련하여 그들이 인성시장에서

인간소외 ● 현대사회에서 개인은 왜 점점 더 소외되는가?

성공적으로 경쟁하도록 한다. 그런데 인성시장에서 작동되는 판매의 방식이 가장 유력한 처세의 방식으로 새로이 부상하고 있다. 공적인 사업관계에서 형성된 기술이 사적인 영역으로 확산되는 것이다. 새로운 처세의 방식을 전하는 책은 모든 사람이 지도자가 될 수 있다고 말한다. 스스로 빙퉁그러진 행위를 하지 않는 한 누구도 가난해지거나 실패하지 않는다고 한다. "오늘날 새로운 귀족계급이 생성되고 있다. 개인적 매력의 귀족이 바로 그 계급이다." 새로운 귀족계급의 성원은 겉으로는 다른 성원을 상급자로 우대하는 한편 속으로는 자기가 세계에서 가장 크고 가장 중요한 사람이라고 되뇐다.

현대의 대도시 사람에게 보편화된 상호불신과 자기소외의 바닥에는 인성시장이 자리 잡고 있다. 공통의 가치와 상호신뢰가 부재한 상황에서는, 일시적인 계약으로 사람을 연결시키는 화폐중심의 거래관계는 포착하기 어려울 정도로 교묘해지고 개인의 삶과 대인관계의 모든 영역에 깊숙이 침투한다. 고객에게 친한 척하는 판매원의 윤리가 일반 사람에게도 요구된다. 시간이 흐를수록 그 윤리의 부정적인 면이 드러나기도 하지만 사람들은 처세를 위한 방편으로 그 윤리를 생활의 일부로 받아들인다. 달라진 점이 있다면 이제는 사람들이 그 윤리가 보내는 의미심장한 눈빛을 알아본다는 것이다. 모든 인간행위에 조작이 내재한다는 것은 상식처럼 받아들여진다.

## [2]

최근에 은행업, 보험업, 관광업 및 레저 산업과 같은 서비스 분야의 직업이 증가함에 따라 '감정노동'에 관련된 사람의 수도 현저히 늘고 있다. 그런데 감정노동은 특정한 범주의 직업에만 한정되지 않으며 공적·사적 생활에서 광범위하게 이루어지고 있다. 우리는 모두 가정과 직장에서 어느 정도 우리의 감정을 만들어내고 관리할 필요가 있다. 예를 들어, 어린아이를 동반한 쇼핑은 아이 때문에 심하게 부대끼는 부모에게 종종 감정노동을 단련할 기회가 된다. 부모들은 계산대 앞에서 차례를 기다리는 동안 아이에게 고함을 지르기보다는 억지 미소를 지어야 하기 때문이다.

스스로 자신을 돌볼 수 없는 아동이나 노인, 장애인 및 병자를 돌보는 직종에 종사하는 사람 역시 육체노동뿐만 아니라 감정노동을 수행하고 있다. 그들은 규범적이고 윤리적인 측면을 포함한 사회관계 속에서 노동을 한다. 그들은 사회가 일반적으로 그 직업에 기대하는 역할을 수행하기 위해 특정한 얼굴 표정과 육체적 표현을 만들 수 있도록 자신의 감정을 관리한다.

감정노동 종사자의 임무는 고객이 요구하는 서비스를 제공함으로써 그들이 편안함을 느끼도록 하는 것이다. 이러한 업무 속에서 그들은 고객에게 짜증을 내지 않으면서 자신의 역할에 충실해야 한다는 딜레마에 부딪히게 된다. 표면연기는 이 딜레마에 대처하는 한 가지 방식이다. 그러나 표면연기가 위선적이며 자존심을 상하게 한다고 생각하는 사람에게 그 방법은 만족스럽지 못하다. 그래서 노련한 직업인은 표면연기 대신 내면연기를 선호하는 경향이 있다. 예를 들어 간호사는 무례하고 공격적인 환자를 다룰 때 그 환자의 행동이 정당화될 수 있는 이유를 생각해내려고 애쓰고, 화를 내기보다는 스스로 미안한 감정을 가지려 한다. 그러나 그런 대처방식도 바람직한 것만은 아니다. 진정한 자기감정으로부터 유리되는 현상을 감수해야 하기 때문이다.

특정직업이 몸에 가하는 스트레스는 특정한 감정과 육체적 상태를 요구하는 업무 때문에 더욱 심화된다. 자신의 행위가 자아개념과 모순된다고 인식될 때 스트레스 수준은 높아진다. 자신의 욕구를 부정하면서 언제나 다른 사람의 욕구에 우선적으로 부응해야 할 때 몸은 견딜 수 있는 이상으로 가해지는 긴장에 대해 무의식적인 저항을 드러낼 수 있다. 감정노동 종사자에게 기대하는 감정노동의 양이 증가하고 있는 현대사회에서 이런 위험성은 더욱 높아지고 있다.

[3]

**사무원**

이른 아침 6시부터 밤 10시까지 하루도 빠짐없이

그는 의자 고행을 했다고 한다.

제일 먼저 출근하여 제일 늦게 퇴근할 때까지

그는 자기 책상 자기 의자에만 앉아 있었으므로

사람들은 그가 서 있는 모습을 여간해서는 볼 수 없었다고 한다.

점심시간에도 의자에 단단히 붙박여

보리밥과 김치가 든 도시락으로 공양을 마쳤다고 한다.

그가 화장실 가는 것을 처음으로 목격했다는 사람에 의하면

놀랍게도 그의 다리는 의자가 직립한 것처럼 보였다고 한다.

그는 하루종일 損益管理臺帳經(손익관리대장경)과 資金收支心經(자금수
지심경) 속의 숫자를 읊으며

철저히 고행업무 속에만 은둔하였다고 한다.

종소리 북소리 목탁소리로 전화벨이 울리면

수화기에다 자금현황 매출원가 영업이익 재고자산 부실채권 등등을

청아하고 구성지게 염불했다고 한다.

끝없는 수행정진으로 머리는 점점 빠지고 배는 부풀고

커다란 머리와 몸집에 비해 팔다리는 턱없이 가늘어졌으며

오랜 음지의 수행으로 얼굴은 창백해졌지만

그는 매일 상사에게 굽실굽실 108배를 올렸다고 한다.

수행에 너무 지극하게 정진한 나머지

전화를 걸다가 전화기 버튼 대신 계산기를 누르기도 했으며

귀가하다가 지하철 개찰구에 승차권 대신 열쇠를 밀어 넣었다고도 한다.

이미 습관이 모든 행동과 사고를 대신할 만큼

깊은 경지에 들어갔으므로

사람들은 그를 '30년간의 長座不立(장좌불립)'이라고 불렀다 한다.

그리 부르든 말든 그는 전혀 상관치 않고 묵언으로 일관했으며

다만 혹독하다면 혹독할 이 수행을

외부압력에 의해 끝까지 마치지 못할까 두려워했다고 한다.

그나마 지금껏 매달릴 수 있다는 것을 큰 행운으로 여겼다고 한다.

그의 통장으로는 매달 적은 대로 시주가 들어왔고

시주는 채워지기 무섭게 속가의 살림에 흔적없이 스며들었으나

혹시 남는지 역시 모자라는지 한번도 거들떠보지 않았다고 한다.

오로지 의자 고행에만 더욱 용맹정진했다고 한다.

하이논술 1 ● 역사 · 사회

그의 책상 아래에는 여전히 다리가 여섯이었고

둘은 그의 다리 넷은 의자다리였지만

어느 둘이 그의 다리였는지는 알 수 없었다고 한다.


[4]

〈표〉 산업별 종사자 수의 변화 (천 명)

| 산 업 \ 연 도 | | 1985 | 1990 | 1995 | 2000 | 2005 |
|---|---|---|---|---|---|---|
| 1차 산업 | | 3,712 | 3,272 | 2,403 | 2,243 | 1,815 |
| 2차 산업 | | 3,647 | 4,992 | 4,884 | 4,311 | 4,252 |
| 3차 산업 | | 7,562 | 9,801 | 13,168 | 14,602 | 16,789 |
| 보건 및 사회복지사업* | 전체 | – | – | 350 | 481 | 639 |
| | 남성 | – | – | 119 | 149 | 181 |
| | 여성 | – | – | 231 | 332 | 458 |

* 간호사, 사회복지사 및 양로원, 고아원, 육아시설, 복지관 등의 종사자 포함.


1. 제시문 [1]을 400자 내외로 요약하시오. (20점)


2. 제시문 [2]의 논지를 밝히고, 이를 바탕으로 제시문 [3]을 해설하시오. (40점)


3. [4]의 〈표〉에 나타난 보건 및 사회복지사업 종사자 수의 추이를 한국사회의 변화와 관련하여 설명하시오. 그리고 제시문들을 참고하여 이들 종사자의 사회적 삶에 관해 논하시오. (40점)

다음 글을 읽고 물음에 답하시오.

[가]

할아버지가
담뱃대를 물고
들에 나가시니
궂은 날도 곱게 개이고,

할아버지가
도롱이를 입고
들에 나가시니,
가문 날도
비가 오시네.

[나]

Human beings are justified just in so far as their lives are invested with value. To invest one's life with value, one must, of course, have certain developed abilities—in particular, abilities to be productive, that is, to make a profit. ㉠So possession of these developed abilities is a minimal condition for a human life to have value. ㉡Hence, human beings lacking the requisite developed abilities lack lives with a value of their own. ㉢It is a sad but undeniable fact that the elderly belongs to the category of such human beings.

**[다]**

제발 노인을 공경하지 말자. 특별한 관심을 기울여야 할 대상, 연민과 동정의 시선으로 바라보고 보살펴야 할 대상으로 노인, 노인집단을 규정하는 그 순간, 그 의식 안에서 진짜 '노인문제'가 발생한다. 일흔다섯의 나이에 세계가 놀랄 만한 영화를 만들어낸 노인 클린트 이스트우드의 '노인문제'는 뭘까? 삼성그룹의 노인 이건희는 어떤 '노인문제'로 고통 받고 있을까? 깡패 노인이 있고 선량한 노인이 있다. 부자 노인이 있고 가난한 노인이 있다. 옹졸한 노인이 있고 너그러운 노인이 있다. 세계는 넓어서 할 일이 많은 노인이 있고 장기 두고 막걸리 마시는 것 말고는 할 일이 없는 노인이 있다. 튼튼한 노인이 있고 병든 노인이 있다. 쿨하고 샤프한 노인이 있고 주책없고 덜 떨어진 노인이 있다. 그들에게는 살아온 햇수가 많다는 것 말고는 노인이라는 하나의 이름으로 불리기에 마땅한 어떤 공통점도 존재하지 않는다. ㉣노인은 없다.

**[라]**

지금까지 우리나라 노인복지정책의 기본 골격은 '선(先) 가정, 후(後) 복지'의 원칙으로 표명되어 왔다. 물론 이 같은 정책기조는 노인부양의식이 강했던 우리 사회의 전통적 배경과 문화적 규범에 근거한 것이고 또 이것은 우리 국민의 정서에도 맞을 뿐만 아니라 개인주의 사상이 뿌리 깊은 서구사회에서도 최근에 와서는 가족중심의 노인복지정책을 새삼스럽게 펼쳐나가는 것 등을 고려하면 충분히 정당성을 인정받을 수 있는 것이다. 그러나 우리나라의 '선(先)가정보호, 후(後)사회복지'의 원칙은 외형상으로는 우리 국민의 가치관과 의식구조에 합당해서 그럴 듯하게 보이나 사실 이것은 가족의 지원을 통해 노인복지의 제고를 꾀하는 것이 아니고 노인복지를 가족의 책임으로 전가하는 행위에 지나지 않는 것이다. 불행한 일이다.

1. [나]의 밑줄 친 ㉠과 ㉡이 뜻하는 바를 정확하게 기술하시오.

2. [가]의 화자가 생각하는 할아버지의 '가치'를 고려하여 [나]의 밑줄 친 ㉢을 반박하

시오.

3. [다]의 밑줄 친 ② '노인은 없다' 라는 말의 의미를 [다] 전체의 요지와 관련하여 설명하시오.

4. 노인복지정책에 관한 [라]의 입장에서 [다]에 나타난 노인관을 평가하시오.

5. 다음 통계결과를 이용하여 [라]의 논지를 비판적으로 검토하시오.(150자 이내)

응답자 연령별 노부모 부양 주체에 대한 설문 결과 (단위: %)

| 부양주체 / 응답자 연령 | 스스로 해결 | 가족이 담당 | 정부와 사회가 담당 | 가족과 정부와 사회가 담당 | 기타 | 계 |
|---|---|---|---|---|---|---|
| 20~29 | 9.0 | 66.5 | 1.3 | 23.0 | 0.2 | 100.0 |
| 30~39 | 7.9 | 68.3 | 1.1 | 22.5 | 0.2 | 100.0 |
| 40~49 | 7.5 | 74.0 | 1.2 | 17.1 | 0.2 | 100.0 |
| 50~59 | 11.0 | 73.7 | 1.2 | 14.0 | 0.1 | 100.0 |
| 60 이상 | 13.6 | 74.8 | 1.6 | 9.8 | 0.2 | 100.0 |
| 평 균 | 9.8 | 71.4 | 1.3 | 17.3 | 0.2 | 100.0 |

역사와 관련된 논술은 역사관의 차이를 묻는 문제가 주로 출제되었습니다. 역사서에는 '역사를 기술하는 역사가가 역사적 사실을 어떻게 인식하는지', 즉 역사관이 반영됩니다. 이에 대한 질문은 현상에 대한 올바른 인식방법을 묻는 '인식론' 문제와 유사한 질문입니다. 또한 자연을 연구하는 방법으로 인간사회를 연구할 수 있는지를 묻는 질문이기도 합니다. 깊게 생각하면 한없이 깊은 문제입니다. 그러나 이 장에서는 대표적인 역사관 세 가지와 역사변화의 주역에 대해서만 다루려고 합니다. 이것만 잘 이해해도 역사관 관련 제시문을 파악하는 데 어려움이 없을 것입니다.

04

역사를
바라보는 관점

**역대기출**

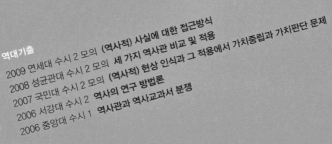

# 주제강의

# 1
## 역사사실, 역사서, 그리고 역사가

역사관을 이해하기 위해서는 역사가, 역사사실('사실로서의 역사'), 그리고 역사서('기록으로서의 역사')라는 세 가지 개념을 명확히 구분할 수 있어야 합니다. 역사관과 관련된 혼란은 주로 이 세 가지 개념을 혼동해서 생깁니다. 특히 우리가 역사라고 부를 때, 그것이 과거의 역사사실 전부를 의미할 때도 있고, 역사책의 내용을 의미할 때도 있습니다. 『국사』 교과서 첫머리에도 이에 대해 명확하게 설명하고 있습니다.

[가]

역사는 '사실로서의 역사'와 '기록으로서의 역사'라는 두 측면이 있다. 전자가 객관적 의미의 역사라면, 후자는 주관적 의미의 역사라 할 수 있다. 사실로서의 역사는 객관적 사실, 즉 시간적으로 현재에 이르기까지 일어났던 모든 과거사건을 의미한다. 이러한 의미에서 역사란 바닷가의 모래알과 같이 수많은 사건의 집합체다. 기록으로서의 역사는 과거의사실을 토대로 역사가가 이를 조사하고 연구하여 주관적으로 재구성한 것이다. 이 과정에서는 필연적으로 역사가의 가치관과 같은 주관적 요소가 개입하며, 이 경우 역사라는 말은 기록된 자료 또는 역사서와 같은 의미다.

고등학교 『국사』 교과서

위에서 말하고 있는 '사실로서의 역사'는 과거의 모든 사건이라고 할 수 있습니다. 인간이 살아온 모든 과거가 '사실로서의 역사' 즉, 역사사실이라고 할 수 있습니다. '기록으로서의 역사'는 역사가가 역사사실을 연구하여 기록한 것입니다. 그러므로 역사책, 역사서라고 할 수 있죠. 우리가 알고 있는 역사는 대부분 역사가가 쓴 역사책의 내용입니다. 이 때문에 우리는 두 가지 개념을 그냥 '역사'라고 쓰는 것입니다. 문제는 역사사실과 역사서는 별개라는 것입니다.

이렇게 생각하면, 우리가 학교에서 배우는 국사나 세계사에 대해 다른 관점으로 볼 수 있게 됩니다. 우리는 『국사』에 나온 내용이 우리나라의 역사라고 생각합니다. 즉 역사서와 역사사실을 같은 것으로 여기는 거죠. 물론 세계사도 마찬가지입니다. 그러나 역사사실과 역사서가 별개라고 생각한다면, 우리가 읽고 외우고, 시험 봐야 하는 『국사』, 『세계사』 내용이 모두 몇몇 역사학자가 쓴 역사서이지, 결코 역사 자체는 아니라는 것입니다.

[나]

역사 교과서는 한 국민의 역사의식을 구성하는 중심적 지위를 갖는다. 학교에서 가르치는 역사지식은 의심, 비판, 재구성으로부터 자유로운 사실의 집합체로 여겨진다. 교과서는 한 사회에서 널리 합의될 수 있는 보편적인 지식 혹은 표준화된 지식을 전제로 하지만, 과연 교과서에 담을 '공적 지식'이라는 것이 존재하는가? 그리고 교과서의 내용을 유일하고 객관적인 지식이라고 믿을 수 있는 당위성이 있는가? 교과서란 우리에게 무엇인가를 설명하고자 하는, 그것을 통해 어떤 문제에 관한 진리를 가르쳐주려는 특정한 사람의 시도임을 이해하여야 한다. 그러나 모든 역사적 결론은 다른 관점과 시각에 의해 수정될 수 있고, 교과서 역시 객관적인 것처럼 보이는 편견의 한 사례일 수 있다는 점을 명심하여야 한다. 그러므로 교과서를 단순히 수용해야 할 역사적 지식을 담고 있는 대상으로서가 아니라, 하나의 해석자료로 보고, 그 기술(記述)에 내재된 역사인식을 판단함으로써 하나의 '텍스트'로 보는 관점의 전환이 필요하다. 과거에 대한 진술이 항상 임시적이며 재해석될 수 있는 대상이라는 점을 인정한다면, 역사지식은 궁극적으로 암기의 대상이 아니라 끝없는 논쟁과 재해석의 대상으로 재인식되어야 할 것이다.

이영효, 『포스트모던 역사 인식과 역사 학습』

[다]

　『국사』는 민족 대단결 혹은 민족에 대한 무조건적 충성과 복종을 강요하기 위하여 '현실의 적'을 '절대 악'으로 초역사화('상상된 적')한 뒤, '민족 절멸의 공포'를 조작하는 서사기법을 자주 활용하고 있다. 즉 『국사』는 특정시기의 역사를 서술할 때마다 '민족의 철천지원수,' '절멸시켜야 할 적'의 존재를 명확히 설정한 뒤, 이런 원수와 적을 물리치기 위해서는 조국과 민족에 대한 무조건적 충성과 복종, 화합과 단결이 다른 무엇보다 중요하다는 식으로 애국심이나 민족주의를 선동하고 있는데, 이런 대목에서 돋보이는 '상상의 적'은 역시 일본 제국주의다. 일제와의 숭고한 투쟁을 통해서 민족사가 발전하고 대한민국이 수립될 수 있었다거나, 일제 때문에 근대화가 중단(지체)되고 민족 분단이 야기되었다는 식의 서술은, 조국과 민족의 대서사를 완성한 데 있어서 이런 서사기법이 얼마나 중요한 역할을 담당하고 있는가를 잘 보여준다.

지수걸, 『'민족'과 '근대'의 이중주』

　[나]에서 필자가 말하고자 하는 것은 역사교과서의 내용이 진리가 아닐 수 있다는 내용입니다. 이 때문에 '끝없는 논쟁과 재해석을 해야 할 대상'이 역사교과서라는 것이죠. 교과서에 나온 역사도 절대적으로 옳은 내용이 아닐 수 있다는 것입니다. [다]는 구체적으로 『국사』에 대한 비판을 진행합니다. 우리가 가지고 있는 일본에 대한 민족 감정도 『국사』에 의해 의도적으로 교육된 것이라고 보고 있습니다. 역사책에 나와 있는 내용은 우리의 민족주의 감정까지 만들어낼 수 있다는 생각을 하게 합니다.

　이러한 문제는 결국 역사가의 문제가 되기도 합니다. 왜냐하면 역사사실을 역사책으로 만드는 사람이 역사가이고, 역사사실과 역사책 사이에 괴리가 있다면 혹은 역사책에 문제가 있다면, 그에 대한 책임은 그 역사책을 서술한 역사가에게 있는 것이기 때문입니다. 이러한 사실은 역사가가 역사사실들을 어떻게 기술하는지에 따라 우리가 이해할 수 있는 역사는 완전히 다를 수 있다는 말이기도 합니다. 결국 역사를 바라보는 관점이란 '역사가가 역사사실을 어떻게 보고 어떻게 기술해야 하는지'에 대한 관점이라고 할 수 있습니다. 이에 대한 관점을 보통 세 가지로 분류합니다. 계속해서 이 세 가지 관점이 어떤 것인지에 대해 설명할 것입니다. 아울러 이 세 가지 관점은 편의상 분류한 것에 불과하다는 사실을 잊어서는 안 됩니다. 모든 역사가는 저마다 조금씩은 다른 역사관을 가지고 역사를 기술하기 때문입니다.

## 2
### '역사가가 역사사실을 어떻게 보고,
### 어떻게 기술해야 하는지'에 대한 세 가지 관점

### 실증주의 역사관
역사사실을 중심으로, 역사가가 사실 그대로를 '재현'한 것이 역사(서)다

먼저, 역사사실은 이미 완성된 진실이므로 역사가가 할 일은 그 완성된 역사사실을 그대로 기술하는 것이라고 보는 사람들이 있습니다. 이러한 사람들의 역사관을 편의상 실증주의 역사관이라고 합니다.

사실 실증주의는 자연과학의 방법론을 사회연구에 적용하려는 생각입니다. 이는 19세기 후반부터 유럽에서 유행했습니다. 영어로는 'positivism'이라고 하죠. 여러분은 'positive'가 무슨 뜻인지 잘 알고 있을 것입니다. '명백한', '실재적인'이라는 뜻도 있고, '긍정적인'이라는 뜻도 있습니다. 명백하고 실재적이니까 당연히 긍정할 수밖에 없겠죠. 따라서 positivism(실증주의)은 자연과학의 명백하고 실재적인 방법론에 대해 긍정적으로 받아들여서, 자연 이외의 인간과 사회연구에도 그대로 적용하려는 이념 혹은 사상입니다. 소위 '사회과학', '인문과학'이라는 말이 등장하게 된 것도 실증주의의 영향이라고 할 수 있습니다. 참고로 다음은 과학적 연구방법에 대한 일반적인 주장입니다.

[라]

　개인의 가치판단이 학문적 주장에 영향을 미치는 것은 분명하다. 그로 인해 끊임없이 혼동이 야기되었으며, 심지어 사실 간의 간단한 인과관계를 확정하는 것에 이르기까지 과학적 주장에 다양한 해석이 개입되기에 이르렀다. (중략)

　우리가 해결해야 할 현실문제에 대한 규범적 가치의 공감대를 만드는 것은 결코 경험적 학문의 과제가 될 수 없다. 그것은 이루어질 수 없을 뿐 아니라 전혀 무의미하다. 경험적 분석에 근거해서 특정한 문화적 가치를 바람직한 규범으로 도출하는 일은 불가능하다. 문화적 가치의 내용에 대해 무조건적으로 타당한 윤리적 의무를 부여할 수 있는 것은 오직 종교뿐이다. (중략) 지식의 나무를 먹고 자란 시대에 사는 우리는 세상에 대한 분석결과로부터 세상의 의미에 대해 아무 것도 배울 수 없는 운명이다. 우리는 경험적 지식이 점점 늘어난다고 해서 인생과 세상만사에 대한 보편적인 가치판단이 등장할 것으로 보지 않는다. 우리가 분명히 인정해야 할 점은, 인생과 세상만사에 대한 보편타당한 견해가 경험적 지식이 축적된 결과가 절대 아니라는 점이다. (중략) 경험적 지식과 가치판단을 구별할 수 있는 능력 그리고 사실에 근거한 진실만을 추구하는 과학적 의무의 이행이 바로 우리가 행해야 할 것이다.

막스 베버, 「사회과학 연구에서의 가치중립성」

　이러한 주장에서 가장 중요시하는 것은 개인의 가치판단을 배제해야 한다는 것입니다. 그리고 객관적인 사실만을 연구의 대상으로 해야 한다는 것이기도 합니다. 이러한 의견에 의하면 개인의 가치판단은 주관적 편견이나 선입견이 될 수 있으므로 사실을 객관적으로 보기 위해서는 그것을 철저히 배제해야 합니다. 이러한 생각을 역사가와 역사서술에 그대로 적용한 것이 실증주의 역사관이라고 할 수 있습니다.

　역사학이 학문으로 성립하는 데 크게 기여한 사람이 독일의 역사학자 랑케입니다. 그를 '역사학의 아버지'라고 부르기도 합니다. 그가 역사학의 방법론을 정립하기 전에 역사는 그냥 역사가가 일정한 원칙 없이 마음대로 과거 사실을 서술하는 것에 불과했습니다. 따라서 학문으로서의 역사(역사학)라는 말을 붙이기 어려웠습니다. 랑케가 역사학에 대해 명확한 방법론을 정립하고, 역사학의 체제를 마련했기 때문에 그를 '역사학의 아버지'라고 부르는 것입니다. 그런데 그가 정립한 역사연구의 방법론은 자연과학적 방법론이었습니다. 그가 활동하던 시기가 바로 유럽에서 실증주의가 유행하던 시기였기 때문에, 아마도 자연스러운 선택이었을 겁니다. 다음은 랑케의 말입니다. [라]의 방법론과 한번 비교해보세요.

[마]

　역사가는 현재의 편견에서 완전히 자유로운 상태에서 과거를 보아야 한다. 실제로 일어났던 과거 사실을 서술해야 한다. 아무리 보기 싫고 추한 사실이더라도, 그것을 정확하게 나타내는 일이 가장 중요한 원리임을 알아야 한다. 그리고 역사의 개작과 왜곡은 '신'을 모독하는 일이다. 역사의 창조는 신에 의해서 이루어진 것이므로 인간은 그것을 찾아내면 족하다. 따라서 그 사실이 '본래 일어난 그대로 드러나도록' 연구하는 것이 역사가의 할 일이고, 사료의 정확한 비판을 통해 정확성과 공정성을 지켜야 한다.

국민대 2007 수시

　역사의 창조가 '신'에 의한 것이라고 말하고 있는 내용에 대해 의문을 품는 사람도 있을 겁니다. 이 때문에 그의 역사관이 신학적 역사관이라고 주장하는 사람도 있습니다. 그러나 자연과학자도 자연이 신에 의해 창조된 것이라고 믿는 사람이 많습니다. 그러한 자연에 대해 객관적 원리와 인과관계를 밝히는 것이 과학자가 할 일이라고 생각하는 것입니다. 아인슈타인도 이러한 생각을 가지고 있었던 과학자라고 알려져 있습니다. 그러나 이러한 과학자들을 신학적 과학자라고 할 수는 없을 것입니다. 따라서 랑케를 신학적 역사관을 가진 사람이라고 보는 것은 무리가 있을 것입니다. 랑케가 결론적으로 주장하고 싶은 것은 다음과 같은 말일 것입니다. "역사사실을 중심으로, 역사가가 사실 그대로를 '재현'한 것이 역사(서)다."

### 상대주의(현재주의) 역사관

역사가 중심으로, 역사사실을 역사가의 가치관에 맞게 '재구성'한 것이 역사(서)다.

앞에서 설명한 실증주의 역사관으로 보면 역사사실은 이미 완성된 것입니다.

그러므로 그 완성된 역사의 모습은 객관적으로 오직 하나이며, 변할 수 없는 것이죠. 역사가의 의무는 그러한 역사의 모습을 있는 그대로 재현하는 겁니다. 그런데, 과연 그것이 가능할지에 대해 생각해본다면, 그리 쉬운 문제가 아닙니다. 역사사실은 무수히 많기 때문입니다. 실증주의 역사관에 의하면, 무수하게 많은 역사사실을 모두 고려해서 역사의 모습을 그대로 재현해야 하는데, 그것이 과연 가능할까요? 이러한 문제 때문에 상대주의 역사관이 등장합니다.

[바]

역사적 상대주의는 어떤 하나의 역사적 사건이 의미 있는 사실(史實)로 결정되는 것은 역사 탐구자의 '주관적인 판단'에 전적으로 달려 있다고 주장한다. 19세기의 가장 중요한 비판적 역사철학자인 딜타이에 의하면 역사는 정신적 내용을 표현해야 하므로 역사이해의 방법은 중립적이라기보다는 차라리 '공감적'인 것이 되어야 한다고 하였다. 역사인식의 주관성 문제와 밀접한 관계가 있는 역사적 상대주의는 순수 객관적인 역사지식이 궁극적으로는 가능하지 않다고 주장하는 사상이다. 즉 역사가 역시 인간과 시대와 환경의 소산일 수밖에 없기 때문에 엄밀한 의미에서 '객관적 진실'이나 '원래 있던 그대로'를 서술할 수는 없다는 것이다. 분석과 관찰에 의한 자연과학 지식과 달리 역사지식은 직관과 이해를 중요시한다. 역사적 상대주의자들에 의하면 '현재를 위하여 어떤 의미가 있는가' 하는 기준에 따라서 사실(史實)은 선택된다.

차하순 편, 『사관이란 무엇인가?』

[바]를 보면 상대주의적 역사관을 이해하는 데, 중요한 내용들이 많이 나옵니다. 여기에 대한 설명을 조금 덧붙여 보죠. 앞에서 말한 것처럼 무수하게 많은 사건(역사사실) 가운데 역사가가 기술할 수 있는 것은 한정될 수밖에 없습니다. 쉽게 말해 책에다 역사 전체를 담을 수는 없겠죠. 이 때문에 역사가가 역사를 서술한다는 것은 역사 사실들 가운데 역사가가 중요하다고 생각하는 것만을 선택적으로 담을 수밖에 없다는 말입니다. 물론 이것은 역사가가 그래야 한다는 것이 아니라, 그럴 수밖에 없다는 생각입니다. 현실적인 생각이지요. 따라서 역사(서)는 역사가가 중요하다고 생각하는 것들의 기록입니다. 여기에서 핵심은 당

연히 '역사가가 무엇을 중요하다고 생각하는지'일 것입니다. 이것이 역사가의 가치관입니다. 이 가치관은 역사가마다 다를 수밖에 없다는 것이지요.

위의 내용 중에 딜타이라는 사람도 보이지요? 딜타이는 자연과학 또는 물질과학에 대비시켜 '정신과학'을 강조했던 사람입니다. 독일에서 랑케보다 한 세대 정도 뒤의 사람인데, 자연과학 방법론을 사회와 역사에 적용하는 것에 '안티'를 걸던 사람이지요. 보편적 이성보다는 개별적 감성을, 사물의 객관적 성질보다는 사물에 대한 해석, 즉 사물이 인간에게 주는 의미를 중시했던 사람입니다. 그 의미는 당연히 사람마다 다른 의미겠지요. 상대주의 역사관도 이러한 연장선상에 있습니다.

또 역사는 과거이지만, 그 역사를 서술하는 역사가는 현재를 살아가는 사람입니다. 당연히 현재의 가치관이 역사가에게 들어가 있겠지요. 상대주의 역사관으로 보면 역사가는 이러한 현재적 가치관을 통해 과거의 사건(역사사실)을 보고, 선택하고, 역사서에 서술하는 것입니다. 그러므로 이러한 역사관을 '현재주의 역사관'이라고도 합니다.

그런데 이러한 상대주의 역사관, 현재주의 역사관으로 과거를 보면 과거는 현재를 위한 것이 되고 맙니다. 과거에 있었던 역사사실보다는 현재의 관점, 현재의 필요가 더 중요하게 생각될 수도 있다는 거죠. 이렇게 된다면, 결국 역사(서)는 역사사실에 대한 역사가의 취사선택을 통해 왜곡될 가능성도 얼마든지 있게 됩니다. 그리고 역사(서)라는 것이 결국 역사를 서술하는 역사가에 의해 달라질 수 있는 것이라면, 권력자는 역사가에게 압력을 가해 자신에게 유리한 역사를 쓰게 할 수도 있습니다. 상대주의 자체가 이미 보편적, 객관적 기준을 거부하는 것이므로, 상대주의 역사관으로는 이러한 역사가 틀렸다고 하거나 잘못됐다고 하기도 어렵습니다. 이 때문에 역사는 이해관계에 의해 조작된 것이며, 결국 승자의 이해관계에 맞게 재구성될 수도 있습니다. 다음 글은 이와 관련된 주장입니다.

[사]

역사담론이란 이해 당사자가 자신을 위해 직접 과거를 조직해내는 방식이다. 역사란 기본적으로 특정한 사람, 계급, 집단이 자신들을 위해 경쟁적으로 과거의 해석을 자서전적으로 구성해내는 전쟁터이며 힘의 마당인 것이다. 이 마당에서는 과거에 대한 각각의 견해가 각양각색으로 통합되고 배제되고 중심화되고 주변화된다. 역사 자체가 이데올로기적 구성물이라는 것은 그것이 권력관계에 따라 다양하게 영향을 받는 사람들에 의해 끊임없이 재구성·재정리된다는 것을 의미한다. 역사는 스스로 존재하는 것이 아니라, 항상 누군가를 위해 존재한다. 왜냐하면 지배자뿐 아니라 피지배자도 각각 자신의 실천적 행위를 정당화하기 위해 과거를 독자적으로 각색하기 때문이다. 그러나 지배자는 피지배자가 각색한 과거를 부적절한 것으로 취급하여 지배적 담론의 공간에서 배제시켜버린다. 그래서 이제 '역사란 무엇인가?'라는 물음은 '무엇'을 '누구'로 대체하고, '위하여'를 뒤에 덧붙여 '누구를 위한 역사인가?'로 바꾸어야 제대로 된 물음이 될 것이다. 이 질문을 이해할 수만 있다면, 역사란 다른 집단에게는 상이한 의미를 갖는 논쟁적 용어 혹은 담론이며, 따라서 역사는 필연적으로 문제투성이라는 점을 이해할 수 있을 것이다.

키스 젠킨스, 『누구를 위한 역사인가』

모두가 긍정할 만한 기준이 없을 경우, 결국 남는 기준은 힘밖에 없습니다. 이런 결론은 상대주의 윤리관에서도 자주 보입니다. 객관적인 옳음, 혹은 절대적 옳음의 기준이 없을 경우 사회 안에 존재하는 윤리나 도덕은 모두 강자가 약자를 복종시키기 위한 논리라고 생각할 수 있기 때문입니다. [사]를 보면 상대주의 역사관도 비슷한 귀결로 나갈 수 있음을 알 수 있습니다. 역사가 승자에 의해 조작될 수 있다는 생각은 우리나라 역사학의 초기부터 등장한 생각입니다. 다음은 신채호의 글입니다.

[아]

왕건이 궁예의 여러 장수들 중 하나로서 궁예의 은총을 받아 대병(大兵)을 맡게 되자 드디어 궁예를 쫓아내어 객사(客死)하게 하고 또한 '이신시군(以臣弑君)'의 죄를 싫어하여 전력을 기울여 궁예를 죽이지 않으면 안 될 죄를 만들어냈다. 고려의 사관(史官)은 '궁예는 신라 헌안왕(憲安王)의 자식인데 왕은 그의 생일이 5월 5일임을 미워하여 내다버렸다. 궁예가 이를 원망하여 군사를 일으켜 신라를 쳐서 멸망시키려 하였는데 그는 어느 절에서 벽에 그려져 있는 헌안왕의 초상화까지 칼로 쳤'고 하였다. 그러고는 더욱 확실한 증거를 만들기 위하여, '궁예가 태어난 뒤에 헌안왕이 엄히 명령을 내려 궁예를 죽이라고 하였는데 궁녀가 누대 위에서 아래로 궁예를 던지니 아래에서 유모가 받다가 그만 잘못하여 손가락이 그의 한쪽 눈을 찔러 눈을 잃어버리고 말았다. 그 유모가 비밀히 그를 길러냈는데 그가 10여 세가 되어 장난이 심하였다. 이에 그 유모가 울면서 "왕이 너를 버리신 것을 내가 차마 그냥 두고 볼 수 없어서 몰래 길렀는데 이제 네가 미친 듯이 멋대로 행동함이 이와 같으니 만일 남이 알면 너와 나는 다 죽을 것이다"고 하니 궁예가 듣고 울며 머리를 깎고 중이 되었다.' (중략) 만약 사관의 말이 맞다면 궁예가 비록 헌안왕의 아들이라 하더라도 그가 태어난 날 누대 위에서 죽으라고 던진 날부터 이미 부(父)라는 명의(名義)가 끊어진 것이니 궁예가 헌안왕의 몸에 직접 칼질을 하더라도 시부(弑父)의 죄가 될 수 없고 신라왕의 능(陵)과 도읍을 유린하더라도 조상을 욕보인 죄를 논할 수 없을 터인데 하물며 왕의 초상화를 치고 문란한 신라를 혁명하려 한 것이 무슨 큰 죄나 논란거리가 되겠는가.

그렇지만 고대의 좁은 윤리관으로는 그 두 가지 일, 헌안왕의 초상화를 칼로 친 일과 ─ 신라에 대한 불공(不恭) ─ 만으로도 궁예에게는 죽어도 남을 죄가 있는 것이니 죽어도 죄가 남을 궁예를 죽이지 못할 게 무엇이랴. 이리하여 왕건은 살아서 고려의 통치권을 가지고 죽어서 태조 문성의 시호를 받았더라도 추호도 부끄러울 게 없게 된 것이니, 이것이 고려의 사관이 구태여 세달사(世達寺)의 일개 걸승(乞僧)이던 궁예를 가져다가 고귀한 신라 황궁의 왕자를 만든 이유일 것으로 생각한다.

신채호, 『조선상고사』

승자였던 왕건을 위해, 패자였던 궁예에 관한 역사가 왜곡되었다는 것입니다. 물론 신채호를 상대주의 역사관을 가진 사람이라고 보기는 어렵습니다. 여기에서 신채호는 힘에 의해 역사기술이 바뀐 사례를 들고, 이에 대해 비판하고 있다는 점을 주의해야 합니다.

상대주의 역사관은 역사를 바라보는, 다양한 관점을 제공하고, 기존의 역사를 비판적으로 접근할 수 있게 한다는 강점이 있습니다. 그러나 역사란 보는 관점에 따라 얼마든지 변할 수 있는 것이라는 생각 때문에 상대주의 역사관은 자칫 역사 허무주의에 빠질 수도 있습니다. 그래서 '상대주의에 너무 깊이 들어가면 허무주의에서 헤매게 된다'고 합니다. 이쯤에서 상대주의 역사관을 마무리해야 할 듯합니다. 더 들어가면 우리도 허무주의에서 헤매게 될지도 모르니까요. 아무튼 상대주의 역사관은 다음과 같은 주장을 담고 있는 역사관입니다. "역사가의 가치관을 중심으로, 역사사실을 '재구성'한 것이 역사(서)다."

### 절충주의(상호작용주의) 역사관

역사가와 역사적 사실의 끊임없는 상호작용으로 나온 것이 역사(서)다.

앞에서 실증주의 역사관과 상대주의(현재주의) 역사관은 상당히 대립적인 입장에 서 있다는 점을 알 수 있었습니다. 어떤 두 가지 관점이 대립하고 있으면, 보통 양쪽을 모두 비판하면서 절충을 시도하는 관점이 생깁니다. 친구끼리 말다툼하면 보통 제3의 친구가 중재자 역할을 합니다. 이때 중재자 친구가 하는 뻔한 말이 있습니다. "둘 다 잘못이 있어. 너무 자기 생각만 했어. 마음을 터놓고 솔직하게 대화를 하도록 해봐." 거칠지만 절충주의 역사관은 이런 말입니다.

[자]

'정확성은 의무이지 미덕은 아니다' 라는 하우스만(Alfred edward Housman)의 말을 본인은 상기(想起)하게 됩니다. 역사가를 정확하다고 해서 칭찬한다는 것은 잘 말린 목재를 썼다거나 잘 혼합된 콘크리트를 썼다고 해서 건축가를 칭찬하는 것이나 마찬가지 유입니다. 정확성은 그의 일의 필요조건이지 본질적인 기능은 아닙니다. 이런 유의 일이라면 역사가들은 당연히 역사학의 '보조과학' 이라고 불리는 고고학, 금석문학, 고전학(古錢學), 연대학 등등에 의뢰할 권리를 가지고 있는 것입니다. 역사가란 도기(陶器)나 대리석 파편의 계통이나 시기를 결정한다든가 할 수 없는 비문을 해석해낸다든가 정확한 연대를 정하는 데 필요한 정밀한 천문학적 계산을 한다든지 하는 따위의 전문가들에게나 가능한 특수기술을 필요로 하는 것은 아닙니다. 모든 역사가에게 공통된 소위 기초적 사실이라는 것은 보통 역사가가 사용하는 원료의 카테고리에 속하는 것이지 역사 그 자체의 카테고리에 속하는 것은 아닙니다.

다음으로 고찰해야 할 점은, 기초적 사실을 설정할 필요가 있다고 해도 그것은 사실 자체에 어떠한 자격이 있어서 그리 되는 것이 아니라 역사가들의 아 프리오리(a priori)한 결정에 좌우된다는 점입니다. C. P. 스코트의 모토에도 불구하고 오늘날 모든 저널리스트는 여론을 움직이는 가장 효과 있는 방법이 적절한 사실을 골라내고 배열하는 데 있다는 것을 잘 알고 있습니다. 사실은 자기 스스로 말한다고 흔히 이야기해 왔습니다. 그러나 이것은 참말이 아닙니다. 사실이란 역사가 그것을 찾아줄 때에만 이야기하게 되는 것이고 어떠한 사실에 발언권을 줄 것인가를 결정하는 것도 그리고 어떠한 순서와 전후 관련 속에서 이야기할 것인가를 결정하는 것도 역사가인 것입니다.

　우리들이 1066년에 헤이스팅스에서 전투가 있었다는 것을 알려는 관심을 가지게 되는 유일한 이유는 역사가가 그것을 역사적 대사건이라고 본다는 데에 있는 것입니다. 시저가 루비콘이라는 작은 강을 건넜다는 것이 역사적 사실이라는 것은 역사가가 자기들의 이유에 따라 결정한 것이지 그전에나 이후에 수백만의 다른 사람이 루비콘 강을 건넜다는 일에 대해서는 아무도 관심을 두지 않습니다. 파슨스 교수는 언젠가 과학을 가리켜 '실재에 대한 인식방법의 선택적 체제'라고 말한 적이 있습니다. 좀 더 간단히 말할 수도 있었으리라고 생각됩니다만, 여하간 역사란 특히 이와 같은 것입니다. 역사가란 불가피하게 선택적이게 마련입니다.

E. H. 카, 『역사란 무엇인가』

[자]는 절충주의 역사관을 대표하는 학자인 카의 글입니다. 얼핏 보면, 상대주의 역사관과 별다른 차이가 없어 보입니다. 역사적 사실보다는 역사가의 선택을 강조하고 있기 때문입니다. 그러나 좀 더 주의 깊게 보면 그가 말하고 있는 것이 상대주의와는 어느 정도 거리를 두고 있다는 점도 알 수 있습니다. 역사가를 건축가로, 역사사실을 건축자재로 비유하고 있는 그의 말만 해도 그렇습니다. 건축가가 아무리 뛰어나도 나무자재로 100층짜리 빌딩을 짓지는 못할 테니 말입니다.

　실제로 카는 역사사실과 역사가의 상호작용을 통해 역사(서)가 기술된다고 생각합니다. 즉 역사사실을 역사가가 그대로 재현하는 것(실증주의 역사관)도 아니고, 역사가의 가치관에 의해 일방적으로 역사사실을 재구성하는 것(상대주의 역사관)도 아니라고 생각합니다. 역사가와 역사사실은 상호작용을 합니다. 이 말은 역사사실에 의해 역사가의 선택도 달라질 수 있다는 말이기도 합니다. 카의 결론을 한번 들어봅시다.

역사가는 사실의 잠정적 선택과 그 선택이 만들어낸 잠정적 해석으로부터 출발한다. 그 해석이 자신에 의한 것이든 타인에 의한 것이든 말이다. 일이 진행됨에 따라 해석 및 사실의 선택과 정리는 양자 간의 상호작용을 통해 미묘하고 반무의식적인 변화를 겪는다. 또한 역사가는 현재의 한 부분이되 사실은 과거에 속하므로 이 상호작용에는 현재와 과거의 상호작용도 포함된다. 역사가와 역사 사실은 서로 절대적으로 필요한 존재이다. 사실을 갖지 못한 역사가는 뿌리가 없으며, 열매를 맺지 못한다. 역사가가 없는 사실은 죽은 것이고 무의미한 것이다. 그러므로 '역사란 무엇인가?'라는 물음에 대한 필자의 첫 번째 대답은 사가와 사실 사이의 지속적인 상호작용 과정, 즉 현재와 과거 사이의 끊임없는 대화라는 것이다.

E. H. 카, 『역사란 무엇인가』

카는 역사가가 역사사실을 선택하는 존재이면서 동시에 역사사실을 받아들여야 하는 존재이기도 하다고 생각했습니다. 역사가는 현재의 일정한 가치관으로 역사를 선택하지만, 그것으로 끝나는 것이 아니라는 것입니다. 과거(역사사실)에 대한 탐구가 진행됨에 따라 가치관이 미묘하게 변화하고, 그 변화된 가치관에 의해 또 다른 사실에 주목하고, 또 다른 선택을 하게 되는 것입니다. 카는 분명히 역사가의 선택에 의해 역사(서)가 기술된다고 생각했습니다. 그러나 그 선택은 잠정적인 선택이며, 역사사실을 면밀히 검토하는 과정에서 언제든지 변화할 수 있는 선택인 것입니다. 그가 보기에, 이러한 생각을 가지고 있는 역사가는 자기생각에 맞게 역사를 왜곡하지도 않을 것이며, 역사사실을 의미와 상관없이 수동적으로 받아들이려고만 하지도 않을 것입니다. 이러한 그의 생각을 단적으로 표현하면 다음과 같습니다. "역사가와 역사적 사실의 끊임없는 상호작용으로 나온 것이 역사(서)다."

1. 실증주의 역사관의 장점과 단점을 설명해보시오.

2. 상대주의 역사관과 상호작용주의 역사관을 비교하고 각각의 입장에서 상대방의 관점을 비판해보시오.

3. 현재 우리의 사회와 문화를 연구하는 데 실증주의 역사관, 상대주의 역사관, 상호주의 역사관 가운데 어떤 역사관을 적용할 수 있을까?

# 1

### E.H. 카, 『역사란 무엇인가』

20세기 중엽에 들어선 오늘날, 사실에 대한 역사가의 의무를 어떻게 규정하면 좋을 것인가. 과거 몇 해 동안 나는 많은 시간을 들여서 문서를 쫓아다니고 문서를 읽고 역사서술에서도 각주(脚註)에 열심히 사실을 담고, 그리하여 사실이나 문서에 대해 오만한 태도를 취한다는 비난을 면하려고 애써왔다.

사실을 존중해야 하는 역사가의 의무는 그 사실이 정확하다는 것을 확인하는 데 그쳐서는 안 된다. 그는 알려져 있는 것이거나 알려질 수 있는 것이거나, 자기가 연구하고 있는 주제나 기도하고 있는 해석과 어떤 의미에서나 관련된 사실을 그려내는 노력을 하지 않으면 안 된다.

빅토리아 시대의 영국인을 도덕적이고 합리적인 인간으로 그리려고 할 경우, 역사가는 1850년 스탤리브리지 웨이크스에서 일어난 사건을 잊어서는 안 된다. 그렇다고 반대로 역사의 생명인 해석을 제거해도 좋다는 것은 아니다.

대학 관계자가 아니거나, 대학 관계자라도 전공이 다른 아마추어 여러분은 흔히 역사가가 역사를 쓸 때의 작업방법을 나에게 묻곤 한다.

지극히 일반적으로 할 때, 역사가는 그 점에 있어서 명확히 구별할 수 있는 두 가지 단계 또는 시기로 나누고 있는 것 같다. 우선 역사가는 사료(史料)를 읽고 노트 가득히 사실을 기록하는 데 긴 준비기간을 소비한 다음, 이 사료를 옆에 밀쳐놓고는 노트를 들고 단숨에 책을 써버린다는 것이다.

그것이 나로서는 납득이 가지 않고, 또 있을 법도 하지 않은 광경이다. 나 자신에 대해서 말하면, 내가 주요 사료라고 생각하고 있는 것을 조금만 읽기 시작하면 그만 손끝이 근질근질해져서 저절로 쓰기 시작하고 마는 것이다. 이것은 쓰기 시작할 때뿐만이 아니다. 어디에서나 그렇게 된다. 아니, 어디에서나 그렇게 되어버리는 것이다.

그 다음부터는 읽는 것과 쓰는 일이 동시에 진행된다. 읽어나가면서 써 보태고, 깎고, 고쳐 쓰고, 제거하는 것이다. 또 읽는 것은 씀으로써 인도되고, 방향이 잡히고, 풍부해진다. 쓰면 쓸수록 내가 찾고 있는 것을 한층 더 깊이 잘 알게 되고, 내가 발견한 것의 의미나 중요성을 한층 더 이해하게 된다.

역사가 중에는 펜이나 종이나 타자기를 쓰지 않고 이런 초고를 모두 머릿속에서 끝내버리는 사람도 있을지 모르지만, 그것은 마치 장기판이나 장기짝에 의존하지 않고 머릿속으로 장기를 두는 것과 마찬가지다. 부러운 재능이긴 하지만, 나로서는 아무래도 흉내낼 수 없는 일이다.

하지만 내가 확신하는 바에 의하면, 역사가라는 이름을 가질 만한 사람에게 있어서는 경제학자가 '투입' 및 '산출'이라고 부르는 두 가지 과정이 동시에 진행되는 것인데, 이것은 과정 하나의 두 부분이라고 생각한다.

여러분이 양자를 분리하려고 한쪽을 다른 쪽 위에 놓으려고 한다면, 여러분은 두 가지 이단설(異端說) 중에 하나에 빠지게 될 것이다. 즉 의미도 중요성도 없는 가위와 풀의 역사를 쓰거나, 아니면 선전소설이나 역사소설을 써서 역사와는 무관한 어떤 종류의 문서를 장식하기 위해 다만 과거의 사실을 이용하는 것으로, 이 중의 한 가지를 하게 될 것이다.

이렇게 역사가와 역사상의 사실 사이의 관계를 음미해보면, 우리는 두 가지 난관 사이를 아슬아슬하게 항해하는 듯한 위태로운 상태에 있다는 것을 알 수 있다.

역사를 바라보는 관점 ● 사실 그대로의 역사는 존재할 수 있는가?

두 가지 난관이란 역사를 사실의 객관적 편찬이라고 생각하고 해석에 대한 사실의 무조건적 우월성을 주장하는, 지지하기 어려운 이론의 난관과, 역사란 역사상의 사실을 밝히고 그것을 해석과정으로 정복하는 역사가의 주관적 산물이라고 생각하는 이 또한 지지하기 어려운 이론을 말하는데, 즉 역사의 중심은 과거에 있다는 견해와 역사의 중심은 현재에 있다는 견해이다.

그러나 우리의 상황은 겉으로 나타난 것만큼 불안정한 것은 아니다. 게다가 우리는 사실과 해석이라는 동일한 대입이 강연을 통해 여러 가지로 모습을 바꾸어서 특수한 것과 일반적인 것, 경험적인 것과 이론적인 것, 객관적인 것과 주관적인 것으로 나타나는 것을 보게 될 것이다.

역사가가 직면한 난관은 인간본성의 한 반영이다. 갓 태어난 유아라든가 아주 고령인 경우는 아마 다르겠지만, 인간이란 결코 완전히 환경에 휘말려 들어가 있는 것도 아니고, 무조건 환경에 순종하고 있는 것도 아니다. 반면에 인간은 또 환경에서 완전히 독립된 것도 아니고, 그것의 절대적인 주인도 아니다.

인간과 환경의 관계는 역사가와 주제의 관계다. 역사가는 사실의 천한 노예도 아니고, 군림하는 주인도 아니다. 역사가와 사실의 관계는 '기브 앤드 테이크'의 평등한 관계다.

역사가가 실제로 생각하고 쓰고 할 때의 자기 자신의 작업태도를 조금만 반성해보면 알 일이지만, 역사가는 자신의 해석에 따라서 자신의 사실을 만들어내고, 자신의 사실에 따라서 자신의 해석을 만들어내는 연속적인 과정에 휘말려 들어가 있는 것이다. 따라서 한쪽을 다른 쪽 위에 올려놓는다는 것은 불가능한 일이다.

역사가는 사실의 일시적 선택과 일시적 해석으로(이 해석에 입각하여 자기 자신과 마찬가지로 다른 사람도 일시적 선택을 하고 있는 것이지만) 출발하는 것이다. 일이 진척됨에 따라 해석도, 사실의 선택과 정리도, 그 상호작용을 통하여 거의 무의식적으로 미묘한 변화를 일으키게 된다.

역사가는 현재의 일부이고, 사실은 과거에 속하므로, 이 상호작용은 또한 현재와 과거의 상호관계를 포함하고 있다. 역사가와 역사상의 사실은 서로가 필요한 것이다. 사실을 소유하지 못한 역사가는 뿌리도 없고 열매도 맺지 않는다. 역사가가 없는 사실은 생명도 없고 의미도 없다.

여기서 '역사란 무엇인가?'에 대한 나의 최초의 대답을 하기로 한다. 역사란 역사가와 사실 사이의 부단한 상호작용의 과정이며, 현재와 과거 사이의 끊임없는 대화이다.

# 2
## 레오폴트 폰 랑케, 『근세사의 여러 시기에 관하여』

이제 역사가는 여러 세기의 거대한 경향성들을 분해해야만 하며, 이 다양한 경향성의 복합체인 거대한 인류역사의 장막을 걷어올려야 한다. 신의 이념이라는 관점으로부터 나는 다름 아니라, 인류는 여러 발전의 끝없는 다양성을 자체 내에 지니고 있으며, 그 발전은 점차적으로, 그것도 우리에게 알려지지 않은 법칙에 따라서, 사람들이 생각하는 것보다는 훨씬 더 비밀스럽고, 훨씬 더 거대하게 출현하고 있다고 생각하지 않을 수 없다.

〈대화〉

막스(max) 왕 : 선생님은 위에서 도덕적 진보에 관해 말씀하셨는데, 그때에 개별 인간의 내면적 진보도 고려하고 있었습니까?

랑케(Ranke) : 아닙니다. 오직 인류의 진보만을 생각했습니다. 개체는 그와는 반대로 항상 하나의 보다 더 높은 도덕적 단계로 상승해야만 합니다.

막스 왕 : 그러나 인류는 개체들로 구성되어 있으므로, 만일 개체가 하나의 보다 더 높은 도덕적 단계로 상승한다면, 이 진보는 전체 인류도 포괄하게 되지 않는가라는 질문이 제기됩니다.

랑케 : 개체는 사멸합니다. 그것은 하나의 유한한 존재입니다. 이와는 반대로 인류는 하나의 무한한 존재입니다. 물질적인 사실에서 나는 하나의 진보를 인정합니다. 왜냐하면 여기에서는 하나의 사실이 또 다른 하나의 사실로부터 나오기 때문입니다. 도덕적인 관계에서는 그렇지 않습니다. 나는, 각 세대에서는 실

x

제의 도덕적 위대함이 모든 다른 세대들에서의 그것과 동일하며, 도덕적 위대함에서는, 예를 들면 우리가 고대 세계의 도덕적 위대함을 결코 능가할 수 없듯이, 보다 더 높은 잠재력이 존재하지는 않는다고 믿습니다. 정신세계에서는 내포적인 위대함이 외연적인 위대함에 대해 거꾸로 된 관계 속에 서 있는 경우가 흔히 일어나고 있습니다. 오늘날의 문학을 고전문학과 비교해보면 그렇습니다.

막스 왕 : 그러나 사람들이, 신의 섭리는 개별인간의 자유로운 자기결정에 관계없이 인류를, 비록 강제적으로는 아니지만, 이끌고 나아가는 하나의 일정한 목표를 인류 전체에게 숨겨두고 있다고 가정할 수도 있지 않겠습니까?

랑케 : 그것은 하나의 일반적인 가설이며, 역사학적으로 증명될 수는 없습니다. 그것에 관해서는, 언젠가는 오직 한 사람의 목자와 한 무리의 양이 있게 될 뿐이라는 성서의 잠언이 있지만, 그러나 지금까지 그것이 세계사의 지배적인 진행으로서 입증되지는 않았습니다. 이에 관해서는 아시아의 역사가 그 증거가 됩니다. 즉 아시아는 위대한 번영의 시기를 이룩한 후에는 다시금 야만으로 되돌아갔습니다.

막스 왕 : 그러나 이제는 보다 더 많은 개인이 이전보다 더 높은 도덕적 발전을 이룩하고 있지 않습니까?

랑케 : 나는 이 점을 인정하지만, 그러나 원리적으로 인정하는 것은 아닙니다. 왜냐하면 역사는, 많은 민족이 전혀 문화적 능력이 없다는 것을, 흔히 이전의 시기가 이후의 시기보다 훨씬 더 도덕적이었다는 것을 가르쳐주고 있기 때문입니다. 예를 들면 17세기 중엽에 프랑스는 18세기 말에서보다 훨씬 더 도덕적이었고 교양을 갖추었습니다. 이미 언급되었듯이, 도덕적 이념이 더욱 더 거대하게 팽창했다는 주장은 단지 특정한 권역 내에서만 가능할 뿐입니다. 일반적인 인간적 관점에서 보자면, 나는 역사적으로 오직 위대한 민족에게서만 대표적으로 나타나는 인류의 이념이 점차적으로 인류전체를 포괄해야만 할 것이라고 생각해볼 수 있으며, 이것이 그때에는 내면적인 도덕적 진보일 것입니다. 역사서술은 이러한 견해에 반대하지 않지만, 그렇다고 이것을 증명하지는 않습니다. 우리는 특히 이러한 견해를 역사의 원리로 만드는 것을 삼가야만 합니다. 우리의 과제는 오직 대상에게로만 우리를 제한시키는 일입니다.

# 글쓰기

## 1
### 2008학년도 성균관대학교 수시 2학기 인문 모의고사

**문제 1. 아래의 세 제시문의 논지를 각각 요약하시오.**

**문제 2. 아래의 세 제시문 중 하나를 선택하여 그 입장에서 다른 두 입장을 비판하시오.**

**문제 3. 아래의 〈자료 1〉과 〈자료 2〉는 역사 인식의 차이를 보여준다. 이러한 차이가 발생하는 이유를 세 제시문 중 하나에 근거하여 설명하시오.**


[1]

일어난 사건 자체로서의 역사는 우리의 인식 이전에 이미 어떤 형태로든 완성되어 있다. 이런 의미에서 역사세계는 완전히 객관적으로 존재한다. 역사세계를 기술하는 진술은 존재했던 그대로의 사실을 드러낼 때에만 참이다. 역사 탐구자는 탐구의 과정에 개입되는 자신의 주관적 관점이나 사회적 제약을 통제함으로써 역사적 사실을 있는 그대로 밝혀낼 수 있다. 이러한 역사탐구의 근본원리를 따를 경우, 역사를 탐구하는 자는 비록 자신도 역사의 흐름 속에 포함된다고 하더라도 그 상황을 초월하여 역사세계를 객관화시키는 일이 가능하다. 주관적, 사회적 제약에도 역사 탐구자는 그런 제약을 배제하거나 통제할 수 있으며, 또 그럼으로써 과거의 사실을 정확하게 재현하는 것이 가능해진다.

이런 관점에서 랑케(Leopold von Ranke)는 다음과 같이 말할 수 있었던 것이다. "지금까지의 역사연구는 과거를 심판하고 동시대인에게 미래의 행복을 제시하는 임무를 수행해왔다. 그렇지만 현재의 연구는 그와 같은 임무를 수행하지 않으며, 실제로 본래 있었던 그대로의 것을 보여줄 뿐이다." 이와 같은 역사관의 인식론적 기초는 수동주의 혹은 축적주의라 할 수 있다. 수동적 인식론은 인식주관으로부터 독립된 사물의 존재와 순수한 관찰을 전제하는 것이다. 그것은, 모든 참된 지식이란 우리의 감각경험을 통해 들어오며, 흡사 거울이 사물의 모습을 상으로 비추듯, 우리의 감각은 사물의 모습을 있는 그대로 드러낼 수 있음을 주장한다. 이때 오류는 전적으로 인식과정에 개입되는 우리 주관의 편견이나 욕망에 의해 사물의 상이 찌그러져 나타나는 것일 뿐이다. 그러므로 우리가 오류를 피하는 최선의 길은 우리 자신의 개입을 배제하고 전적으로 수동적으로 남는 것이다. (중략) 증거는 역사세계가 남긴 자료이다. 증거에 의해 역사 세계는 시간을 넘어 존속한다. 그러므로 증거는 역사 세계의 정보를 제공하며 이것에 의해 역사 서술이 가능해진다. 역사 서술은 다시 증거에 의해 입증되어야 하고, 이런 과정을 통해 역사 세계가 재현된다.

## [2]

과거는 완벽히 복제될 수 없으며 또다시 재구성될 수 없기 때문에, '모든 역사 구성은 필연적으로 선택적이다'라는 원칙은 너무 자명한 것이다. 그리고 이 원칙은 매우 중요한 것이다. 왜냐하면 역사를 서술할 때는 이 원칙에 따라 사실의 선택을 규제하기 때문이다. 이 원칙은 과거의 사건에 부과되는 비중을 결정하며, 또한 무엇을 선택하고 무엇을 생략해야 하는지를 결정한다. 아울러 선택된 사실이 어떻게 정리되고 배열될 것인가도 결정한다. 게다가 사실의 선택이 기본적이고 중요한 것이라고 여긴다면, 우리는 모든 역사는 필연적으로 현재의 관점에서 쓰며, 또한 모든 역사는 현재의 역사라는 사상을 인정하지 않을 수 없을 것이다. 다시 말하여 역사는 동시대인이 현재에 중요하다고 판단한 것에 대한 기

술(記述)이라는, 피할 수 없는 결론에 다다르게 되는 것이다. (중략)

아주 간단하게 생각해보아도, 역사서술에서 사용되는 개념자료가 역사가 쓰여진 당시의 개념자료임은 쉽게 알 수 있다. 주요한 원칙이나 가설에 대해 유용한 자료는 바로 역사적 현재가 공급한 자료이다. 문화가 변화하듯이 한 문화에서 지배적이었던 개념도 변화한다. 당연히 자료를 검토하고, 평가하고, 정리하기 위한 새로운 관점이 생겨난다. 바로 이때에 역사는 다시 쓰여진다. 이와 같이 어떤 특정한 개념은 어떤 특정한 시기의 문화에서 매우 중요하다. 이미 완성된 상태의 과거에서 발견되는 '사실'이 과거의 사건을 구성하기 위하여 적용된 특정한 개념을 정당화시키는 것은 아니다. 그 같은 견해는 본말이 전도된 것이다.

## [3]

역사란 유전자처럼 선천적으로 물려받은 것이 아니라 집단적 삶의 정체성을 규정하는 일종의 사회적 기억장치다. 기억이란 유전자 정보로 주어지는 것이 아니라, 현재에도 여전히 남아 있는 과거의 잔상이거나 그것을 임의적으로 조합해서 재구성한 것이다. '나'라는 개인의 정체성을 형성하는 것이 기억이라면, 우리의 집단적 정체성을 규정하는 것은 역사다. 기억 상실증에 걸리면 자기가 누구인지조차 모르게 되는 것처럼, 한 민족이 자기 역사를 빼앗기면 신채호나 박은식의 말처럼 국가의 혼과 정신을 잃는 것과 마찬가지다.

역사란 나의 기억이 아니라 우리의 기억이다. 그런데 여기서 우리는 누구인가? 누가 우리인지를 이야기하는 것이 역사다. 우리의 기억이 역사가 되면서 동시에 우리가 누구인지를 역사가 정의한다는 것은 순환논법이다. 기억하기 위해 역사를 쓰는가 하면, 역사를 통해 기억이 만들어진다. 기억과 역사 가운데 무엇이 우선하는가는 결국 닭이 먼저냐 달걀이 먼저냐의 논쟁을 벌이는 것과 같다.

이런 딜레마에서 벗어날 수 있는 탈출구는 일단 둘 가운데 어느 하나를 출발점으로 해서 사고실험을 해보는 것이다. 그렇게 해서 드러나는 진실은 우리의 기억이 역사가 된다기보다는 역사가 우리의 정체성을 결정하는 코드라는 것이다. 역사라는 코드는 선천적으로 주어지는 자연적 유전자가 아니라 교육에 의해 주입된 '문화적 유전자'다. 미국의 역사가 윌리엄 맥닐 말대로 '인간을 진정한 사회적 동물로 만드는 것은 집합적 기억으로서 역사'라는 '문화적 유전자'다.

그렇다면 역사학에서 문제는 사회적 기억으로서 '문화적 유전자'를 누가 어떤 식으로 조합하고 구성하여 교육을 통해 후손에게 물려줄 것인가이다. 조지 오웰이 『1984』에서 썼듯이 "현재를 지배하는 자가 과거를 지배하고, 과거를 지배하는 자가 미래를 지배"한다. 한 사회 내에서 또는 국제관계에서 어느 한 집단이거나 특정국가가 현재와 미래의 지배자가 되고자 할 때 일차적으로 날조하는 것이 역사라는 내러티브다.

〈자료 1〉

| 역사적 사건 | 국사 교과서 A | 국사 교과서 B |
|---|---|---|
| 대한민국 건국 | "통일정부를 수립하고자 했던 국민의 뜻을 대변한 김구, 여운형 등의 노력이 좌절된 후 이루어진 실패한 정부수립이며, 이승만이 이끈 남한의 단독정부 수립이 분단을 초래" | "통일정부의 수립을 추구한 김구 등 중간파의 협상노선은 당시 냉전질서에서 너무 앞선 시도였으며, 오늘날 우리가 누리는 민주주의와 시장경제는 이승만의 단정노선에서 출발했다" |
| 6.25 | "6.25 전쟁이 일어나기 이전부터 있어 왔던 작은 무력 충돌이 큰 무력 충돌로 확대된 것" | "공산세력 확대를 위해 북한이 소련과 중국을 등에 업고 남한을 침략했기 때문" |
| 4.19 | "독재와 부패로 얼룩진 이승만 정권을 무너뜨리고 민주주의를 확립한 혁명이었으나 '5.16'으로 다시 시련에 빠져들었다" | "자유당 정부의 부패와 부정선거가 '4.19'를 촉발했으나 권력을 붕괴시킨 학생운동 조직이 전제되지 않은 권력으로 등장해 사회적 무질서가 초래됐다" |
| 5.16 | "군사정권의 등장으로 민주주의가 크게 후퇴했으며, 박정희 정권이 경제개발에 나선 것도 정권의 정당성을 확보하기 위한 차원이며, '5.16'은 혁명이 아닌 군사정변으로 표기해야 한다" | "미시적으로 군 병력을 동원해 정부를 전복시킨 군부 쿠데타지만, 거시적으론 당시 가장 중요한 국가적 과제였던 산업화를 주도할 대안적 통치집단이 등장한 계기이며, '5.16'을 혁명으로 표기해야 한다" |
| 유신체제 | "한국식 민주주의를 내세웠으나 사실은 헌법보다 대통령을 더 우위에 두는 독재체제이며, 민주화 세력에 대한 대대적 탄압을 하기 위한 수단에 불과했다" | "영도적 권한을 지닌 대통령의 종신집권을 보장해주는 체제이며, 국가적 과제달성을 위한 국가의 자원동원과 집행능력을 크게 제고하는 체제였다" |
| 5.18 | "'서울의 봄'을 좌절시킨 신군부 강압정치에 끝까지 저항한 운동이었으며, '5.18 민주화운동'으로 표기하는 것이 바람직하다" | "광주 지역의 개발 지연과 중앙정권으로부터 소외가 누적된 데다 김대중의 체포소식이 분노를 야기했기 때문에 발생하였고, 한국사회에 반미 급진주의를 확산시키는 결정적 계기가 되었으며, '5.18 광주민주화항쟁'으로 표기하는 것이 바람직하다" |

〈자료 2〉 아래는 남한과 북한의 국사교과서에 등장하는 역사적 인물을 비교 분석하여 그 분포를 도표로 나타낸 것이다.

| 남북한 국사 교과서 등장인물 (총 735명) | |
|---|---|

남북한 교과서에 공통으로 등장하는 인물 = 137명

| 남 한 | 북 한 |
|---|---|

**아래 제시문을 읽고 문제에 답하시오. (두 문제 모두 답하시오.)**

[1]

개인의 가치판단이 학문적 주장에 영향을 미치는 것은 분명하다. 그로 인해 끊임없이 혼동이 야기되었으며, 심지어 사실 간의 간단한 인과관계를 확정하는 것에 이르기까지 과학적 주장에 다양한 해석이 개입되기에 이르렀다. (중략)

우리가 해결해야 할 현실문제에 대한 규범적 가치의 공감대를 만드는 것은 결코 경험적 학문의 과제가 될 수 없다. 그것은 이루어질 수 없을 뿐 아니라 전혀 무의미하다. 경험적 분석에 근거해서 특정한 문화적 가치를 바람직한 규범으로 도출하는 일은 불가능하다. 문화적 가치의 내용에 대해 무조건적으로 타당한 윤리적 의무를 부여할 수 있는 것은 오직 종교뿐이다. (중략)

지식의 나무를 먹고 자란 시대에 사는 우리는 세상에 대한 분석 결과로부터 세상의 의미에 대해 아무것도 배울 수 없는 운명이다. 우리는 경험적 지식이 점점 늘어난다고 해서 인생과 세상만사에 대한 보편적인 가치판단이 등장할 것으로 보지 않는다. 우리가 분명히 인정해야 할 점은, 인생과 세상만사에 대한 보편타당한 견해가 경험적 지식이 축적된 결과가 절대 아니라는 것이다. (중략) 경험적 지식과 가치판단을 구별할 수 있는 능력, 그리고 사실에 근거한 진실만을 추구하는 과학적 의무의 이행이 바로 우리가 행해야 할 것이다.

[2]

왕건이 궁예의 여러 장수 중 하나로서 궁예의 은총을 받아 대병(大兵)을 맡게 되자, 드디어 궁예를 쫓아내어 객사(客死)하게 하고 또한 '이신시군(以臣弑君)'의 죄를 싫어하여 전력을 기울여 궁예를 죽이지 않으면 안 될 죄를 만들어냈다.

고려의 사관(史官)은 '궁예는 신라 헌안왕(憲安王)의 자식인데, 왕은 그의 생일이 5월 5일임을 미워하여 내다 버렸다. 궁예가 이를 원망하여 군사를 일으켜 신라를 쳐서 멸망시키려 하였는데 그는 어느 절에서 벽에 그려져 있는 헌안 왕의 초상화까지 칼로 쳤다'고 하였다.

그리고는 더욱 확실한 증거를 만들기 위하여, '궁예가 태어난 뒤에 헌안왕이 엄히 명령을 내려 궁예를 죽이라고 하였는데 궁녀가 누대 위에서 아래로 궁예를 던지니, 아래에서 유모가 받다가 그만 잘못하여 손가락이 그의 한쪽 눈을 찔러 눈을 잃어버리고 말았다. 그 유모가 비밀히 그를 길러냈는데 그가 10여 세가 되어 장난이 심하였다. 이에 그 유모가 울면서 "왕이 너를 버리신 것을 내가 차마 그냥 두고볼 수 없어서 몰래 길렀는데 이제 네가 미친 듯이 멋대로 행동함이 이와 같으니 만일 남이 알면 너와 나는 다 죽을 것이다"고 하니, 궁예가 듣고 울며 머리를 깎고 중이 되었다.' (중략)

만약 사관의 말이 맞는다면, 궁예가 비록 헌안왕의 아들이라 하더라도 그가 태어난 날 누대 위에서 죽으라고 던진 날부터 이미 부(父)라는 명의(名義)가 끊어진 것이니, 궁예가 헌안왕의 몸에 직접 칼질을 하더라도 시부(殺夫)의 죄가 될 수 없고, 신라왕의 능(陵)과 도읍을 유린하더라도 조상들을 욕보인 죄를 논할 수 없을 터인데, 하물며 왕의 초상화를 치고 문란한 신라를 혁명하려고 한 것이 무슨 큰 죄나 논란거리가 되겠는가.

그렇지만 고대의 좁은 윤리관으로는 그 두 가지 일, 헌안왕의 초상화를 칼로친 일과 신라에 대한 불공(不恭)만으로도 궁예에게는 죽어도 남을 죄가 있는 것이니, 죽어도 죄가 남을 궁예를 죽이지 못할 게 무엇이랴.

이리하여 왕건은 살아서 고려의 통치권을 가지고 죽어서 태조 문성의 시호를 받았더라도 추호도 부끄러울 게 없게 된 것이니, 이것이 고려의 사관이 구태여 세달사(世達寺)의 일개 걸승(乞僧)이던 궁예를 가져다가 고귀한 신라 황궁의 왕자를 만든 이유일 것으로 생각한다.

[3]

작가는 우선 그의 독자들에게 거짓되지 않은 것, 진실한 것만을 말하고 보여 주기로 애초부터 약속이 되어 있었던 것입니다. 그 진실은 무엇보다도 독자들의 삶에 깊이 관계된 것입니다. (중략)

그러면 우리들의 그 삶의 진실이라는 것은 어떤 것입니까? 그것은 물론 행복한 삶에 관한 것입니다. 보다 더 풍족하고 의롭고 정직한 삶에 관한 것입니다. 한마디로 보다 더 사람다운 삶에 관계하는 것입니다.

자유롭지 못하게 하는 것을 소설로써 고발하는 것, 의롭지 못한 일을 증언하는 것, 우리의 삶을 부당하게 간섭해오거나 병들게 하거나 불행하게 만드는 모든 비인간적인 제도와 억압에 대항하여 싸우고 그것을 이겨나갈 용기를 모색하는 것, 소위 새로운 영혼의 영토를 획득해나가고 획득된 영토를 수호해나가려는 데 기여하는 모든 문학적 노력이 종국에는 다 우리의 삶을 보다 더 윤택하고 행복스럽고 사람다운 사람으로 살아가게 하려는 삶의 진실을 위한 것이라 할 수 있을 것입니다. 작가가 그의 작품으로 그런 삶의 진실을 위해 싸우는데 독자가 그것을 배척하고 외면할 리 없을 것입니다.

그렇다면 우리의 삶과 관련하여 가장 깊고 큰 진실이라는 것은 무엇입니까. 우리 삶을 가장 삶다운 삶으로 돌아가 살게 하는 옳은 질서는 무엇입니까? 우리나라의 어떤 평론가 한 사람은 우리의 삶을 삶답지 못하게 하는 모든 비인간적인 풍습과 제도와 문물과 사고를 통틀어 우리 삶을 '억압'하는 것이라고 표현한 일이 있습니다만, 우리 삶이 그 억누름으로부터 벗어나서 온전한 삶, 본래의 자유롭고 화창한 삶으로 돌아가게 하는 질서는 무엇입니까. 그것은 자유의 질서입니다. 이 자유의 질서야말로 우리의 가장 크고 깊은 삶의 진실이 아닐 수 없다는 말씀입니다.

[4]

아래 표는 미국의 언어학자인 촘스키가 미국의 주요 신문이 국가 간 분쟁에 대해 '대량학살(genocide)'이라는 표현을 얼마나 많이 사용했나를 비교한 것이다(분석의 대상이 된 주요 신문은 〈로스앤젤레스타임스〉, 〈뉴욕타임스〉, 〈워싱턴포스트〉, 〈타임〉 등이다).

| 공격국가 | 피공격국가 | 사설/칼럼 | 뉴스 기사 |
|---|---|---|---|
| 세르비아(1998-99) | 코소보 | 59 | 118 |
| 인도네시아(1990-99) | 동티모르 | 7 | 17 |
| 터키(1990-99) | 쿠르드 | 2 | 8 |
| 이라크(1990-99) | 쿠르드 | 51 | 66 |
| 미국(1991-99) | 이라크 | 1 | 10 |

문제 1. 제시문 [1], [2], [3]의 주장을 비교하고 제시문 [1]의 주장이 타당한지 따져보시오. (60점) (1,500자 내외)

문제 2. 제시문 [4]의 표를 제시문 [1], [2], [3]의 주장과 관련지어 해석해보시오. (40점) (1,000자 내외)

역사변화에 대한 대부분의 기출문제는 역사는 진보하는가에 대해 묻고 있습니다. 이에 답하려면 역사진화론에 대한 정리가 무엇보다 필요합니다. 또 역사를 바라보는 관점과 역사의 주체를 묻는 문제가 출제된 바 있습니다. 역사문제는 거의 모든 분야와 연관됩니다. 일반사회와 문화에 관한 문제도 역사적 맥락에서 살펴볼 필요가 있습니다. 문화상대주의, 민족주의 등도 모두 역사변화에 대한 관점과 직간접적으로 연관됩니다. 각종 사회문제도 역사적 시각에서 볼 수 있어야 관련 제시문과 논제가 나왔을 때 당황하지 않고 답안을 쓸 수 있을 것입니다.

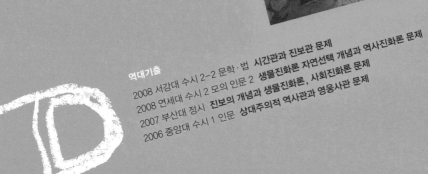

# 1
### 역사는 변화한다. 그런데 그 변화에는 방향이 있는 걸까?

앞 장에서 살펴본, 역사를 바라보는 세 가지 관점은 주로 역사가가 역사를 연구하는 방법론과 관련된 것이었습니다. 그런데 세 가지 관점 중 어떤 입장에 서 있건 누구도 부인할 수 없는 사실이 있습니다. 역사가 지금까지 '변화'해왔다는 사실이 그것입니다. 서로 다른 역사연구 방법론을 가지고 있더라도 역사가 변화의 연속이었다는 자체는 아무도 부정할 수 없는 사실입니다. 실제로 역사의 변화 가운데 결정적인 변화와 그 원인을 찾아내는 것은 모든 역사가의 목표이기도 합니다.

이제 역사변화의 의미를 어떻게 볼 것인가에 대해 살펴보기로 합니다. 사실 이 분야야말로 우리가 일반적으로 '역사관'이라고 부르는 분야입니다. 이 분야는 역사가뿐만 아니라, 인문 · 사회과학자, 자연과학자, 그리고 일반인조차도 관심을 보이는 분야입니다. 누구나 자신이 처해 있는 현재의 위치를 파악하고, 미래의 방향을 설정하기 위해서 과거의 우여곡절에 대한 통찰이 필요할 수밖에 없겠죠. 이러한 점에서 보면 역사변화에 대한 의미는 우리의 현재 삶에서 어떤 것이 가치 있는지를 결정해주기도 합니다.

역사변화의 의미에 대한 관점은 크게 역사변화를 진보(혹은 발전)의 연속으로 보는 측과 그렇지 않은 측으로 구별할 수 있습니다. 여러분은 어떤가요? 역사가 '진보'한다고, '발전'한다고 생각하나요? 전문적인 학자뿐만 아니라 보통사람도 대부분 역사의 진행이나 변화에 대해 나름대로 판단하고 있습니다. "세상 참 좋아졌어. 내가 어렸을 땐, 먹을 것이 없어서 굶는 날도 많았고, 20리를 걸어서 학교에 가곤 했는데"라는 말 안에는 역사가 '진보'했다는 내용이 담겨 있습니다. 또, "세상이 어떻게 되려고 이러나. 학생이 선생을 때리질 않나, 돈 때문에 부모를 해치질 않나"라는 말도 들어봤을 겁니다. 이러한 말 안에는 역사가 오히려 퇴보해가고 있다는 생각이 담겨 있습니다. 물론 두 얘기는 과거와 현재를 평가하는 기준이 다릅니다. 전자는 경제적인 면이나 생활의 편리함을 기준으로 사회변화를 평가한 것이고, 후자는 도덕적인 면, 인간적인 면에서 사회변화를 평가한 것입니다. 그럼에도 사회변화, 즉 역사변화를 진보·발전으로 보는지, 혹은 그렇지 않은지에 대해 일반사람도 대부분 그들 나름대로의 관점을 가지고 있다는 점은 확실합니다.

# 2
## 역사는 진보한다는 관점

사전을 찾아보면 진보(進步)는 "①정도나 수준이 나아지거나 높아짐 ②역사발전의 합법칙성에 따라 사회의 변화나 발전을 추구함"이라는 의미를 갖습니다. 물론 이것은 영어로 'progress'에 해당하는 말입니다. 역사가 계속 낮은 단계에서 높은 단계로 진보한다는 점을 강조하는 역사관을 일반적으로 '발전사관'이라고 부르는 것도 이러한 진보의 의미 때문입니다. 영어 'progress'에는 '진보'의 의미와 '발전(development)'의 의미가 모두 있습니다.

사실, 역사가 진보(발전)한다는 생각은 다윈의 '진화론'과 더불어 강력한 힘을 얻게 되었습니다. 물론 역사가 진보한다는 생각이 다윈의 진화론보다 훨씬 앞선다는 것은 분명한 사실입니다. 진화론의 효시로 알려진 다윈의『종의 기원』은 1859년에 초판이 나왔지만, 이보다 훨씬 앞선 1793년에 콩도르세는『인간 정신 진보의 역사적 개관』이라는 저서를 통해 "자연은 인간능력의 완성에 대해 어떠한 한계도 보여주지 않았으며, 인간의 완성은 진실로 무한하다"고 선언하고 있습니다. 다음의 제시문을 보면 역사의 진보개념이 오히려 다윈의 진화론에 영향을 주고 있었다는 점도 알게 됩니다.

[가]

진보의 개념은 수백 년 동안 그림자처럼 존재해오다가 마침내 산업혁명 시대에 서구인의 마음을 사로잡았다. 1835년 매콜리의 연설 한 대목을 들어보자. "우리는 진보의 편에 섰습니다. (중략) 영국의 역사는 결단코 진보의 역사입니다." 그리고 진보의 행진이 증기기관과 연소엔진을 달고 박차를 가하던 당시에 매콜리는 소리 높여 외친다.

"이것은 이동의 속도를 높여주었습니다. 이것은 거리의 제한을 없애주었습니다. 이것은 모든 비즈니스의 신속한 처리를 원활하게 해주었습니다. 이것이 있기에 인간은 저 깊은 바닷속까지 내려가고, 하늘 높이 날고, 땅속 깊이 유해한 구석까지 안전하게 파고들고, 마차가 없어도 자동차로 대지를 누비고, 바람을 가르며 시속 10노트로 달리는 배로 바다를 횡단할 수 있게 되었습니다. (중략) 이것은 결코 휴식을 모르고 결코 도달할 수 없고 결코 만족을 모르는 철학입니다. 이 법칙이 바로 진보입니다."

그리고 한쪽 모퉁이에서『종의 기원』이 모습을 드러내고 있었다. 1859년에 발간된 이 책은 다음과 같은 유명한 말로 끝을 맺는다. "오직 각 종(種)의 선(善)에 의해서 그리고 선(善)을 위해서 자연의 선택은 작동하기 때문에 모든 신체적·정신적인 천부적 자질은 완성을 지향하며 진보해나갈 것이다."

제이 그리피스,『시계 밖의 시간』

제이 그리피스가 위의 글에서 "진보의 개념은 수백 년 동안 그림자처럼 존재해오다가 마침내 산업혁명 시대에 서구인의 마음을 사로잡았다"라고 말한 의미는 무엇일까요? 사실 역사의 진보라는 생각은 계몽주의와 더불어 발생한 생각입니다. 계몽주의란 인간이 이성의 힘으로 세계에 대한 지식을 끊임없이 넓혀서 결국 완전한 지식에 이르게 될 것이라는 생각입니다. 17세기 갈릴레이나 케플러가 수학을 통해 자연현상을 해석해냈던 과정에도 이러한 생각이 담겨 있습니다. 또한 프랑스의 데카르트나 영국의 베이컨의 생각에도 이성에 대한 무한한 신뢰와 지식에 대한 무한한 기대가 담겨 있습니다. 인간은 이성을 통해 무한하게 지식을 확장해갈 것이라는 생각, 결국 인간의 역사는 계속 진보해갈 것이라는 생각입니다.

그런데 이러한 생각이 왜 산업혁명 시대에 서구인의 마음을 사로잡았을까요? 그것은 바로 생활의 급속한 변화가 눈에 보일 만큼 커졌기 때문입니다. 증기기관과 연소엔진을 통해 새로운 동력을 얻었던 19세기 서구사회는 새로운 기계나 기구가 끊임없이 등장하고 있었습니다. 이는 결국 세상에 대한 지식, 특히 과학기술의 증대를 이용해 생활이 점점 편리해졌음을 말하고 있는 것입니다. "세상 참 좋아졌어"라는 말과도 일맥상통하는 내용입니다. 일상생활의 눈에 보이는 변화, 매일매일 새로운 기계의 등장, 그리고 경제적 풍요로움, 이러한 것이 '진보'를 체감하게 했던 것입니다. 물론 이러한 변화와 풍요로움은 식민지 지배를 통해 가능한 것이었습니다. 19세기는 서구열강이 세계를 식민지화하려던 제국주의 시대이기도 했으니까요.

이러한 와중에 다윈의 『종의 기원』이 발표되었습니다. 다윈 진화론의 핵심은 '생존경쟁', '자연선택', '적자생존' 그리고 '진보'였습니다.

[나]

다윈은 자연에서도 한 생물 종의 많은 개체 가운데 환경에 잘 적응하는 특성을 가진 개체만이 생존경쟁에서 살아남게 될 것이라고 생각했다. 그러므로 이런 개체가 경쟁을 통해 긴 세월 동안 계속해서 번식에 성공함으로써 선택될 수 있다는 것이다. 결과적으로 물리적 환경조건 또는 개체 사이의 경쟁은 특정형질만을 선택하여 생물의 진화가 이루어지게 한다는 것이다.

다윈의 『종의 기원』에서 '기원'은 모든 생물체가 원시유동체나 살아 있는 분자로부터 유래한 과정에 대한 언급이 아니라, 한 생물종이 다른 종으로 전환함을 의미한다. 다윈은 궁극적인 생명의 기원에 대한 해석은 과학적 문제 이상의 것으로 생각하였다. 다윈의 진화론에 대한 논의는 자연에 많이 존재하고, 쉽게 관찰되는 생물의 변이로부터 시작된 것이다. 그러므로 다윈은 생물의 변화가 일어나는 진화라는 현상이 존재한다는 것은 너무나 당연하지만, 그 변화가 일어나는 기적을 설명하는 것은 훨씬 어려운 문제라고 했다. 결국 다윈은 생물이 시간의 흐름에 따라 변화하는 진화의 기적을 자연선택으로 설명할 수 있었고, 바로 자연선택이 진화의 원동력이라고 주장한 것이다.

고등학교 『과학사』 교과서

서양에서 다윈 이전에 있었던 사고방식에 의하면 생명은 당연히 신에 의해 창조된 것이었습니다. 그런데 이러한 창조론은 당시 고고학에서 발견한 화석을 설명하기에는 충분하지 않았습니다. 창조론으로는 멸종된 동물의 화석을 설명할 수 없었기 때문입니다. 기존의 창조론에 의하면 신이 만든 생명체는 그 자체로 신의 작품이므로, 생명체의 변화나 멸종에 대해 설명할 수 있는 논리가 부족할 수밖에 없었습니다. 그리고 똑같은 종(種)이라고 하더라도 지역환경에 따라 신체기관이 서로 다른 점에 대해서도 설명이 어려웠습니다. 그런데 다윈의 진화론은 생명체의 변화에 대해 신을 배제하고 설명할 수 있었습니다. 생명체는 변화하고 멸종한다는 것입니다. 그리고 그 변화와 멸종을 결정하는 것은 신이 아니라 자연환경이라고 했습니다. 생물학에서는 일종의 혁명적 내용이었습니다.

다윈 진화론의 논리에 대해 간단하게 살펴봅시다. 다윈에 의하면 모든 개체들은 생존을 위해 경쟁하고 있습니다(생존경쟁). 그리고 모든 개체는 개별적으로 차이가 있습니다. 그 가운데 주어진 환경에 가장 적합한 특징을 지닌 개체가 생존할 가능성이 가장 높고(적자생존), 따라서 그 개체의 특징을 지닌 후손이 번성하게 됩니다(자연선택). 환경에 적합하지 않은 개체는 자연적으로 도태될 수밖에 없습니다. 또한 자연선택에 의해 생존한 종의 특징은 이전의 것보다 개선되었으며, 발전된 형태의 특징을 지닙니다. 자연선택에 의해 단순한 하등생명체에서 복잡한 구조를 지닌 고등생명체로 진보하는 것도 가능합니다.

다윈의 진화론과 함께 19세기는 소위 진화주의(evolutionism)의 시기였다고 해도 과언이 아닙니다. 생명체의 진화처럼 사회나 문화도 낮은 단계에서 높은 단계로 진화해왔다는 생각이 당시 거의 모든 분야의 학자에게 일반적이었습니다.

19세기의 사회과학자들은 사회를 성장과정에 있는 일종의 유기체로 보았다. 이 유기체는 단순한 것에서 복잡하고 조직적인 것으로, 무질서에서 질서로, 일반성에서 특수성으로 성장한다. 사회의 성장과정은 몇 개의 단계로 구분되며 시작과 최종적 목표를 가진다. 이러한 사회의 성장이 곧 사회의 진보이며, 더 새롭고 더 진화된 사회가 더 나은 사회라는 것이었다.

당시의 저명한 인류학자 타일러와 모건 같은 이들은, 인간이 사용한 기술과 도구의 수준에 따라, 인간의 역사를 미개·야만·문명의 시기로 나누고, 인간의 역사는 '위로 발전해나가는 역사'라고 주장하였다. 그들은 고정된 인류의 성장단계상의 위치에 따라 각 문화를 분류하고 성장의 양식과 메커니즘을 설명해주는 척도를 고안하였다. 이들의 작업에는 세 가지 기본가정이 전제되어 있었다. 첫째, 현존하는 사회는 더 '원시적인 것' 또는 더 '문명화된 것'으로 분류되고 등급이 매겨질 수 있다. 둘째, 원시사회와 문명사회 사이에는 정해진 몇몇 단계가 존재한다. 셋째, 모든 사회는 속도는 상이하지만 동일한 순서로 이들 단계를 밟으며 진보한다.

이들 외에도 많은 학자가 사회적 복잡성의 증가 또는 지적, 종교적, 심미적 세련의 정도에 따라 진보를 측정하려 하였다. 물론 그들은 인류 역사상 벌어졌던 많은 어려움과 좌절을 잘 알고 있었다. 하지만 진보는 엄연히 존재하고 시간은 결국 인간에게 이로운 개념이라는 사상이 그들 마음속 깊숙이 자리 잡았다. 나아가 진화의 방향을 알 수 있다면 인간이 어떻게 행동해야 하는가도 알 수 있을 것이다. 예를 들어 스펜서는 진화는 종을 더 길고 더 편안한 삶으로 그리고 자손을 더 안전하게 키울 수 있는 방향으로 인도한다고 믿었다. 그러므로 인류의 사명은 이러한 가치를 키워나가는 것이다. 그리고 서로서로 협동하는 것이 그렇게 하는 방법이었다. 더 멋지게, '영구적으로 평화로운 사회'에서 살기 위해서 말이다.

G. J. 휘트로, 『시간의 문화사』

그런데 다윈의 진화론에 영향을 받아서 사회진화론이 성립되었는지, 사회진화론에 영향을 받아 다윈의 진화론이 성립되었는지에 대해서는 의견이 일치하지 않습니다. 따라서 우리는 두 가지가 서로 영향을 주고받았다고 생각해야 할 것입니다. 실제로 적자생존의 개념은 다윈이 쓰기 전에 사회진화론자였던 스펜서가 먼저 사용했다고 알려져 있습니다.

위 제시문에서 등장하는 타일러나 모건 모두 역사의 변화과정이 진보라고 생각하고 있습니다. 또한 이러한 변화과정은 일정한 단계가 있고, 그 단계를 거쳐야 다음 단계로 넘어갈 수 있으며, 이러한 단계는 인류의 모든 사회가 겪어야 하는 것이었습니다. 이것이 이들의 주장에 공통적으로 나타난 특징입니다. 그런데 이들에게는 중요한 공통점이 하나 더 있었습니다. 이들이 보기에 가장 높은 단계의 사회는 예외 없이 서양이었으며, 낮은 단계로 규정한 사회에 서양이 속한 경우는 없었다는 점입니다. 예를 들면 타일러는 종교의 발전 단계를 애니미즘, 다신교, 유일신교의 단계로 설명하고 있습니다. 가장 높은 단계는 기독교적 유일신교였습니다. 애니미즘이나 다신교 단계의 사회는 당연히 유럽의 식민지인 나라였습니다.

이러한 '발전 단계론'은 제국주의 이데올로기와 결합하여 서구의 식민지 지배를 정당화하는 논리로 자리 잡아갔죠. 또한 앞서 살펴본 진화론의 '적자생존' 개념에 의해, 인류생존과 번영에 가장 적합한 인종으로 유럽의 백인을 상정할 수 있었고, 나머지 유색인종에 대해서는 도태될 수밖에 없는 열등종으로 규정할 수 있게 되었습니다. 이러한 논리라면 유색인종 지역에 대한 유럽 백인의 식민지 지배는 오히려 당연한 것처럼 보이죠.

'오리엔탈리즘'이라고 들어본 적 있나요? 거의 모든 학문과 예술분야에서 서양에 대비해서 동양, 즉 오리엔트 지역문화를 서양보다 열등하다고 여기는 오리엔탈리즘은 서양인뿐만 아니라, 서양인이 만든 학문을 배우고 익힌 오리엔트 지역 사람도 지니고 있다고 합니다. 이러한 시각이 생기게 된 원인도 제국주의 시대의 '발전 단계론'에 있다고 볼 수 있습니다.

이러한 생각은 식민지에도 급속도로 퍼지게 됩니다. 식민지였던 우리나라나 반식민지였던 중국에서도 20세기 초에 '적자생존'이나 '우승열패'라는 말이 자주 등장합니다. '우승열패'라는 말은 우수한 종족은 승리하고 열등한 종족은 패배한다는 의미입니다. 자신들이 식민지로 전락한 이유가 바로 자민족이 열등한 위치에 처하게 되었기 때문이라고 생각하고, 민족의 각성과 변화를 강조하기에 이릅니다. 사실 이것이 제국주의 시기, 식민지에서 저항적 민족주의가 성장하게 된 발단이 되기도 합니다.

이제 발전사관의 쇠퇴과정에 대해서도 간단하게 설명하기로 하겠습니다. 유럽 제국주의 시대를 마무리하는 사건은 1, 2차 세계대전이라고 볼 수 있습니다. 낮은 단계에서 높은 단계로 끝없이 발전할 것 같았던 유럽세계는 두 차례 전쟁을 통해 폐허가 되고, 유럽 전역을 휩쓴 흑사병에 의한 희생보다 더 많은 사람이 전쟁으로 죽습니다. 진보의 상징이었던 과학기술은 최첨단 전쟁 무기, 즉 스스로를 보다 효율적으로 죽이는 도구로 되돌아왔습니다. 이러한 경험을 통해 사람들은 유럽문명 자체에 대한 반성에 이르게 됩니다. 사실 상대주의적 역사관이나 허무주의적 역사관이 등장한 것이 바로 기존의 '발전'이라는 개념에 대한 회의와 반성에서 기인합니다.

때마침 생물진화론에 대한 다른 시각이 자리 잡기도 합니다. 생물진화론의 변화는 인정하되, 거기에서 진보는 제거됩니다. 예를 들어 개체의 변화는 돌연변이에 의해 이루어지지만, 그 돌연변이는 자연환경에 맞춰서 생기는 것이 아니라 유전적 조합에 의해 우연하게 만들어지는 것이며, 우연히 자연환경에 적합한 돌연변이가 생기면 그것이 자연선택된다는 논리입니다. 여기에 우연하게 선택된 것이라면 '진보'라는 개념은 무의미할 것입니다. 또한 자연환경이라는 것도 시간과 장소에 따라 다르므로, 그것에 적합한 개체의 특징을 '진보'라고 할 수 없게 됩니다. 요컨대 현대 생물학에서 진화론은 생명체의 변화와 자연선택은 인정하되, 그것이 '진보'라는 생각은 인정하지 않는 경향이 있습니다. 여기에서도 유럽문명에 대한 반성이 먼저인지, 진화론의 시각변화가 먼저인지는 일치된 의견이 없습니다. 양자가 상호작용했을 것이라는 정도로 생각하는 것이 좋겠습니다.

마지막으로 한국의 대표적인 사회생물학자인 최재천과 인문학자인 도정일이 '진보'와 '진화'에 대한 생각을 나누고 있는 제시문을 보겠습니다. 이 두 사람이 뭘 말하려는지 생각해보도록 합시다. 아마 우리는 그 의미를 이미 알고 있을 것입니다.

[라]

최재천 : 진화의 전체 흐름을 보면 단순한 생물이 우리처럼 복잡하고 다양하게 진화해왔으니 당연히 어떤 형태의 진보개념을 상상할 수도 있겠죠. 이 문제를 한마디로 해결하기는 상당히 어려워요. 예를 들어 다윈의 진화론에서는 소진화와 대진화를 나눠서 이야기하는데요,

소진화는 유전자 수준에서 벌어지는 변화고, 대진화는 그 결과로 나타나는 커다란 현상을 말합니다. 소진화를 이야기할 땐 사실 별 문제가 없어요. 소진화에는 '진보' 개념이 들어가려야 들어갈 수가 없어요. 유전자가 뇌를 가진, 생각하는 존재도 아니고, "유전자들아, 우리 좀 더 잘해보자!" 이럴 리도 없다는 거죠. 유전자 간의 갈등과 경쟁 사이에서 돌연변이도 생기고, 모두가 우연투성이인데 거기서 무슨 '진보적인' 방향을 잡겠어요. 그러나 이런 소진화의 단계를 거쳐서 대진화로 넘어가면 문제가 결코 단순한 게 아닙니다. 이건 생물학이 가지고 있는 어려움이자 동시에 상당한 매력이기도 합니다. 물리학이나 화학은 기본적으로 환원주의적 학문이잖아요. 쪼개고 쪼개서 부분을 보고 그 부분으로 전체를 끼워 맞추는 학문이죠. 그런데 생물학은 그렇지 않잖아요. 분자에서 단백질로, 단백질에서 조직으로, 조직에서 생명체로 하나의 단계를 밟아 올라갈 때마다, 환원주의적인 것으로 설명하기에는 너무 많은 요소가 개입하고 구성부분의 합으로는 설명할 수 없는 현상이 나타납니다.

　도정일 : 복잡성의 영역에 들어오면 '진보'라는 것이 있는지 없는지 결코 말할 수 없다, 좋은 얘깁니다. 생명체의 진화 못지않게 복잡한 것이 인간의 역사인데, 그 역사라는 것에 진보가 있느냐 없느냐 하는 문제는 여전히 논란거리로 남아 있습니다. '진보'라는 말이 나오면 사람들은 곧장 '마르크시즘'을 연상하죠. 그런데 그게 그렇지 않습니다. 진보란 것이 인간 사상계에 등장한 역사는 겨우 약 200년 전입니다. 진보사상을 띄워 올린 것은 근대과학과 계몽철학이죠. 과학, 이성, 합리적 기획을 합치면 인간사회는 '진보'할 수밖에 없다는 것이 근대 이데올로기죠. 거기에 불행하게도 정치 제국주의가 결합하였습니다. 진보라는 것이 어떤 주어진 방향이나 목표를 향한 역사의 필연적 진행을 의미하는 것이라면, 역사에 진보가 있는지 없는지는 저도 선생님의 표현대로 '결코' 말할 수 없습니다. 역사가 진보했는지 어떤지는 그 역사라는 것이 끝나는 지점에서만 알 수 있겠죠. 저는 그때까지 살 생각이 없어요. (하하하)

　　　　　　　　　　　　　　　　　　　　　　　　　　　　　　도정일 · 최재천, 『대담』

# 3
## 역사는 진보하는 것이 아니라는 관점

'역사가 진보한다'는 생각과 믿음은 현대사회에서 여러 가지 논란에 부닥칩니다. 이러한 논란은 진보, 발전이라는 개념이 서양중심적이었으며 물질중심적이었다는 반성을 담고 있습니다. 1, 2차 세계대전 이후에 나온 이러한 반성으로 역사의 발전, 진보에 대한 문제제기가 상당히 큰 힘을 얻게 됩니다. 상대주의적 역사관도 이러한 문제제기의 연속선상에서 발달하고 발전한 관점입니다. 이에 대해서는 앞서 간단하게 언급했습니다. '역사가 진보한다'는 생각은 계몽주의의 산물입니다. 이것도 앞서 간략하게 말한 바 있죠. 그렇다면 계몽주의시대 이전에는 역사변화를 어떻게 생각했을까요? 그때는 역사를 진보, 발전의 관점으로 보지 않았습니다. 즉 역사는 진보하는 것이 아니라고 생각했죠.

역사가 진보하지 않는다는 생각을 대표하는 관점에는 역사순환론과 역사종말론이 있습니다. 그런데 역사순환론과 역사종말론에 대해 설명하기 전에 짚고 넘어가야 할 것이 있습니다. 역사의 진행에 대한 관점은 크게 두 가지로 나뉠 수 있다는 점입니다. 하나는 역사의 변화가 일정한 목표지점을 향해 직선적으로 진행된다고 생각하는 관점이고, 다른 하나는 역사의 변화가 흥망성쇠, 생로병사의 과정대로 끊임없이 순환된다고 생각하는 관점입니다. 전자를 직선적 역사관이라고 하고 후자를 순환적 역사관이라고 합니다. 앞서 다룬 '역사가 진보한다'는 관점도 직선적 역사관의 범주 안에 속합니다. 인간의 지적 능력과 도덕적 능력이 끝없이 넓어지고 높아진다는 생각입니다. 직선적 역사관에는 진보론적 역사관뿐만 아니라 종말론적 역사관도 포함됩니다. 일정한 목표에 도달하면 역사는 종결된다는 생각입니다. 진보론적 역사관과 종말론적 역사관이 모두 직선적 역사관에 속합니다. 이제 본격적으로 '역사란 진보하는 것이 아니다'라고 생각하는 두 입장, 즉 역사순환론과 역사종말론에 대해 살펴보기로 합시다.

### 순환론적 역사관

순환적 역사관은 중국이나 그리스 같은 고대문명에서는 자연스러운 역사관이었습니다. 오히려 직선적 역사관이 이례적인 관점이었죠. 직선적 역사관은 유대교, 기독교적 역사관의 산물이었습니다. 이에 대해서는 잠시 후에 알아보기로 하고 먼저 역사 순환론부터 살펴봅시다.

순환론적 역사관은 역사가 말 그대로 돌고 돈다는 관점입니다. 순환론적 역사관의 특징은 일반적으로 다음과 같습니다.

[마]

　고대의 순환론적 역사이해는 몇 가지 특성을 지니고 있다. 첫째로 그것은 역사진행을 인간의 생애가 겪는 과정에 따라서 사고하는 면이 있다. (중략) 다음으로, 순환론적 역사이해는 한 민족의, 한 국가의 삶이 단순히 흥망성쇠의 순환과정을 겪는다고 사고하는 경지를 넘어서서, 보다 넓은 차원으로 세계가 주기적으로 몰락했다가 재건된다는 사상을 또한 지니고 있었다. (중략) 셋째, 순환론적 역사이해에는 세계가 창조된 후에 행복한 황금의 시기가 있었고, 그 후로는 역사가 점차로 타락의 방향으로 나아가고 있다고 보는 사고특성이 있다. (중략) 끝으로 언급될 수 있는 바는 순환론적 역사이해에는 과거역사로부터 현재에 필요한 교훈을 얻어내고자 하는 사고특성이 있다는 점이다.

이상신, 『역사학개론』

　위의 제시문을 보면 순환론적 역사관의 특징은 크게 네 가지입니다. 인간의 생애주기를 민족이나 국가에 적용시켰다는 점, 세계의 주기적 몰락과 재건을 상정한다는 점, 최초의 시기를 가장 좋은 시기라고 본다는 점, 역사에서 교훈을 얻으려고 한다는 점이 그것입니다. 인간의 생로병사처럼 일정한 문명도 생로병사를 겪게 된다는 것이고, 이에 따라 죽음(몰락)과 탄생(재건)이 반복된다는 것입니다. 또 처음으로 문명이 시작되었을 때가 가장 순수하고 가장 아름다운 상태이고, 점점 타락하고 쇠퇴해가며, 결국 죽음(몰락)에 이른다는 의미입니다. 아울러 이는 주기적으로 반복되기 때문에 과거를 알면 현재를 이해할 수 있다는 생각입니다. 자연이 순환적이기 때문에 인간(사회) 역시 순환적이라는 것입니다. 봄에서 여름으로, 여름에서 가을, 겨울이 지나면 다시 봄이 옵니다. 우리가 살아가는 환경도 시간의 흐름에 따라 순환한다는 점을 생각해보면 순환론적 역사관이 인류문명 최초의 역사관이자 시간관이라고 유추하는 데 별다른 어려움이 없을 것입니다.

　최초의 역사 서술가라고 평가받는 그리스의 헤로도투스도 "인간의 역사는 하나의 순환이다. 그것은 회전하며, 항상 같은 결과를 낳는 것을 허락하지 않는다"

라고 말한 바 있습니다. 순환론적 역사관은 그리스 역사가의 일반적인 관점이라고 할 수 있습니다. 이러한 생각은 로마시대까지 이어지는데, 교부철학의 대표자였던 아우구스티누스도 역사에 대해 "마치 개가 자기 꼬리를 물고 뱅뱅 도는 모습과 같다"고 서술했습니다.

기독교는 기본적으로 직선적 세계관이라고 볼 수 있습니다. 전체적으로 신의 뜻에 의해 역사가 진행되고, 결국 신의 뜻에 의해 최후 심판의 날이 있기 때문입니다. 그럼에도 홍수를 통해 타락한 인류를 멸망시킨 후 노아를 통해 다시 번성하게 하고, 타락한 이스라엘 민족을 이집트의 노예로 만들었다가 모세를 통해 다시 구원했던 성경기록은 종말 이전에 순환적 역사관을 보여주고 있다고 할 수도 있습니다.

그런데 이러한 순환론적 역사관은 서양에서만 있었던 것이 아닙니다. 고대 중국에서도 순환론적 역사관은 일반적인 생각이었습니다. 다음은 유교경전인 『예기』의 「예운편」에 등장하는 말입니다. 여기서 순환론적 역사관의 특징이 그대로 드러납니다.

[바]

공자가 말씀하였다. "옛날 큰 도가 행해진 일과 3대(하·은·주)의 영현(英賢)한 인물이 때를 만나 도를 행한 일을 내가 비록 눈으로 볼 수는 없었으나 3대의 영현이 한 일에 대해서는 기록이 있다. 기록에 따르면, 큰 도가 행해진 세상에서는 천하가 모두 만인의 것이었다. 사람들은 현자(賢者)와 능자(能者)를 선출하여 관직에 임하게 하고, 온갖 수단을 다하여 상호간의 신뢰친목(信賴親睦)을 두텁게 하였다. 그러므로 사람들은 각자의 부모만을 부모로 하지 않았고 각자의 자식만을 자식으로 하지 않았으며, 노인에게는 생애를 편안히 마치게 하였으며 장정에게는 충분한 일을 시켰고, 어린이는 마음껏 성장할 수 있게 하였으며 과부, 고아, 장애인 등은 고생 없는 생활을 하게 하였고, 성년 남자에게는 직분을 주었으며, 여자에게는 그에 합당한 남편을 갖게 하였다. 재화(財貨)라는 것이 헛되이 낭비되는 것을 미워하였지만 단지 자기만 사사로이 독점하지 않았으며, 힘이란 것은 사람의 몸에서 나오지 않으면 안 되는 것이지만 그 노력을 단지 자기 자신의 사리(私利)를 위해서만 쓰지는 않았다. 모두가 이러한 마음가짐이었기 때문에 (사리사욕에 따르는) 모략이 있을 수 없었고, 절도나 폭력도 없었으며 아무도 문을 잠그는 일이 없었다. 이것을 대동(大同)의 세상이라고 말하는 것이다."

"지금 세상은 대도(大道)는 이미 없어지고 사람들은 천하를 자기 집으로 생각하였다. 그래서 각기 내 부모만을 부모로 생각하고 내 아들만을 아들로 생각하였으며, 재화를 사유(私有)하고 노력은 사리(私利)를 위해서만 사용된다. 천자와 제후는 세습하는 것을 예의로 알며, 성곽과 구지(溝池)를 외적으로부터 스스로 지켜야 한다고 알고 있다. 예의를 기강으로 내세워 그것으로 임금과 신하의 분수를 바로잡으며, 부자(父子)를 돈독하게 하고, 형제를 화목하게 하며, 부부를 화합하게 한다. 제도를 설정하고 전리(田里)를 세우며 지혜와 용맹을 존중하고, 공(功)은 자기를 위한 일에 이용한다. 간사한 꾀가 이 때문에 일어나고 전쟁도 이로 인해 일어난다. 우왕(禹王), 탕왕(湯王), 문왕(文王), 무왕(武王), 성왕(成王), 주공(周公)은 이 예도(禮道)를 써서 뛰어난 업적을 이루었다. 이 여섯 사람의 군자 가운데 예를 삼가지 않은 사람은 없다. 즉 이들 여섯 왕은 모두 예의를 지킨 사람이고, 예의로써 각자의 도를 헤아렸으며, 백성의 신망을 모았고, 적의 죄과를 밝혔으며, 인애(仁愛)와 겸양(謙讓)의 도를 강설(講說)하여 백성에게 보여주었다. 만일 이 법에 따르지 않는 자가 있으면 권세의 지위에 있는 자라 할지라도 백성으로부터 배척당하여 끝내는 멸망할 것이다. 이러한 세상을 소강(小康)의 세상이라고 한다."

* 사제(蜡祭) : 12월에 만신(萬神)을 합하여 행하는 제사

* 소강(小康) : '조금 편안하다' 또는 '겨우 편안하다'는 뜻이다.

『예기』, 「예운편」

위 제시문에서 공자의 말에는 과거를 이상적으로 그리는 내용이 묘사되어 있습니다. 이는 구체적으로 요(堯)임금과 순(舜)임금의 시대입니다. 요와 순은 유교에서 가장 완벽한 임금으로 숭배하는, 전설적인 인물입니다. 그들은 정치로써 '크게 동등한' 시대, 즉 '대동(大同)'의 시대를 만들었습니다. 그런데 시간이 흐르면서 점점 세상이 타락하고 '크게 동등한' 시대에 못 미치게 되었고, 이에 따라 일정한 제도를 만들어 사람들의 본보기로 삼지 않으면 안 되는 시기, 그렇게 해야 '조금이라도 편안한' 시기, 즉 '소강(小康)'의 시기가 될 수 있었다는 내용이죠. 여기에서 역사 흐름을 평가하는 기준은 명확하게 정치 · 윤리적 기준입니다. 그리고 그 기준에서 볼 때 역사의 변화과정은 명백하게 '퇴보'라고 상정하고

있습니다. 이러한 소강의 시기는 언제든지 '어지러운' 시기, 즉 '난세(亂世)'로 변할 가능성이 있는 시기이기도 합니다. 따라서 소강의 시대를 다시 대동의 시대로 되돌리는 것이 공자의 정치적 이상이었으며, 유학자의 정치적 목표였습니다. 따라서 유학자가 정치를 하는 이유는 역사를 과거의 이상시대로 되돌려 대동의 시대를 여는 것이라고 할 수 있습니다. 위에서 언급하고 있는 대동시대(요순시대)는 아직 역사적으로 존재했는지 밝혀지지 않았습니다. 마치 에덴동산과 같은 이상향이 아니었나 생각됩니다.

중국에서는 자연과 역사를 음양(陰陽)과 오행(伍行)으로 해석하는 것이 전통적인 세계관이었습니다. 음의 성격이 강해져서 극한에 이르면 다시 양의 성격이 점점 강해지는 것으로 삼라만상을 설명했죠. 역사의 흥망성쇠도 음과 양으로 설명이 가능했습니다. 그리고 이러한 음양을 좀 더 구체적으로 표현한 것이 오행입니다. 나무(木), 불(火), 흙(土), 쇠(金), 물(水)이 오행입니다. 나무에서 불로, 불에서 흙으로, 흙에서 쇠로, 쇠에서 물로, 물에서 다시 나무로 순환하는 것이 바로 오행론의 핵심이자 인간과 자연변화의 핵심이기도 했죠. 중국인은 기본적으로 인간이나 자연, 사회나 역사 모두 음양오행의 끝없는 순환과 작용에 의해 변화한다고 생각했으니, 순환론적 역사관을 가지고 있는 것도 당연해보입니다. 그리고 앞에서도 밝힌 것처럼 1년을 주기로 봄, 여름, 가을, 겨울이 순환하고 농경사회에서 자연의 변화에 대한 순응이 강조된다는 점을 고려하면 순환론적 역사관은 전통사회 역사관으로 자연스럽습니다.

그런데 이러한 순환론적 역사관은 농경사회에만 있었던 것은 아닙니다. 18세기에 이탈리아 철학자 비코에 의해서 등장했으나 19세기 소위 '발전사관'에 의해 자취를 감추었다가 다시 20세기에 슈펭글러나 토인비에 의해 재등장하기도 합니다.

[사]

순환론적 역사이해는 고전고대인의 역사사상으로만 끝나지 않았다. 그것이 중세에는 역사를 목적지향적이고 직선적인 진행으로 사고하는 신학적 역사관에 의해 극복되기는 했지만, (중략) 그것은 18세기에는 역사진행을 순류와 역류의 순환으로서, 즉 진행과 몰락의 항상 새로운 반복과정으로서 이해했던 비코의 이른바 나선형적(spiral) 역사 순환론을 통해 변형된 모습으로 나타나기도 했다. 그러나 19세기 이래로 역사진행은 어디까지나 '발전적'인 것으로 이해되고 있으므로 순환론이 논의될 여지는 거의 사라진 듯했다. (중략) 순환론적 역사이해는 비전문적인 역사가인 슈펭글러에 의해 다시 등장하게 됐다. 그는 고대의 순환론적 역사이해에서의 첫 번째 사고특성인 역사진행을 인간의 생애과정처럼 이해하는 형식으로 세계사의 진행을 관찰했다. 그는 세계사 속에서 8개의 문화권을 분류하였고, (중략) 각 문화권은 유년기·청년기·장년기·노년기의 과정을 겪으며, 이 과정에서 처음의 창조의 시기인 '문화(Kultur)'의 시대가 오고, 그 다음에는 쇠퇴의 시기인 '문명(Zivilisation)'의 시기가 오며, 이러한 전환은 문화의 몰락이 시작되는 것이라고 한다. (중략) 슈펭글러 다음으로 토인비가 또한 비슷한 역사이해를 보여주었다. (중략) 그는 역사진행을 '도전과 응전'의 과정으로 파악하면서 세계사 속에서 28개의 문화권을 분류하여, 이들을 제대로 발육 또는 성장하지 못했던 '유산된' 문화권(2), 도전을 극복하지 못한 '저지당한' 문화권(5), 그리고 응전에 성공해온 문화권(21) 등으로 구분했다. 그는 이들 가운데 응전에 성공한 21개의 문화권들을 각각의 성장, 발전, 노쇠, 몰락의 과정 속에서 서술해나갔다.

이상신, 『역사학개론』

그런데 이러한 순환론적 역사관은 분명한 단점이 있습니다. 그것은 하나의 민족이나 문화의 흥망성쇠를 기준으로 하고 있다는 점입니다. 일정한 문명은 분명 성장하기도 했고, 쇠퇴하기도 했습니다. 명백하게 순환하는 것처럼 보입니다. 그러나 인류전체로 본다면 결코 순환한다고 보기 어렵습니다. 일정한 국가나 문명, 또는 민족이 성장하고, 그 성장과정에서 만들어진 문화가 주변 문화권에 전파되고, 전파된 문화는 다시 변형되고, 새롭게 창조된다고 볼 수 있습니다. 인류역사에서 일정한 시기에 지배적 문화에 속한 문명이 몰락했다고 인류전체가 몰락한 것은 아닙니다. 요컨대 20세기 순환론적 역사관이나 고대의 순환론적 역사관은 모두 일정한 국가나 일정한 문화의 탄생·성장·쇠퇴·멸망의 과정은 설명할 수 있지만, 인류전체의 역사는 설명하기 어렵습니다. 인류문화의 총량은 분명 더 다양해지고, 더 많아졌다고 할 수 있습니다.

## 종말론적 역사관

순환론과 대조적인 것이 직선론입니다. 역사가 순환한다는 생각은 앞에서도 살펴본 것처럼 농경사회의 특징이기도 했습니다. 그런데 유일신교인 기독교의 사상으로 보면 역사에 '심판의 날'이 존재합니다. 따라서 역사의 진행은 심판의 날이라는 목표지점에 점점 가까워지는 것과 다를 게 없습니다. 이 때문에 기독교적 역사관을 직선적 역사관이라고 하고, 종말론적 역사관이라고도 하는 것입니다. 이러한 역사관은 기독교가 유럽세계를 지배하던 시기에는 일반적인 역사관이었습니다.

[아]

역사적 과정이 나아가는 전방에 하나의 목표점을 가정함으로써 아주 새로운 요소를 끌어들인 것은 유대인이었고, 나중에는 기독교도였다. 이리하여 역사는 그 의미와 목적을 갖게 되었지만, 그 대신 현세적인 성격을 잃고 말았다. 역사의 목표점에 도달한다는 것은 자동적으로 역사의 종말을 의미한다. 다시 말해서, 역사 그 자체가 변신론(辯神論)이 된 것이다. 이것이 중세적 역사관이었다.

E.H. 카, 『역사란 무엇인가』

모든 역사는 우주를 창조한 유일신의 섭리에 의해 진행된다는 것이 유대교와 기독교의 역사관입니다. 이 역사관으로 볼 때 역사 자체가 신을 변호하는 내용(변신론)으로 이루어져 있습니다. 기독교 성경(Bible)을 보면 구약과 신약으로 나뉘는데, 특히 구약은 유대민족의 역사와 문화의 진행과정을 설명하고 있습니다. 그 역사과정에는 항상 신의 뜻이 있어서, 신의 뜻대로 이루어진 역사가 구약성경의 주요내용입니다. 그래서 구약성경은 역사서이기도 하고, 신의 뜻이 담겨 있는 성경이기도 합니다. 유대교나 기독교에서는 구약의 내용을 절대적 진리라고 생각합니다.

유럽에서 중세는 기독교 신앙의 시대였습니다. 따라서 중세시대에는 역사 자체를 변신론(辯神論)적으로 생각할 수밖에 없었습니다. 또한 기독교에서 믿는 신약은 예수와 사도의 주요 행적과 함께, 예수의 재림과 최후의 심판에 대해 예언하고 있습니다. 이렇게 기독교 성경은 인류의 과거기록과 미래예언이 함께 존재하고 있는 것입니다. '완벽한' 역사서였죠. 결국 기독교 성경 내용을 절대적인 것으로 믿는 기독교인에게 인류의 역사는 최후심판을 향해 나가는 신의 섭리 자체였던 것입니다. 아래 글은 마크 브로흐의 말인데, 기독교와 성경의 이와 같은 관계를 잘 표현해주고 있습니다.

[자]

기독교도는 신화나 성전 대신에 역사서를 가졌다. 성서는 하나의 장대한 역사서다. 인류의 타락과 최후심판 사이에 벌어질 인류의 운명, 원죄와 속죄의 일대 드라마가 시간, 즉 역사로서 전개되는 것이다. (마크 보로흐)

박성수, 『역사학 개론』

종말론적 역사관, 즉 기독교적 역사관에서 한 가지 더 기억해야 할 것이 있습니다. 기독교적 역사관은 앞에서 살펴본 유교의 '대동세계' 역사관과 공통점과 차이점이 있다는 것입니다. 우선 공통점은 둘 다 이상사회를 아주 먼 옛날에 두고 있다는 점입니다. 유교에서는 '대동세계'였고, 기독교에서는 '에덴동산'이었습니다. 이상향과 관련해서는 모두 역사의 퇴보를 전제로 하고 있습니다. 물론 기독교적 역사관에 의하면 역사의 진행을 퇴보로도 진보로도 해석이 가능합니다. 최후심판은 인류의 타락을 전제로 한다는 점에서 퇴보입니다. 이와는 달리 역사진행을 신의 섭리로 본다는 점에서 역사는 진보로도 볼 수 있죠. 그럼에도 '에덴동산'과 관련된 내용에서는 분명 역사가 퇴보했다는 시각이 담겨 있습니다.

양자 사이에는 차이점도 분명하게 존재합니다. 유교에서 '대동세계'는 지금도 추구해야 하는 가치였고, 다시 구현할 수 있는 세계였습니다. 그러나 기독교에서 '에덴동산'은 아담과 이브가 죄를 지어 쫓겨난 곳이며, 다시는 돌아갈 수 없는 곳입니다. 이것이 순환적 역사관과 직선적 역사관의 차이겠죠. 하나는 과거로 다시 돌아갈 수 있지만, 하나는 절대로 과거로 돌아갈 수 없습니다.

중세시대 유럽에서 기독교적·종말론적 역사관은 그 이전의 역사관, 즉 순환론적 역사관을 대체합니다. 그리고 이후 유럽역사의 전환점이었던 르네상스를 거쳐 계몽사상가에게 절대적인 영향을 미칩니다. 물론 계몽사상가는 종말론적 역사관이나 신학적 역사관을 거부하죠. 하지만 큰 의미에서 직선적 역사관, 종말론적 역사관을 계승하는 '진보론적 역사관'이 형성됩니다. 18세기 계몽사상을 대표하던 볼테르에 관한 다음의 글을 봅시다.

[차]

공인된 기독교 역사가나 철학자를 빼고 생각하더라도 가령 18세기 계몽사상가로서 자신을 '기독교 박멸운동의 기수'라고까지 공언한 볼테르는 기독교사관 속에 숨어 있는 '천국과 지옥'의 이분법적 해석원리를 '이성과 비이성'의 대립으로 번안하여 세속화시키고 있다. 즉 그는 말하기를 "이성은 금이요, 비이성은 구리이고, 역사는 이성(도덕)과 비이성(비도덕)의 투쟁사"라고 했다. 그러나 이 투쟁에서 이성이 승리하여야 한다. 그러기 위해서 그는 또다시 신을 설정하지 않을 수 없었다. 이런 뜻에서 그는 "만일 신이 존재하지 않는다면 신을 만들어내야 한다"고까지 말했던 것이다. 볼테르의 대용신(代用神)이야말로 다름 아닌 초시대적인 보편적 이성이었다. 그래서 크로체는 볼테르의 역사철학을 세속신학이라 불렀던 것이다.

박성수, 『역사학개론』

볼테르는 역사를 이성과 비이성의 투쟁으로 보았습니다. 또한 이성에 의한 역사의 끝없는 진보를 생각한 사람입니다. 그의 생각에 따르면 이성과 비이성의 투쟁에서 이성이 반드시 승리해야 합니다. 그래야 이성에 의해 역사가 끝없이 진보할 있게 되죠. 그런데 이 투쟁에서 이성이 반드시 이긴다는 보장이 없습니다. 이성이 승리할 수 있게 보장해주는 장치가 필요하겠죠. 그래서 이성의 승리를 보장해줄, 그리고 사람들에게 그러한 확신을 심어줄, "신을 만들어 내야 한다"고 주장하게 된 것입니다.

정리하면, 종말론적 역사관은 기독교에 기반합니다. 기독교적 역사관은 역사를 돌이킬 수 없는 것, 즉 직선적인 것으로 생각했으며, 역사진행을 퇴보로도 진보로도 생각할 수 있는 관점이었습니다. 그리고 그것은 서양에서 계몽주의 사상과 결합해 소위 '발전사관', 혹은 '역사는 진보한다는 관점'에 절대적인 영향을 주었습니다.

1. 역사진화론과 생물진화론의 공통점과 차이점에 대해 설명하시오.

2. 순환적 역사관과 직선적 역사관을 비교해보시오.

3. '역사는 진보했는가?'라는 질문에 대하여 자신의 견해를 이유와 사례를 통해 설명해보시오.

**179**

역사의 진보 ● 역사는 진보하는가? 그 방향은 과연 어디인가?

# 1
## 찰스 다윈, 『종의 기원』

자연도태는 오직 각 생물이 모든 생활기에 놓여지는 무기적 및 유기적 상태에서 유리한 변이를 보존하고 축적함으로써 작용하는 것이다. 그 궁극적인 결과는 각 생물이 그 상태에 관하여 점점 더 잘 개량되는 경향을 낳는다. 이 개량은 필연적으로 온 세계 수많은 생물의 체제를 연차적으로 개량시킨다.

그러나 여기서 우리는 꽤 까다로운 문제와 맞닥뜨리게 된다. 왜냐하면 이러한 체제의 진보가 무엇을 의미하는지에 대하여 박물학자는 아직 만족스러운 정의를 내리고 있지 못하기 때문이다. 척추동물에 있어서는, 지력(智力)의 정도라든가 구조상으로 보아 인간에 가까운 것이 분명 문제가 된다. 신체의 여러 부분과 기관이 그 배(胚)로부터 성숙할 때까지 발달하는 과정의 변화량이 비교의 표준이 되는지도 모르지만, 그러나 기생하는 어떤 갑각류에서 볼 수 있는 것과 마찬가지로 구조의 여러 부분이 점점 불완전하게 되어서 성숙한 동물이라고 해서 반드시 자기의 유충보다 더 고등한 것이라고는 할 수 없는 경우가 있다.

폰 바에르(von Baer)의 표준은 가장 멀리 적용되며, 또한 가장 우수한 것으로 생각된다. 동일한 개체(나는 이것이 성숙한 상태의 것이라고 덧붙여 말해둔다)에 있어서의 여러 부분의 분화량(分化量), 여러 가지 기능에 대한 특수화, 그리고 에드워드가 주장하는 이른바 생리적 분업의 완성이 바로 그것이다.

그러나 이 문제가 얼마나 모호한 것인지는 어류를 예로 들면 알 수 있는데, 어떤 박물학자는 상어와 같은 가장 양서류에 가까운 것을 최고로 내세우고, 반면 다른 박물학자는 그것이 엄밀히 어류이고, 또 다른 척추동물의 강(綱)과 지극히 다르다는 점에서 어떤 경골(硬骨)어류를 최고로 내세우고 있다. 또한 우리는 식물을 볼 때 이 문제가 한층 더 모호한 것을 알 수 있는데, 식물에는 말할 것도 없이 지력의 표준은 완전히 제외된다. 그리고 여기에서 어떤 식물학자는 꽃받침이며 꽃잎이며 수술 및 암술 같은 모든 기관이 각각의 꽃에서 충분히 발달된 것을 최고로 내세우는 반면 다른 식물학자는 그 이상의 진리를 가지고 여러 기관이 심하게 변화되고 그 수가 적어진 것을 최고로 본다.

만약 우리가 성숙한 상태에 있는 각 생물의 여러 기관이 분화 및 특수화(여기에는 지력의 목적을 위한 뇌의 발달도 포함된다)의 양을 고등한 생물의 체제표준으로 한다면, 자연도태는 분명 이 표준을 향하여 유도되어 간다고 할 수 있다. 왜냐하면 모든 생리학자가 말하는 바에 의하면 기관의 특수화는 기관이 그 상태 중에 기능을 가장 잘 발휘하는 한, 그 생물에게는 유리한 것으로 인정되기 때문이다. 따라서 특수화되는 방향으로 진행되는 변이의 축적은 자연도태의 범위 안에 속하게 되는 것이다. 이에 비해 모든 생물이 높은 비율로 증가하고, 또한 자연질서 속에서 아직 점령되지 않았으나 또는 완전히 점령되지 않은 장소를 획득하려고 노력하고 있는 점을 생각하면, 자연도태가 어떤 생물을 여러 기관에 쓸모없거나 또는 방해가 되는 장소에 차츰 적응시켜 간다는 것은 있을 수 있는 일임을 이해할 수가 있다.

이러한 경우에는 체제의 퇴화가 행해지는 셈이다. 체제라는 것이 전체에 있어서 아주 먼 지질시대로부터 현재까지 실제로 진보되어왔는지 어떤지는 '생물의 지질학적 계승'에 관한 장에서 논하는 것이 편리할 것이다.

그러나 다음과 같은 반대론이 있을 수도 있다. 그것은 이렇게 모든 생물이 그 각각의 단계에서 상승하려는 경향을 갖는다면, 아직도 최하등 형체가 이 세계에 무한히 존재하고 있는 것은 어떻게 된 일인가? 또한 각각의 큰 강(綱)에 속하는 어떤 형태가 같은 강에 속하는 다른 형태보다 더 고등한 발달을 이루고 있는 것은 어찌된 일인가? 그뿐 아니라 왜 어디서나 훨씬 더 많이 발달한 형태가 덜 발달한 형태를 대치하여 소멸시키지 않는가?

모든 생물이 본능적으로 완성의 방향으로 나아가려는 경향을 지니고 있다고 믿었던 라마르크(Lamark) 씨는 이러한 난점을 절감했던 듯하다. 그래서 그는 새롭고 단순한 형태가 끊임없이 자연적으로 발생하고 있다고 가정하기에 이르렀다. 먼 미래의 일은 알 수 없지만, 과학은 아직 이러한 견해가 옳은지 어떤지 입증하지 못하고 있다.

그러나 나의 학설에 의하면 하등생물의 연속적인 존재에는 아무런 난점도 개재되지 않는다. 왜냐하면 자연도태 또는 최적자 생존은 반드시 진보적인 발달을 포함한다고만 할 까닭이 없기 때문이다. 그것은 오직 그 복잡한 생활관계 아래에서 각 생물에게 일어난 유리한 변이를 이용하는 데 지나지 않기 때문이다. 그러면 여기서 우리는 고등한 조직을 가지는 것이 적충류(滴蟲類 : 有毛동물에 속하는 한 강)·장충(腸蟲) 또는 지렁이에게 과연 어떤 이익을 주는가 하는 의문을 품을 수 있다.

그런데 만일 이것이 아무런 이익도 되지 못한다면, 이들 형태는 자연도태에 의해서 완전히 또는 거의 개량되지 않는 채로 내버려져 무한한 시대에 이르기까지 의연히 현재의 낮은 상태에 머무를 것임에 틀림없다. 그리고 지질학에 의하면, 적충류나 근족류(根足類) 같은 최하등 형태 중 어떤 것은 상당한 기간 동안 거의 현재 그대로의 상태에 머물러 있었다는 것이다.

그러나 현재 존재하고 있는 수많은 하등 형태가 거의 대부분 생명이 처음 생겨난 먼 시대부터 지금까지 조금도 발달하지 않았다고 속단하는 것은 지나친 생각이다. 오늘날 지극히 하등한 상태에 놓여 있는 생물을 분석해본 일이 있는 박물학자라면 누구나 실로 경탄할 만한 미묘한 체제에 반드시 감탄했을 것임이 틀림없기 때문이다.

우리가 같은 큰 무리에 속하는 여러 체제의 단계, 예를 들면, 척추동물에 있어서는 포유류와 어류의 공존, 포유류의 경우에 있어서는 인간과 오리너구리의 공존, 어류의 경우에 상어와 그 구조가 지극히 단순한 점으로 보아 무척추동물에 가까운 활유어(蛞蝓魚 : Amphioxus)의 공존을 보아도 거의 그와 같은 설명이 적용된다.

그러나 포유류의 모든 강, 또는 이 강에 속하는 어떤 것의 최고단계에까지 이르는 진보는 그들이 어류의 지위를 차지하도록까지 이끌지는 않는다. 생리학자에 의하면 뇌는 고도의 활동성을 발휘하기 위해 따뜻한 피가 섞여져야만 하고 그러기 위해서는 공기의 호흡이 반드시 필요하다고 한다.

그러므로 온혈 포유류는 물속에서 살 때에는 공기를 호흡하기 위하여 끊임없이 물 밖으로 떠올라야만 하는 불편을 갖게 되는 것이다. 또한 어류의 경우 상어 과에 속하는 것은 활유어를 대치하는 경향이 없다. 왜냐하면 내가 뮐러 씨에게서 들은 바에 의하면, 이 활유어에게는 남부 브라질의 거친 모래 해안에서 유일한 벗이며 경쟁자로서 변태적인 환형동물(環形動物)이 하나 있을 뿐이라는 것이다.

포유류의 가장 하등한 세 가지 목(目), 즉 유대류(有袋類)와 빈치류(貧齒類)가 남미에서는 수많은 원숭이와 같은 지역에서 함께 공존하고 있는데, 이들은 서로 거의 간섭하지 않고 있다. 체제는 전체적으로는 온 세계를 통하여 진보하였고 지금도 계속 진보하고 있으므로, 그 단계는 많은 완성의 단계를 나타낼 것이다. 왜냐하면 모든 강 또는 각 강에 속하는 어떤 것의 현저한 진보는 그들과 밀접하게 경쟁하지 않는 이들 무리를 반드시 소멸시킨다고는 볼 수 없기 때문이다. 우리가 뒤에서 살펴볼 것이지만, 어떤 경우에는 하등한 체제를 가진 형태는 그다지 경쟁이 심하지 않고, 또 그들의 적은 수가 유리한 변이를 일으키는 기회를 지연시키는 한정된 특수한 장소에 살기 때문에 현재까지 보존되어온 것이라 여겨진다.

끝으로 나는 무수한 하등체제의 형태는 여러 가지 원인에 의하여 지금도 세계 곳곳에 존재하고 있음을 믿는다. 그리고 어떤 경우에는 자연도태가 작용할, 유리한 변이 또는 개체적인 차이가 한 번도 일어나지 않았는지도 모른다. 또한 살 수 있는 한 발달을 이룰 충분한 시간을 한 번도 갖지 못했을 것이다. 그러나 어떤 소수의 경우에는 우리가 이른바 체제의 퇴보가 이루어질 것이다. 그러나 진보하지 못하는 가장 중요한 원인은, 지극히 단순한 생활상태에서는 고등한 체제가 그들에게는 아무런 쓸모도 없다는 사실, 다시 말해 성질이 더 약해지고 더 흐트러지기 쉽고 해를 입기 쉬운 까닭에 실제로는 유해하다는 데 있다.

우리가 현재 믿고 있는 바와 같이, 모든 생물이 지극히 단순한 고주로 있었던 최초의 생명의 여명기로 돌아가보면 신체 각 부분의 진보나 분화의 첫걸음이 어떻게 하여 발생되었을까 하는 의문이 생겨난다. 이에 대하여 아마도 스펜서 씨는, 단세포 생물이 성장과 분열에 의해 여러 세포로 복합되거나 또는 그 단세포의 발달을 도와주는 표면에 부착하게 되자 '어떤 서열의 동질적인 단위는, 그 우연적인 세력에 대한 그들의 관계가 달라짐에 비례하여 분화되어간다'는 그의 법칙에 따라 그 작용을 촉진시켰기 때문이라고 대답할 것이다.

그러나 여기에는 우리를 이끌어주는 아무런 사실도 없으므로 이 문제에 대하여 생각하는 것은 거의 무익한 일이다. 그러나 많은 형태가 생겨나게 되기까지는 생존경쟁이 행해지지 않고 그에 따라 자연도태도 행해지지 않았다고 가정하는 것은 잘못이다. 어떤 격리된 지역에 사는 단일한 종의 어떤 변이가 이익이 될 수도 있고, 이익을 얻음에 따라 그 개체 전부가 변화될 수도 있으며, 2개의 특수한 형태가 생겨날 수도 있는 것이다.

그러나 내가 '서론'의 끝부분에서 서술한 바와 같이 현 시점에서 과거에 있어서는 세계 서식자의 상호관계에 관하여 우리가 얼마나 무지한가를 생각하면 아직도 종의 기원에 대해 모른 것이 많이 남아 있다 해도 그리 놀랄 일이 못된다.

# 2
### A. 토인비, 『역사란 무엇인가?』

### 1. 문명(Civilization)의 개념

나는 이 말을 두 가지 의미로 사용하고 있다. 두 가지 의미는 서로 관련되어 있지만, 역시 구별되어야 한다. 관사가 붙지 않은 'civilization'일 경우는 인간 문화의 단계를 의미한다. 이에 반해 부정관사가 붙은 'a civilization'이나 '서양

문명', '동아시아 문명'이라는 따위로 말할 경우는 첫 번째 의미인 '인간 문화의 단계'가 구체화된 어떤 특정한 인간사회를 의미한다.

인간문화의 단계로서의 (첫 번째 의미) '문명'이라는 말은 정의하기 어려운 말이다. 어떤 학자는 인간사회가 문자를 쓰는 기술을 발명한 단계를 일컬어 문명이라고 정의하고 있다. 그러나 이를테면 콜럼버스 이전의 아메리카의 여러 문명은 문자를 발명한 일이 없었음에도 불구하고, 문명이라고 부를 만한 문화를 낳았다. 또 어떤 사람은 경제적인 의미로 문명을 정의하려 하고 있지만, 농업의 발명을 문명의 시초와 동일시할 수는 없다. 왜냐하면 서남아시아에서는 기원전 약 6,000년, 즉 신석기 시대의 초기에 농업이 발명되고 있었지만, 기원전 3,000년 경까지는 서남아시아 문명이 생겨나지 않았기 때문이다.

인간문화의 단계로 본 문명의 발생을 다음과 같이 정의할 수도 있을 것이다. 농업 생산력이 농업에 종사하는 사람들의 최저 생활의 필요성을 충족시키는 이상으로 상승하여, 일부의 소수자가 단순한 식량생산 이외의 일에 관여할 약간의 시간적 여유를 가질 수 있게 된 단계라도 말이다. 이러한 의미에서는, 단순한 농촌이 아닌 도시가 발생하여 거기에 여가를 가진 계급이나, 직접 식량생산에 종사하고 있지 않은 상업이나 생산공업 계급이 발생한 일을 문명의 기원으로 보아도 좋을 것이다. 그러한 일은 기원전 3,000년 경에 티그리스, 유프라테스 강 유역에서 발생하고, 얼마 후에 나일 강 유역이나 인더스 강 유역에서 발생했다. 이 세 지역에서는 관개(灌漑)와 배수에 의해 소택지나 밀림을 개척함으로써 식량을 여유 있게 생산할 수 있었던 것이다.

다음에 이러한 일반적인 의미의 '문명'이 특정한 사회에 구체화된 문화 단계―'a civilization'―에 대해서 살펴보자. 나는 종류가 다른 20 내지 30개의 문명 사회의 리스트를 만들었는데, 그것은 내가 적당히 만든 리스트다. 다른 사람은 그 수를 늘리거나 줄일 수 있고, 또 내가 사용하고 있는 것과는 다른 몇 개의 문명을 정의할 수도 있으리라고 생각한다.

내가 문명단위로 사회를 연구하기 시작한 까닭은, 현대에 이르러―학자 사이에―역사를 국가단위의 역사의 여러 집합으로 보려는 경향이 늘어나고, 또 내가 국가단위의 역사에 불만을 느끼고 있었기 때문이다.

이를테면 영국은 섬나라이기 때문에, 인위적이라 할 수 있는 경계로 이어져 있는 대륙의 여러 나라로부터 비교적 고립되어 있다. 그럼에도 불구하고, 영국 역사상의 중요한 사건은 단 하나도 영국 내부의 일만으로는 거의 설명할 수 없다. 영국 고대의 브리튼인이 기독교도가 된 일이라든지 노르만인의 정복, 봉건 제도, 십자군, 르네상스, 종교개혁 및 산업혁명 따위의 영국 역사상의 굵직한 주요 사건은 모두 영국에만 한정된 일이 아니다. 그것들은 모두 다른 나라도 포함한—영국보다 큰—어떤 사회의 사건이며 역사다.

또 그 사건들은 영국보다 넓은 범위에 걸친 것이긴 하지만, 전 세계적인 것은 아니다. 왜냐하면, 위의 여러 사건은 동방 기독교 세계나 회교 세계, 힌두교 세계, 동아시아 등에서는 일어나고 있지 않기 때문이다.

결론적으로 중간적인 크기의 역사적 사건의 단위가 있다는 얘기가 된다. 그것은 국가단위보다는 훨씬 크고, 전 세계라는 단위보다는 작은 것으로, 역사상 매우 중요한 것이었다. 나는 프로테스탄트 기독교나 로마 가톨릭교를 가진 현대의 여러 나라의 문명에 대체로 상응한 것을 서양문명(Western civilization)으로 보았다. 또 그밖에도 현존하고 있는 몇 개의 문명이나 과거의 몇 개의 문명을 식별할 수 있었는데, 그러한 문명은 모두 국가보다 크고 전 세계보다 작은 중간적인 크기의 사회를 기반으로 하는 것이었다.

### 2. '도전과 응전(Challenge & Response)' 및 '해후접촉(Encounter)'

근대적인 자연과학의 발달과 더불어 인간적인 사상(事象)에 대해서도 비인격적·과학적인 설명을 하려는 경향이 생겨나고 있다. 특히 요즘의 역사가는 역사의 움직임을 비인격적으로 설명하면 되는 것으로 생각하고 있는 듯하다. 그러나 나는 인간적인 사상을 자연과학자가 대상으로 삼고 있는 비인간적인 자연현상으로 환원시켜 설명할 수는 없다고 생각한다. 인간적인 사상에는 전례가 없는 창조활동이 존재하는 것으로 생각하며, 자연과학적인 유추에 의거해서는 이러한 창조활동을 설명할 수 없다고 생각한다.

나는 옥스퍼드의 학생시절부터 신앙에 있어서는 정통파의 크리스천이 아니었다. 그러나 고풍스런 기독교 교육, 즉 성서의 연구에 입각한 프로테스탄트적 교육을 받고 자랐기 때문에, 나의 '도전과 응전'의 개념이나 '해후접촉'의 개념도 성서의 소양에서 나온 것이라고 생각한다.

성서나 이슬람교의 코란은 모두 인도에서 발원한 종교와는 달리 단일의 인격신을 전제로 하고 있다. 성서와 이슬람교의 코란에서는 역사를 개개의 인간 또는 민족 전체와 그 인격신과의 '해후접촉'의 연속으로 본다. 성서적인 개념에 의한 신과 인간과의 해후접촉은, 수동적인 사건이 아니라 적극적인 창조를 낳은 능동적인 사건이다. 신이 인간에 임할 경우에는 신이 인간에게 문제를 제기하여 해결하도록 강요한다는 의미에서 인간에게 '도전'하는 것이다. 인간은 신의 의지에 합당한 방법으로 해결하거나 신의 해결법을 거부하는 두 가지 중에서 어떤 행동을 취하지 않으면 안 된다. 거기에 매우 적극적이며 새로운 어떤 일이 발생한다. 신과 인간의 해후 접촉 및 도전과 응전이라는 이 생각은 성서의 각 장에 나타나 있는 것이다. 그중 가장 두드러진 예는「욥기」이며, 괴테의 『파우스트』는 이에 근대적 의상을 입힌 것이다.

이러한 인격적인 견지에서 역사를 바라보기 위해서는, 반드시 신의 존재를 믿을 필요는 없다고 생각된다. 설령 신의 개념을 제쳐두고 인간만의 관점에서 생각하더라도, 개개의 인간이나 인간 집단끼리의 해후접촉 또는 도전과 응전이라는 관념은, 비인격적인 과학적 분석보다는 역사를 바라보는 데 있어 보다 유익한 방법이라고 생각된다. 내가 특히 주의를 기울여온 것은, 다른 종류의 문명사회 상호 간의 해후접촉이다. 이를테면 15세기 말 이후로 모든 비 서양문명이 서양문명과 해후접촉을 해왔다.

그러한 경우, 서양문명은「욥기」나 『파우스트』 속에 나오는 악마(사탄)의 역할을 한 것이다. 서양문명은 다른 모든 문명에 도전한 것이다. 즉 항복하여 서양의 지배를 받거나 아니면 전통적인 생활방식을 철저히 바꾸도록 강요한 하나의 도전이었다. 이것은 최근 사오백 년간에 걸친 근대역사의 주요한 테마인데, 그이전에도 그러한 해후접촉은 이루어졌다. 이를테면 중국에 불교가 전파되었을 때, 중국은 인도문명에 접하는 동시에 간접적으로 고대 그리스문명과도 해후접촉을 한 것이다. 왜냐하면 불교는 고대 그리스 예술의 중요한 요소를 수반하고 있었기 때문이다. 또 기원전 4세기부터 약 1,000년간에 걸쳐 고대 그리스·로마

문명이 당시의 세계 속에서 맡고 있었던 역할은 근대 서양문명이 근대세계 속에서 맡아온 역할과 유사한 것이다. 이처럼 동시대에 함께 존재한 문명이 서로 해후접촉하는 일은, 문명의 역사를 통해 빈번히 일어났다.

그러나 지금까지의 모든 문명이 같은 시대에 존재했던 건 아니다. 오늘에 이르기까지 몇 개의 문명은 멸망되어버렸지만, 현재 살아 있는 문명과 죽은 문명이 이른바 르네상스라는 형태로 해후접촉하는 수도 있다.

이를테면 중국 근세의 송(宋)나라시대에 있어서의 유교철학의 르네상스는 송과 불교가 전파되기 이전의 춘추시대와의 해후접촉이 철학 면에서 이루어진 것으로 볼 수 있다. 또 15세기의 근대 서양문명은 문예 부흥이라는 형태로—또는 고대 그리스의 부흥 내지는 고대 그리스의 국가숭배의 부흥이라는 형태로—이미 멸망한 그리스·로마문명과 해후접촉했던 것이다. 또 르네상스로부터 현대에 이르기까지 서양의 지식인이 그리스나 로마의 고전을 열심히 공부하였으므로 프랑스혁명이나 그 이전의 미국 독립운동에 그리스·로마의 정치이념의 영향이 나타난 것은 당연한 일이었다.

(하략)

### 3. 창조적 소수자와 지배적 소수자, 그리고 창조적 개인

위에서 언급한 것처럼, 근대과학의 영향을 받아 요즘에는 인간적인 사상을 설명하는 데 비인격적 방법에 의존하려는 경향이 생겨나고 있다. 현대 사회학자는 비인격적 방법으로 역사의 움직임을 설명하려 한다. 즉 경제적인 움직임이나 계급구성의 변동 따위에 의해 설명하려는 경향이 있다. 이는 개개의 인간집단을 다루는 게 아니라 마치 비인간적인 것을 다루는 듯한 태도이며, 무생물을 다루고 있는 것처럼 보일 정도다.

모든 인간행위, 특히 창조활동은 개인에 의해 이루어지는 것이라고 나는 믿는다. 어떠한 역사적 사건이든 모두 수많은 개인이 서로 행위를 한 결과이다. 다만, 문제는, 그러한 역사적 사건을 다룸에 있어 종국적으로 나타나는 행위에 각 개인이 각기 어떠한 공헌을 했는가를 정확히 알아내기가 매우 어렵다는 것이다.

또 행위의 중요성이나 효과의 정도에 있어 어느 특정한 개인이 그 밖의 많은 개인보다 훨씬 중요하다고 할 때, 그것은 지금까지의 역사를 보아 말할 수 있는 것이다. 그 가장 좋은 예는 위대한 철학이나 종교의 창시자다. 그들은 온 인류에게 커다란 영향을 미친 점에서, 다른 개인과는 큰 차이가 있었다. 정치의 분야도 마찬가지다. 이를테면 1940년 6월의 참담한 상황 속에서 영국국민이 전쟁을 계속하라고 결정한 예를 보아도, 그것은 어떤 의미에서는 대부분의 영국국민이 내린 결정이라고도 할 수 있다. 그러나 한 인간인 윈스턴 처칠이 매우 큰 역할을 한 것은 분명하다.

이처럼 과거의 역사를 보면 창조적인 행위에 의해 역사에 새로운 전기를 가져온 특정인물을 지적할 수 있는 경우도 있다.

그와는 달리, 창조적인 개인을 그가 속한 한 그룹으로부터 분리시키기 어려운 경우가 있다. 즉 위대한 기술상의 발명이나 과학상의 발견을 한 경우 등이다. 이 경우에는 발명가나 발견자로서 최후의 마무리를 한 개인이 있지만, 실은 그 창조적인 일의 대부분이 여러 세대에 걸친 한 그룹의 사람에 의해 이루어진 것이다. 즉 발명·발견자로 되어 있는 개인은 그 마무리 단계를 끝냈을 뿐임을 알 수 있다. 정치에 있어서도 창조적인 소수자를 지적할 수 있지만, 그 구성원이 각기 얼마만큼 창조적 행위에 참여했는지를 알아낼 수 없는 경우가 있다.

역사상 가장 많은 성과를 올린 정치는 대개 귀족계급에 의한 것이었다. 일본 역사에서는 이를테면 명치유신의 '원로들'이 그랬던 것 같다. 18세기의 영국 귀족계급인 휘그(Whig)나 근세의 러시아 계급 등이 그러한 예일 것이다. 아무튼 역사상의 창조적인 공적을 올린 사람은, 대체로 그 사회의 구성원 전체라기보다는 오히려 일부의 소수자였으리라고 생각된다. 이것은 정치면뿐만 아니라 예술이나 종교의 분야에도 해당될 것으로 생각된다.

과거에 있어서의 문명의 발달은, 대부분이 창조적 소수자에 의해 이루어졌으리라고 생각된다. 그러나 그 소수자도 인간이기 때문에, 그 지위나 특권을 이기적인 방향으로 남용하기 쉽다. 따라서 소수자에 의한 사회의 통치·운영은 사회구조로서는 오히려 위험한 형태인 것이다. 소수자가 그들의 지위나 특권을 남용하려 한 일은 역사상의 모든 단계를 통해 찾아볼 수 있다. 그러한 경우에는 대개 사회의 대다수가 반란을 일으키고 있다. 소수자가 이미 그 지위나 특권을 누릴 만한 자격이 없다고 느꼈기 때문이다.

고대 이집트에서 피라미드건설 후의 수세기 동안에 걸쳐 일어난 커다란 사회적·사상적 혁명은, 피라미드를 세운 파라오(국왕)가 권력의 독점을 남용한 데 대한 반동으로 생겨난 것이다. 소수자가 비록 창조적이라 할지라도, 만일 그들이 권력을 남용할 경우는 민중이 그 소수자를 따르지 않게 되는 것이다. 그런데 사람의 심성은 대개 마찬가지여서, 그 소수자 중에서 어떤 자는 힘에 의해 그 권력을 유지하려 했다. 이리하여 창조적 소수자는 지배적 소수자로 전화된다.

고대 그리스의 역사 속에서 매우 좋은 예를 찾아 볼 수 있다. 기원전 7세기부터 6세기에 걸쳐 예술 및 시(詩) 분야에서는 스파르타가 그리스 사회의 지도적인 위치에 있었다. 그 시대에 이르러 스파르타는 주변에 있는 그리스의 다른 도시국가를 정복하여 지배하게 되었으며, 그 결과로 스파르타인은 생활을 군사화하지 않으면 안 되게 되었다. 스파르타 고고학 박물관에 가보면, 이 무렵(기원전 6세기 후반)을 경계로 하여 그리스의 다른 부분의 시나 예술분야가 고도로 융성해간 데 반해, 스파르타에서는 시나 예술의 진보가 갑자기 정지되어 버렸음을 알 수 있다. 이는 그 시기의 스파르타에 창조적 소수자 대신 권력의 지배적 소수자가 등장한 데서 생겨난 것이다.

글쓰기

# 1
### 2008학년도 연세대학교 인문 2 모의고사

문제 1. 제시문 [1]과 제시문 [2]의 논점의 차이를 설명하시오.

문제 2. 제시문 [3]에 나타난 인류 역사의 발전에 대한 주장이 제시문 [1]에 나타난 생물의 진화에 대한 주장과 어떤 공통점과 차이점을 보이는지 비교 · 분석하시오.

문제 3. 제시문 [3]과 제시문 [4]의 주장을 대비하면서 '사회와 문화'는 진보해왔는가? 라는 질문에 대해 자신의 생각을 서술하시오.

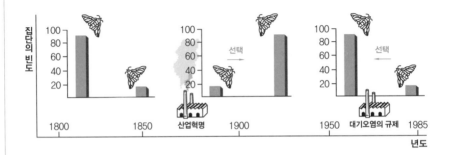

## [1]

다음의 두 가지 사실에 대해서는 논란의 여지가 없을 것이다. 즉 변화하는 다양한 생존조건 아래서 유기체의 구조는 거의 모든 부분에 걸쳐 개체적 차이를 나타낸다. 또한 유기체의 수가 기하급수적으로 증가함에 따라 일정한 나이나 계절 또는 해에 극심한 생존경쟁이 일어난다. 이 두 가지가 사실이라면, 모든 유기체가 서로에 대해서나 생존조건에 대해서 맺고 있는 관계가 무한히 복잡하다는 점을 고려해볼 때, 인간에게 많은 유용한 변이가 일어나는 것과 같은 방식으로 각 생물에게도 그 자신의 번영에 유용한 변이가 일어나리라고 가정하는 것은 매우 당연한 일일 것이다. 그런데 만일 어떤 유기체에게 유용한 변이가 실제로 일어난다면, 그러한 특징을 가진 개체는 생존경쟁에서 살아남을 가장 좋은 조건에 놓이게 될 것이 틀림없다. 그리고 확고한 유전의 원리에 따라 그 개체는 비슷한 특징을 지닌 자손을 낳는 경향을 보일 것이다. 이러한 보존의 원리 또는 최적자의 생존을 일컬어 나는 '자연선택'이라고 부른다. 자연선택은 각각의 생물을 그 유기적, 비유기적 생존조건과의 관계에서 개량함으로써 그것을 진보로 이끈다. 그럼에도 불구하고 만일 단순하고 하등한 형태가 그들의 단순한 생존조건에 잘 적응되어 있다면 이 형태는 오랫동안 지속될 것이다.

## [2]

자연선택의 구체적인 예를 들어보자. 시베리아 지역의 경우, 빙하기가 도래하면서 기온이 떨어지자 털이 거의 없는 코끼리와 상대적으로 털이 더 많은 코끼리 가운데 후자가 생존에 유리했고, 일반적으로 이 무리의 코끼리가 더 많은 자손을 남겼다. 수많은 세대를 거치면서 시베리아에는 진화를 통해 코끼리에서 유래된 자손, 즉 털이 난 매머드가 살게 되었다. 하지만 털이 난 매머드가 털 없는 코끼리보다 전체적으로 더 낫거나 전반적으로 더 우월한 것은 아니다. 매머드의 '향상'은 전적으로 기후가 추워진 지역에 국한된 이야기이다. 털이 거의 없는 코끼리 조상은 따뜻한 지역에서 여전히 더 유리하다. (중략)

이러한 국지적인 적응의 어떤 면도 일반적 진보(이 모호한 단어를 어떻게 정의하든지)를 보증하지 않는다. 국지적인 적응이 더 복잡하게 되는 정도에 비례해서 생물은 해부학적으로 단순하게 될 수도 있다. 대표적인 기생생물인 사쿨리나 성체는 따개비의 계통인데 숙주인 게의 배 밑에 붙은 무정형의 생식기관 주머니처럼 보인다. 이것은 분명히 (적어도 우리의 가치 기준으로는) 추악한 기관이지만 배 밑바닥에 붙어 물속에서 다리를 휘저으며 먹이를 찾는 따개비 종류보다 해부학적으로 훨씬 단순한 형태다.

환경이 생물에 진보적인 변화를 일으키는 방향으로 계속 변해가는 일은 가능하지 않다. 어느 지역에서건 지역적인 환경변화는 지질학적 연대에 따라 무작위적으로 일어난다. 바다에 잠겼던 곳이 육지가 되기도 하고 육지가 물에 잠기기도 하며 날씨가 추워지기도 하고 더워지기도 한다. 생물이 자연선택에 의해 그 지역의 환경변화를 따라가는 것이라면 그 지역 생물의 진화적 변화도 당연히 무작위적일 수밖에 없다.

### [3]

인류문화의 서광은 사람이라는 자각에서 비롯하며, 인격적 노력으로써 내적 연마와 외적 제복(制服)을 누적하는 데 그 발달과 생장이 있었다. 흩어져 있던 개별 인간이 점차로 집단을 이루어 집단이라는 자각을 가지고 공통한 감정과 공통한 욕구로써 공통한 목적을 위하여 공통한 정성과 힘을 기울이는 동안에 씨족관계가 생기고, 민족관계가 생기고, 사회가 되고, 국가가 되었다. 씨족에서고 민족에서고, 국가고 사회고 그것을 조성한 각 분자가 그 집단의 일원이라는 자각이 명확한가에 따라 그 운명이 성쇠영고를 드러내게 되었다. 즉 집단적 통일의 공고함의 정도 여하에 따라 흥폐존망이 양극으로 나뉘었다. 이렇게 집단 생활의 여러 단계를 골고루 밟는 동안에 감정의 순화(醇化)와 지능의 속달(速達)을 이룬 자가 문화의 강자로 세계에서 큰 체를 하게 되었다. 이것이 곧 우주의 생명력이 점차로 개현(開顯)되어 가는 정당한 순서에 부합하는 까닭이다.

일체의 문화적 현상은 인성자연(人性自然)이 열려 펼쳐진 것이다. 당연히 필 꽃이 인연과 시기가 맞아 피게 되는 것이다. 그 인연을 가깝게 하고 그 시기를 빠르게 하는 것이 민족의 성능이다. 민족의 성능은 지리적 조건이나 경제적 정형(情形) 같이 물리적이고 기계적인 것에 크게 구속을 받지만, 또 동시에 인성의 일부인 창조력, 탄발력(彈撥力), 응화력(應和力)의 발동 정도 여하에 의해 환경과 사세(事勢)에 대하여 어느 정도 합당한 개화를 베풀 수 있다. 이 능력의 발휘는 일 민족, 일 국가의 역사에 영광과 명예를 얹는 것이다. 가장 험악한 국면을 헤치고 가장 어려운 업적을 이루는 곳에 가장 큰 영예가 있다. 그것은 마치 가장 어두운 구름 속에서 가장 빛나는 번개가 치는 것과 같다.

그 대신 이러한 제약 하에 있으면서 줄곧 끌려 다니기만 하는 자에게 응당한 보답으로 주어지는 것은 수치와 굴욕과 고민과 신음이다. 역사의 교훈적 방면에서 가장 중요한 점이 이것이다.

### [4]

옛날에 공자가 노(魯)나라 사제(蜡祭)의 빈(賓)이 되었다. 공자는 일을 마치고 밖으로 나와 성문의 관 위에서 쉬고 있다가 "아아!" 하고 탄식하였다. 공자는 아마 노나라의 일을 탄식했을 것이다. 언언(言偃)이 곁에 있다가 말하였다. "군자께서는 무엇을 탄식하십니까?" 공자가 말씀하였다. "옛날 큰 도가 행해진 일과 3대(하·은·주)의 영현(英賢)한 인물이 때를 만나 도를 행한 일을 내가 비록 눈으로 볼 수는 없으나 3대의 영현이 한 일에 대해서는 기록이 있다. 기록에 따르면, 큰 도가 행해진 세상에서는 천하가 모두 만인의 것이었다. 사람들은 현자(賢者)와 능자(能者)를 선출하여 관직에 임하게 하고, 온갖 수단을 다하여 상호 간의 신뢰친목(信賴親睦)을 두텁게 하였다. 그러므로 사람들은 각자의 부모만을 부모로 하지 않았고 각자의 자식만을 자식으로 하지 않았으며, 노인에게는 생애를 편안히 마치게 하였으며 장정에게는 충분한 일을 시켰고, 어린이는 마음껏 성장할 수 있게 하였으며 과부·고아·불구자 등은 고생 없는 생활을 하게 하였고, 성년남자에게는 직분을 주었으며, 여자에게는 그에 합당한 남편을 갖게 하였다. 재화(財貨)라는 것이 헛되이 낭비되는 것을 미워하였지만 단지 자기만 사사로이 독점하지 않았으며, 힘은 사람의 몸에서 나오지 않으면 안 되는 것이지만 그 노력을 단지 자기자신의 사리(私利)를 위해서만 쓰지는 않았다. 모두가 이러한 마음가짐이었기 때문에 (사리사욕에 따르는) 모략이 있을 수 없었고, 절도나 폭력도 없었으며 아무도 문을 잠그는 일이 없었다. 이것을 대동(大同)의 세상이라고 말하는 것이다.”

　“지금 세상은 대도(大道)는 이미 없어지고 사람들은 천하를 각자의 집으로 생각하였다. 그래서 각기 내 부모만을 부모로 생각하고 내 아들만을 아들로 생각하였으며, 재화를 사유(私有)하고 노력은 사리(私利)를 위해서만 사용된다. 천자와 제후는 세습하는 것을 예의로 알며, 성곽과 구지(溝池)를 외적으로부터 스스로 지켜야 한다고 알고 있다. 예의를 기강으로 내세워 그것으로 임금과 신하의 분수를 바로잡으며, 부자(父子)를 돈독하게 하고, 형제를 화목하게 하며, 부부를 화합하게 한다. 제도를 설정하고 전리(田里)를 세우며 지혜와 용맹을 존중하고, 공(功)은 자기를 위한 일에 이용한다. 간사한 꾀가 이 때문에 일어나고 전쟁도 이로 인해 일어난다. 우왕(禹王), 탕왕(湯王), 문왕(文王), 무왕(武王), 성왕(成王), 주공(周公)은 이 예도(禮道)를 써서 뛰어난 업적을 이루었다. 이 여섯 사람의 군자 가운데 예를 삼가지 않은 사람은 없다. 즉 이들 여섯 왕은 모두 예의를 지킨 사람이고, 예의로써 각자의 도를 헤아렸으며, 백성의 신망을 모았고, 적의 죄과를 밝혔으며, 인애(仁愛)와 겸양(謙讓)의 도를 강설(講說)하여 백성에게 보여주었다. 만일 이 법에 따르지 않는 자가 있으면 권세의 지위에 있는 자가 할지라도 백성으로부터 배척당하여 끝내는 멸망할 것이다. 이러한 세상을 소강(小康)의 세상이라고 한다.”

* 사제(蜡祭) : 12월에 만신(萬神)을 합하여 행하는 제사
* 소강(小康) : ‘조금 편안하다’ 또는 ‘겨우 편안하다’는 뜻이다.

하이논술 1 ● 역사 · 사회

**문제**

아래에 제시한 〈그림〉과 제시문을 읽고, 다음 두 논점을 중심으로 '진보'의 개념을 어떻게 이해해야 할지 논리적으로 서술하시오. (1,300자 내외)

**논점 1.** 〈그림〉과 제시문 [가]에서 설명하고 있는 이론이 제시문 [나]와 [다]에 소개된 견해에 어떻게 수용되었는가?

**논점 2.** 제시문 [라]를 참고할 때, 그 견해에는 어떠한 문제점이 있다고 생각하는가?

197

역사의 진보 ● 역사는 진보하는가? 그 방향은 과연 어디인가?

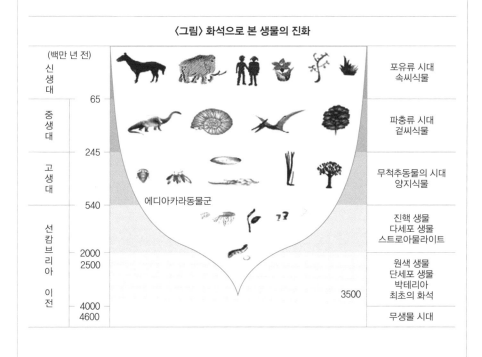

〈그림〉 화석으로 본 생물의 진화

| (백만 년 전) | | |
|---|---|---|
| 신생대 | 65 | 포유류 시대 속씨식물 |
| 중생대 | 245 | 파충류 시대 겉씨식물 |
| 고생대 | 540 | 무척추동물의 시대 양치식물 |
| 선캄브리아 이전 | 2000 2500 | 진핵 생물 다세포 생물 스트로마톨라이트 |
| | 4000 4600 | 원색 생물 단세포 생물 박테리아 최초의 화석 |
| | 3500 | 무생물 시대 |

에디아카라동물군

**[가]**

다윈은 자연에서도 한 생물종의 많은 개체 가운데 환경에 잘 적응하는 특성을 가진 개체만이 생존경쟁에서 살아남게 될 것이라고 생각하였다. 그러므로 이런 개체가 경쟁을 통해 긴 세월 동안 계속해서 번식에 성공함으로써 선택될 수 있다는 것이다. 결과적으로 물리적 환경조건 또는 개체 사이의 경쟁은 특정형질만을 선택하여 생물의 진화가 이루어지게 한다는 것이다.

다윈의 『종의 기원』에서 '기원'은 모든 생물체가 원시유동체나 살아 있는 분자로부터 유래한 과정에 대한 언급이 아니라, 한 생물종이 다른 종으로의 전환을 의미한다. 다윈은 궁극적인 생명의 기원에 대한 해석은 과학적 문제 이상의 것으로 생각하였다. 그러므로 다윈의 진화에 대한 논의는 자연에 많이 존재하고, 쉽게 관찰되는 생물의 변이로부터 시작된 것이다. 그러므로 다윈은 생물의 변화가 일어나는 진화라는 현상이 존재한다는 것은 너무도 당연하지만, 그 변화가 일어나는 기적을 설명하는 것은 훨씬 어려운 문제라고 설명하였다. 결국 다윈은 생물이 시간의 흐름에 따라 변화되는 진화의 기적을 자연선택으로 설명할 수 있었고, 바로 자연선택이 진화의 원동력이라고 주장한 것이다.

**[나]**

진보의 개념은 수백 년 동안 그림자처럼 존재해오다가 마침내 산업혁명시대에 서구인의 마음을 사로잡았다. 1835년 매콜리의 연설 한 대목을 들어보자. "우리는 진보의 편에 섰습니다. (중략) 영국의 역사는 결단코 진보의 역사입니다." 그리고 진보의 행진이 증기기관과 연소엔진을 달고 박차를 가하던 저 시대에 매콜리는 소리 높여 외친다.

"이것은 이동의 속도를 높여주었습니다. 이것은 거리의 제한을 없애주었습니다. 이것은 모든 비즈니스의 신속한 처리를 원활하게 해주었습니다. 이것이 있기에 인간은 저 깊은 바닷속까지 내려가고, 하늘 높이 날고, 땅속 깊이 유해한 구석까지 안전하게 파고들고, 마차가 없어도 자동차로 대지를 누비고, 바람을 가르며 시속 10노트로 달리는 배로 바다를 횡단할 수 있게 되었습니다. (중략) 이것은 결코 휴식을 모르고 결코 도달할 수 없고 결코 만족을 모르는 철학입니다. 이 법칙이 바로 진보입니다."

그리고 한쪽 모퉁이에서 『종의 기원』이 모습을 드러내고 있었다. 1859년에 발간된 이 책은 다음과 같은 유명한 말로 끝을 맺는다. "오직 각 종(種)의 선(善)에 의해서 그리고 선(善)을 위해서 자연의 선택은 작동하기 때문에 모든 신체적·정신적인 천부적 자질은 완성을 지향하며 진보해나갈 것이다."

## [다]

19세기의 사회과학자들은 사회를 성장과정에 있는 일종의 유기체로 보았다. 이 유기체는 단순한 것에서 복잡하고 조직적인 것으로, 무질서에서 질서로, 일반성에서 특수성으로 성장한다. 사회의 성장과정은 몇 개의 단계로 구분되며 시작과 최종적 목표를 가진다. 이러한 사회의 성장이 곧 사회의 진보이며, 더 새롭고 더 진화된 사회가 더 나은 사회라는 것이었다.

당시의 저명한 인류학자 타일러(E. B. Tylor)와 모건(L. H. Morgan)같은 이들은, 인간이 사용한 기술과 도구의 수준에 따라, 인간의 역사를 미개·야만·문명의 시기로 나누고, 인간의 역사는 '위로 발전해 나가는 역사'라고 주장하였다. 그들은 고정된 인류의 성장단계상의 위치에 따라 각 문화를 분류하고 성장의 양식과 메커니즘을 설명해주는 척도를 고안하였다. 이들의 작업에는 세 가지 기본가정이 전제되어 있었다. 첫째, 현존하는 사회는 더 '원시적인 것' 또는 더 '문명화된 것'으로 분류되고 등급이 매겨질 수 있다. 둘째, 원시사회와 문명사회 사이에는 정해진 몇몇 단계가 존재한다. 셋째, 모든 사회는 속도는 상이하지만 동일한 순서로 이들 단계를 밟으며 진보한다.

이들 외에도 많은 학자가 사회적 복잡성의 증가 또는 지적, 종교적, 심미적 세련의 정도에 따라 진보를 측정하려 하였다. 물론 그들은 인류역사상 벌어졌던 많은 어려움과 좌절을 잘 알고 있었다. 하지만 진보는 엄연히 존재하고 시간은 결국 인간에게 이로운 개념이라는 사상이 그들 마음속 깊숙이 자리 잡았다. 나아가 진화의 방향을 알 수 있다면 인간이 어떻게 행동해야 하는가도 알 수 있을 것이다. 예를 들어 스펜서는 진화는 종을 더 길고 더 편안한 삶으로 그리고 자손을 더 안전하게 키울 수 있는 방향으로 인도한다고 믿었다. 그러므로 인류의 사명은 이러한 가치을 키워나가는 것이다. 그리고 서로서로 협동하는 것이 그렇게 하는 방법이었다. 더 멋지게, '영구적으로 평화로운 사회'에서 살기 위해서 말이다.

**[라]**

다음은 어느 자연과학자와 인문학자가 나눈 대화의 일부입니다.

A : 진화의 전체 흐름을 보면 단순한 생물이 우리처럼 복잡하고 다양하게 진화해 왔으니 당연히 어떤 형태의 진보 개념을 상상할 수도 있겠죠. 이 문제를 한마디로 해결하기는 상당히 어려워요. 예를 들어 다윈의 진화론에서는 소진화와 대진화를 나눠서 이야기하는데요, 소진화는 유전자 수준에서 벌어지는 변화고, 대진화는 그 결과로 나타나는 커다란 현상을 말합니다. 소진화를 이야기할 땐 사실 별 문제가 없어요. 소진화에는 '진보' 개념이 들어가려야 들어갈 수가 없어요. 유전자가 뇌를 가진, 생각하는 존재도 아니고, "유전자들아, 우리 좀 더 잘해보자!" 이럴 리도 없다는 거죠. 유전자 간의 갈등과 경쟁 사이에서 돌연변이도 생기고, 모두가 우연투성인데 거기서 무슨 '진보적인' 방향을 잡겠어요. 그러나 이런 소진화의 단계를 거쳐서 대진화로 넘어가면 문제가 결코 단순한 게 아닙니다. 이건 생물학이 가지고 있는 어려움이자 동시에 상당한 매력이기도 합니다. 물리학이나 화학은 기본적으로 환원주의적 학문이잖아요. 쪼개고 쪼개서 부분을 보고 그 부분으로 전체를 끼워 맞추는 학문이죠. 그런데 생물학은 그렇지 않잖아요. 분자에서 단백질로, 단백질에서 조직으로, 조직에서 생명체로 하나의 단계를 밟아 올라갈 때마다, 환원주의적인 것으로 설명하기에는 너무 많은 요소가 개입하고 구성부분의 합으로는 설명할 수 없는 현상이 나타납니다.

B : 복잡성의 영역에 들어오면 '진보'라는 것이 있는지 없는지 결코 말할 수 없다, 좋은 얘깁니다. 생명체의 진화 못지않게 복잡한 것이 인간의 역사인데, 그 역사라는 것에 진보가 있느냐 없느냐 하는 문제는 여전히 논란거리로 남아 있습니다. '진보'라는 말이 나오면 사람들은 곧장 '마르크시즘'을 연상하죠. 그런데 그게 그렇지 않습니다. 진보란 것이 인간 사상계에 등장한 역사는 겨우 약 200년 전입니다. 진보사상을 띄워 올린 것은 근대과학과 계몽철학이죠. 과학,

이성, 합리적 기획을 합치면 인간사회는 '진보'할 수밖에 없다는 것이 근대 이데올로기죠. 거기에 불행하게도 정치 제국주의가 결합하였습니다. 진보라는 것이 어떤 주어진 방향이나 목표를 향한 역사의 필연적 진행을 의미하는 것이라면, 역사에 진보가 있는지 없는지는 저도 선생님의 표현대로 '결코' 말할 수 없습니다. 역사가 진보했는지 어떤지는 그 역사라는 것이 끝나는 지점에서만 알 수 있겠죠. 저는 그때까지 살 생각이 없어요. (하하하)

역사의 진보 ● 역사는 진보하는가? 그 방향은 과연 어디인가?

정의에 관한 논술문제는 대체로 경제적 의미에서의 사회적 형평성의 문제에 집중하고 있습니다. '사회적'이라는 말에 방점을 두는 이유는 정의의 문제가 우리 인간이 공동체를 구성하고 살아가면서 공동체 안에서 함께 어울리고 이루어가는 성과물의 분배와 깊은 관련이 있기 때문입니다. 그런데 정의의 문제가 해결되기 어려운 이유는 인간의 행위와 사회조직에는 복합적이고 다양한 변수가 작용하고 있으며, 이 복잡다기한 사회를 분석하고 처리할 수 있는 능력이나 실천적 의지가 우리에게 부족하기 때문입니다.

그러므로 정의에 관한 논술문제를 해결하기 위해서는 부족한 재화(또는 가치)를 둘러싼 사회적 갈등양상에 대한 분석이 이루어져야 할 것입니다. 또한 다양한 변수를 포괄할 수 있는 정의의 개념을 제시하고, 이를 통해 어떻게 정의에 이를 수 있는지를 구체적으로 제시하는 것이 중요합니다.

# 1
## 사회적 불평등이 발생하는 이유는 무엇인가?

우리들은 정의로운 사회에서 살기를 원합니다. 권력욕에 눈멀어 쿠데타를 일으키고 불의를 저지른 우리나라의 전직 대통령조차도 '정의사회구현'이라는 국정운영지표를 내세웠죠. 집권명분이 없었기 때문에 더더욱 그럴듯한 구호가 필요했던 것입니다. 5공화국의 집권과 통치가 불의한 것이었으므로, 당연히 강력한 국민적 저항을 불러일으켰고 1980년의 광주항쟁에 이어, 1987년의 민주화 투쟁은 필연적인 것이었습니다. 이렇게 혼탁한 세상에서는 정의로운 사회에 대한 열망이 더 커지는 것입니다. [가]에는 그러한 열망과 이상이 담겨 있습니다.

[가]

대도(大道)가 행해진 세상에는 천하가 모두 만인의 것이다. 현명한 이와 능력 있는 이를 선출하여 관직을 맡겨 신뢰와 화목을 두텁게 한다. 그래서 사람들은 자기의 부모만을 부모로 섬기지 않고, 자기의 자식만을 자식으로 여기지 않는다. 노인들은 편안히 여생을 보낼 곳이 있으며, 장성한 사람들에겐 일자리가 있고, 어린이에겐 모두 잘 성장할 수 있는 여건이 갖추어져 있다. 홀아비, 과부, 고아, 자식 없는 부모, 폐인, 질병에 걸린 사람은 모두 보호와 양육을 받는다. 남자는 모두 자기 직분이 있고 여자는 모두 자기 가정이 있다. 재화가 땅에 버려지는 것은 싫어하지만 반드시 자기만 사사로이 독점하려 하지 않으며, 힘이 자기로부터 나오지 않음을 부끄러이 여기지만 자기만을 위해 힘을 사용하지 않는다. 그러므로 음모가 일어나지 않으며, 도적이나 전쟁이 일어나지 않으니, 그래서 사람들은 바깥문을 잠그지 않는다. 이러한 사회를 대동(大同)이라고 한다.

공자, 『예기(禮記)』 「예운(禮運)」

『예기(禮記)』에서 말하는 대동사회(大同社會)는 공자가 바라는 이상사회입니다. 대동사회에서는 윗사람을 존경으로 대하며, 아랫사람은 사랑으로 대합니다. 완전고용이 달성되고, 사회적 약자는 보호와 양육을 받습니다. 남에게 폐를 끼치는 것을 부끄러워하고 자기욕심만을 충족시키려고 들지도 않습니다. 공동체적 이상이 실현된 사회라고 할 수 있습니다. 공자는 그가 살았던 시대의 혼탁함에 질려 요순(堯舜)시절을 되살리려 한 것이죠.

그런데 공자에게 있어 정치란 현실과 이상, 존재와 당위를 일치시키고자 하는 것입니다. 이러한 일치를 통하여 이상과 당위의 기준을 세우고자 합니다. [나]는 유명한 '군군신신부부자자(君君臣臣父父子子)'입니다.

> [나]
>
> 제나라 경공이 정치의 본질을 물었다. 선생께서 대답하셨다. "신하는 군주를 군주로 섬기고 군주는 신하를 신하로 대우하고 자식은 어버이를 어버이로 섬기고 어버이는 자식을 자식으로 돌보는 것이 정치의 본질입니다."
>
> 공자, 『논어』

이와 같이 공자의 이상(理想)은 과거를 되살리는 것입니다. 이에 대해 [다]에서 루소는 원시의 평온을 묘사하는 점에서 공자와 유사하지만, 루소의 관심은 과거의 평온보다는 현재의 불평등의 원인에 집중됩니다.

[다]

옛날 원시상태의 인간은 자연환경에 잘 적응하며 건강하고 튼튼하게 살고 있었다. 필요한 양식을 자연에서 얻을 수 있었던 인간은 각자 원하는 곳으로 가서 자유롭게 먹고 즐기고 생각하며 행복하게 살았다. 누구를 구속하지도 않고 누구로부터 구속받지도 않았으며, 자유롭고 평등하게 살았다. 그런데 사람의 수가 늘어나고, 자연재해가 닥치고, 사람이 다른 동물과 먹이 다툼을 벌이는 일이 생기면서 자연과 인간 개개인의 독대(獨對)를 통한 직접 관계가 깨지고 점차 인간 사이의 관계가 밀접해지면서 공동체가 형성되어갔다. 공동체 속에서 각 개인은 남을 의식하게 되었다. 그 존재가 상대화하기 시작한 것이다. 이때부터 좋고 나쁨이 생겨나고 선악이 나타나며 불평등의 씨앗이 뿌려졌다. 힘이 있거나 재주가 있거나 말 잘하는 사람이 돋보이면서 다른 사람을 압도하기 시작했다. 이들은 자기에게 유리한 조건을 차지하게 되었고, 드디어 사유물을 남보다 많이 지니게 되었다. 물건이나 땅을 자기에게 유리하게 나누어 차지하면서 남보다 더 많은 힘을 갖게 되었다. 약삭빠르게 힘 있는 자는 점점 더 많은 것을 소유하게 되고 약한 자는 점점 더 상대적인 박탈을 겪게 되었다. 개인의 가치가 존재에서 소유의 개념으로 바뀌게 되었다. 생산수단의 사유화가 인간을 소외시키고 인간을 소유에 종속시켰다.

루소, 『인간 불평등 기원론』

제시문 [라]와 같이 여러분이 공부하는 『사회문화』에도 이와 유사한 서술이 있습니다.

[라]

사회 불평등은 모든 유형의 인간사회에서 존재한다. 심지어 재산의 차이가 거의 없었던 가장 단순한 원시사회에서조차도 사회 구성원 간에 남성과 여성 간의 불평등으로 존재하였다. '모든 인간은 평등하고 존엄하다'는 민주주의 기본가치가 근대 이후의 기본적 원리임에도 불구하고, 사회적 불평등은 어떠한 형태로 존재하고 있으며 앞으로도 지속될 것이다.

그러면 어느 시기, 어느 사회에서나 왜 사회 불평등이 존재하는 것일까? 한 사회에는 부, 권력, 위신 등과 같이 모든 사람이 소유하고 싶어 하는 자원이 있다. 그런데 이러한 자원은 모든 사회 성원에게 공평하게 분배되지는 않는다. 사회적 자원이 개인 간이나 집단 간에 불평등하게 분배됨으로써 개인이나 집단 간에 수직적인 위계가 형성되고 사회문제가 발생한다.

고등학교 『사회문화』 교과서

이렇게 현실은 불평등합니다. 현실의 불평등을 정의롭다고 말하기는 어렵겠죠? 오히려 불평등=부정의라고 말해야 할 것입니다. 그런데 여러분에게 "정의가 뭐냐?"고 물으면 뭐라 답하시겠습니까? 물론 당연히 부정의의 반대말입니다만, 국어사전에서는 이렇게 답하고 있습니다.

> **정의(正義)** : 기본 원칙에 맞는 옳고 바른 도리
>
> 반대 ☞ 불의(不義)

이렇게 정의(正義)의 사전적 정의(定義)를 알게 되었다고 우리가 정의(正義)를 바로 알았다고 말하기는 어렵죠. 정의(正義)를 이해하기 위해서는 '기본 원칙'이 무엇인지 '옳고 바른 도리'는 무엇인지 좀 더 구체적으로 알아야 합니다.

## 2
### 우리는 정의를 어떻게 이해해야 할까요?

우리는 정의라는 말을 사용하고, 정의로운 사람이라는 말을 쓰기도 합니다. 정의는 보편적인 이상인 동시에 개인적인 덕(德)을 의미하는 것이죠. 정의가 보편적인 이상을 의미할 때에는 공정성을 의미하고, 개인적 행동원리를 말할 때에는 올바름이라고도 말할 수 있겠습니다. 그런데 공정성이나 올바름의 공통적인 함의(含意)는 합리적인 엄정성입니다. 그러므로 정의로운 사람은 현명하며 성인(聖人)에 가까운 사람이면서, 수학적인 정확성을 가진 사람입니다. 그는 타협을 거부하고 과오를 범하지 않으면서, 자신의 의무를 다하는 사람입니다.

그런데 이성이 학문이나 논리에 적용될 때에는 객관성과 공정성(公正性)을 이상으로 삼습니다. 이러한 이성의 요구를 인간의 행동과 관련지을 때, 이를 정

의라고 말할 수 있을 것입니다. 예컨대 곧고 바르다는 말은 기하학에서의 직선에 대한 정의(定意)이면서 동시에 성실하고 올바른 사람에 대한 평가가 되기도 합니다. 이렇듯 정의(正義)라는 말에는 수학적인 정확성의 관념이 내재되어 있고, 개인의 권리를 엄정하게 존중하는 것이라고 할 수 있습니다.

[마]

　공적인 정의는 어떠한 종류와 어떠한 정도의 처벌을 원리와 규준으로 삼는가? 그것은 평형의 원리다. 그러므로 만일 네가 다른 국민의 한 사람에게 아무런 이유 없이 악한 행위를 했을 경우, 너는 너 자신에게도 같은 것을 행하는 셈이 된다. 만일 네가 그 사람을 모욕한다면, 너는 너 자신을 모욕하게 된다. 만일 네가 그에게 사기를 친다면, 너는 너 자신에게도 사기를 치게 된다. 네가 그 사람을 두들겨 팬다면, 너는 너 자신을 그렇게 하는 것이다. 네가 그를 죽인다면, 너는 너 자신을 죽이게 된다. 법정에서는 오직 응보의 권리만이 처벌의 질과 양을 결정할 수 있다. 이 권리를 제외한 다른 규준은 그때그때의 경우에 따라 동요하기 마련이며, 또 그 경우에 연루된 다른 사정을 고려하기 때문에 순수하고 엄격한 정의의 판결에는 적합하지 않다.

칸트, 『도덕형이상학』

[마]에서 정의란 '법의 형평성'과 같은 의미로 해석됩니다. 법이 형평성 있게 집행된다면 정의가 실현될 수 있다고 보는 것입니다. 또한, 사회가 정의로운지 평가하기 위해서는 법과 제도에 의해서 사회적 자원이 공평하게 분배되는지를 살펴보아야 합니다. 그렇다면 정의로운 사회는 사회적으로 희소(稀少)한 자원인 소득과 부, 권력과 기회, 공직과 명예 등이 올바르게 분배되는 사회입니다. 사회적 희소자원에 대한 분배의 원칙에 대해서는 행복과 자유와 미덕이라는 세 가지의 이상이 적용됩니다.

# 3
## 정의란 무엇인가?

### 아리스토텔레스

인간이 이성적 존재로서 공동체적 삶을 '정글의 법칙'에 방기(放棄)할 수 없다면, 그래서 도덕이나 정의에 중요한 가치를 부여하고자 한다면, 우리는 우연적이고 운명적인 요인을 제한하고 조정하지 않으면 안 될 것입니다. 정의로운 사회란 바로 이와 같은 제한과 조정의 제도적 장치가 확립된 사회입니다. 아리스토텔레스의 정의(正義)는 제한과 조정의 제도적 장치를 마련하는 기준이 될 수 있겠네요.

### 일반적 정의와 특수적 정의

아리스토텔레스는 정의의 개념을 먼저 일반적 정의와 특수적 정의로 나눕니다. 일반적 정의란 중용을 의미하는 것으로 공동체 구성원인 개인이 자신의 심정과 행동을 공동체의 일반원리에 적합하게 맞추는 것입니다. 즉 당시의 시민이 아테네의 법을 준수하는 것을 의미합니다.

[바]

먼저 정의(正義)는 어떤 행위와 관계가 있으며, 어떤 종류의 중용인지 살펴보도록 하자. 일반적으로 사람들은 정의를 사람으로 하여금 옳은 일을 하도록 하고, 옳게 행동하게 하며, 또 옳은 것을 원하게 하는 성품이라고 생각한다.

그런데 어떤 한 상태에 대해 잘 알기 위해서는 그것에 반대되는 것이나 반대되는 상태에 있는 것을 살펴보는 게 도움이 되는 경우가 있다. 예를 들어 '건강'이 무엇인지 알고자 할 때, '건강하지 못한 것'이 무엇인지 알아봄으로써 건강에 대해 더 잘 알 수도 있다. 만일 '건강하지 못한 것'이 근육이 단단하지 않은 것이라면 건강은 근육이 단단한 상태가 된다.

그러므로 정의의 뜻을 알기 위해 먼저 정의롭지 못한 여러 가지 모습을 살펴보고자 한다. 법을 지키지 않는 사람, 욕심이 많고 불공정한 사람은 모두 정의롭지 못하다고 생각된다. 따라서 법을 지키는 사람과 공정한 사람은 정의로운 사람이다. 이렇게 보면 법을 따르지 않는 사람은 정의롭지 못한 사람이고, 법을 따르는 사람은 정의로운 사람임이 분명하다.

그런데 법은 경우에 따라 모든 사람, 또는 가장 훌륭한 사람이나 권력을 쥐고 있는 사람의 공동이익을 위해 제정된다. 그러므로 어떤 의미에서 보면 국가 공동체를 행복하게 만드는 조건이 많아지게 하는 행위를 옳은 행위라고 할 수 있다.

법은 우리에게 용감하고 절제하며 온화하게 행동하라고 명령한다. 마찬가지로 다른 덕과 악덕에 관해서도 어떤 일은 하도록 명령하고, 어떤 일은 하지 말라고 금지한다. 물론 바르게 잘 만들어진 법은 그 일을 올바르게 명령할 것이고, 엉성하게 만들어진 법은 그에 비해서는 덜 올바르게 명령할 것이다.

이런 의미에서 정의는 우리 이웃과의 관계에서 완전한 덕이며, 가끔 모든 덕 가운데 가장 큰 덕으로 여겨진다. 그래서 '정의 속에는 모든 덕이 다 들어 있다'라는 속담이 있을 정도다. 이처럼 정의의 덕이 완전한 까닭은 그 덕을 가진 사람이 그 덕을 자신만을 위해서가 아니라 자기의 이웃을 위해서도 쓸 수 있기 때문이다.

이런 이유로 모든 덕 가운데 정의만이 '다른 사람을 위한 선'으로 여겨진다. 정의는 지배자이건 동료이건 관계없이 다른 사람을 이롭게 하는 것이다. 그리하여 최악의 사람은 자신의 악함을 자신뿐만 아니라 자기 친구에게까지 미치는 사람이고, 반대로 최선의 사람은 자신의 덕을 자기 자신은 물론 다른 사람 모두에게까지 미치는 사람이다. 이런 의미에서 정의는 덕의 일부가 아니라 덕 전체라고 할 수 있다. 따라서 정의에 반대되는 정의롭지 못함은 악덕의 일부가 아니라 악덕 전체다

아리스토텔레스, 『니코마코스 윤리학』

[바]에서 아리스토텔레스는 법을 지키는 것이 정의로운 것이라고 말하는군요. 법은 공동의 이익을 위해 제정된 것이기 때문에 올바르게 만들어진 법이라면 사람들을 올바른 방향으로 이끌 것이라고 보기 때문입니다. 이렇게 생각하면 정의란 개인적 올바름을 넘어서서 사회에서 타인과의 관계로 이루어지는 것이라고 할 수 있네요.

다음으로 특수적 정의는 교환적 정의, 분배적 정의, 규제적 정의 등 세 가지 형태로 분류합니다. 특수적 정의는 각기 평등성과 합리적인 비율을 요구하고 있

습니다. 먼저 교환적(交換的) 정의(호혜적·거래적 정의)는 공정한 거래, 평등한 교환의 원리를 말합니다. 수학적인 동등성을 바탕으로 물건의 교환을 주도하는 정의로 등가교환(等價交換)의 원칙을 말합니다. 다음은 분배적(分配的) 정의(배분적·비례적 정의)입니다. 이는 교환적 정의와는 달리 차등을 전제로 합니다. 사회의 부와 권력, 책임과 의무부과를 분배하는 원리로서 각인의 응분(應分) 공동체에 대한 기여를 바탕으로 기하학적 비례로 배분하는 것을 말합니다. 마지막으로 규제적(規制的) 정의(시정적·교정적·사법적 정의)는 사법적(司法的)인 규제를 의미합니다. 일정한 분쟁의 경우 재판관의 권위로 강제되는, 위법행위에 대한 배상원리입니다. 공동체에 해를 끼친 자에 대하여 해를 가함으로써 공동체적 균형을 회복하고자 하는 것입니다.

여기서 아리스토텔레스의 정의는 평등으로 대치되어 다음과 같이 정리될 수 있습니다.

교환적 정의 = 기회의 평등
분배적 정의 = 비례적 평등
규제적 정의 = 법 앞의 평등

**공리주의, 제레미 벤담**

벤담은 사람들의 '도덕감'에 호소하는 것은, 사회적 편견을 유지하려는 은근한 수단이라고 생각했습니다. 도덕감이란 시대의 변화와 함께 변화될 수 있는 풍습에 지나지 않는데, 경험적으로는 입증할 수 없는 주의·주장을 과학적으로 확립된 결론인 것처럼 착각하는 것이라고 생각했습니다. 따라서 벤담이 생각할 때, 사물의 '영원한 적합성'이니, '명예'니, '품성'이니 하는 말은 감정적이고 공허한 것입니다. 벤담은 이러한 (일시적인) 유행어 대신에 (좀 더 항구적인) 올바른 행위의 기준이 무엇인가를 분명히 정의하고자 했습니다. 그는 이 기준을 처음에는 공리(功利)의 원리라고 불렀고, 나중에는 '최대 행복의 원리'라고 불렀습니다. 벤담은 이 원리를 [사]와 같이 표현합니다.

[사]

공리(功利, utility)의 원리라는 것은, 어떠한 종류를 막론하고 모든 행동의 옳고 그름을 판정하되, 그 행동이 당사자의 행복을 증대시키느냐 감소시키느냐에 따라서 판정하는 원리이다. 다시 말하면 행복을 증진하든지, 그렇지 않으면 행복에 반대하든지 그 지향을 보아서 모든 행동을 좋다거나 나쁘다거나 하는 원리이다. 나는 "어떠한 종류를 막론하고 모든 행동"이라고 말했다. 따라서 개인의 모든 행동뿐만 아니라, 정부의 시책에 대해서도 이 원리는 적용된다.

제레미 벤담, 『도덕과 입법의 원리』

벤담은 쾌락이 행복이고, 고통은 불행이라 합니다. 행복이란 많은 쾌락과 쾌락에 따르는 여러 가지 고통으로부터의 가능한 자유에 대한 하나의 집합명사이며, 불행이란 고통이 압도적으로 많은 의식 상태에 대한 집합명사라는 것입니다. 벤담에 의하면 그 자체로서 나쁜 쾌락은 없으며 모든 쾌락은 선합니다. 그런데 인간의 생활은 복잡한 사태 속에서 이루어지므로, 쾌락과 고통이 단일하게 또는 단독으로 생기지 않습니다. 오히려 쾌락과 고통은 인과적인 여러 가지 상호관계에서 복잡하게 얽힙니다. 그러므로 최대의 행복에 도움이 되고, 행복을 추구하는 과정에서 부수적으로 발생하는 여러 고통으로부터 가능한 한 자유롭게 되도록 우리가 쾌락을 선택하기 위해서는 이성의 작용이 필요합니다.

### 윤리학적 고찰의 영역으로부터 행위의 동기를 제외한다

벤담은 정부의 정책과 사회의 시책이 과학적인 정확성을 바탕으로 시행되기를 원했습니다. 따라서 쾌락과 고통의 양이 정확히 측정되어야 하며, 그럴 수 있다고 생각했습니다. 이렇게 함으로써 행동의 동기를 윤리학적 고찰의 영역에서 제외할 수 있게 됩니다. 공리주의자에게는 선악을 과학적으로 결정함에 있어서 고려할 중요한 것은 행위의 동기가 아니라, 행위의 쾌락적 결과인 것입니다.

하이논술 1 ● 역사 · 사회

## 인간은 입법자와 행정가가 조종할 단위다

공리주의에 대한 호된 비판 중의 하나는 인간을 개성을 상실한 단위, 수량으로 취급한다는 점입니다. 즉, 인간은 그 자신보다 우월한 사회체제에 의해서 조종될 수 있는 존재라는 것인데요, 이렇게 비판하는 이유는 공리주의적 사고의 두 번째 귀결 때문입니다. 벤담이 말했듯이 사람들은 모두 고통과 쾌락이라는 감정에 지배되며, 이 감정은 우리의 '통치권자'입니다. 이는 모든 행위를 지배하며, 무엇을 해야 하고 무엇을 하지 말아야 할지를 결정합니다. 따라서 인간은 그들의 행위에 의하여 얻을 수 있는 장래의 쾌락을 생각하면서 행동합니다. 그러므로 국가의 입법과 행정작용은 인간의 어떤 행동에 쾌락이나 고통을 결부시킴으로써 사람들에게 어떤 행동을 유도하거나 억제할 수 있게 되어 사회 발전의 방향을 조종할 수 있게 됩니다. 이런 의미에서 공리는 우리의 도덕적·정치적 삶의 기초가 되며, 오늘날에도 국가정책을 수립하거나 형벌의 원칙을 정할 때 공리주의적 관점이 적용됩니다. [아]를 통해서 공리주의적 사고가 현실에서 어떻게 구체화되는지 생각해보기 바랍니다.

[아]

어떻게 하면 사람들이 원하는 것을 공정하게 나누어 가질 수 있을까? 부부가 이혼할 경우, 이들이 함께 살던 집은 누가 가져야 할까? 대도시의 환경오염을 분담해서 책임질 경우, 누가 얼마나 부담해야 하는가? 공해에 위치한 대륙붕에서 광물자원이 발견된다면, 어느 나라가 개발권리를 주장할 수 있을까? 매우 다른 듯이 보여도 이는 모두 공정한 분배·분담 원칙이 있어야 해결이 가능한 문제다.

(중략)

그런데 일부 학자가 '케이크 자르기'라 부르는 매우 단순하지만 함축적인 모델을 개발하여 제한적으로나마 실제상황에 적용하기 시작했다. '케이크 자르기'는 다음과 같은 절차로 이루어진 모델이다.

먼저 두 사람이 케이크를 나누어 가지려 한다고 가정하자. 이 경우 공정한 분배방식은 먼저 한 사람이 케이크를 자르고 이어서 다른 사람이 자기 몫을 선택하도록 하는 것이다. 이때 첫 번째 사람은 자기가 원하는 방식으로 케이크를 자름으로써 자신이 원하는 바를 반영할 수 있다. 예를 들어, 그가 케이크의 양보다 초콜릿과 같은 첨가물에 더 큰 가치를 둔다면, 그는 상대방의 기호를 추정한 후, 초콜릿과 케이크의 양을 감안하여 나눌 것이다. 반면 두 번째 사람은 상대방을 고려할 필요 없이 두 조각 중 하나를 택하면 된다. 이렇게 분배할 경우, 두 사람 모두 만족할 수 있다. 두 사람 모두 각자 나름대로 분배방식에 참여하는 과정을 통해, 모두가 자신이 원하는 것 또는 원하지 않더라도 일방적으로 불리하지 않은 것을 얻을 수 있기 때문이다.

케이크 자르기 모델은, 약간 더 복잡하기는 하지만, 세 사람이 나누어 갖는 경우에도 적용할 수 있다. 이 경우 첫 번째 사람은 먼저 두 사람이 나눌 때와 마찬가지로 케이크를 마음대로 나눈다. 물론 세 조각이 만들어지도록 해야 한다. 이어서 두 번째 사람은 자신이 원하는 방식으로 초콜릿이나 여타의 첨가물을 이미 나누어진 케이크 조각 위에 배분한다. 그런 후에 마지막으로 세 번째 사람이 먼저 케이크 조각을 선택한다. 두 사람이 나누어 갖는 경우와 마찬가지로 세 사람이 나누어 갖는 절차 역시 공평하다. 첫 번째와 두 번째 사람은 분배될 케이크 조각에 각각 자신의 의사를 반영했기 때문에, 그리고 세 번째 사람은 가장 먼저 선택권을 사용했기 때문에 분쟁의 소지가 없다.

케이크 자르기 모델은 이처럼 소수가 제한된 재화를 나누어 갖는 경우 매우 유용하다. 그러나 네 사람 이상의 경우에는 더 이상 적용할 수 없었다. 그래서 다수가 참여하는 경우에도 공정한 분배·분담을 보장할 수 있는 절차가 고안되었다. 일종의 경매방식을 원용한 이 모델은 분배·분담에 참가한 모두에게 동일한 구매력을 부여한 후, 각자가 원하는 재화가 모두 낙찰될 때까지 경매절차를 통해 분배한다. 예를 들어 이혼한 부부가 예전에 공동으로 소유한 물품을 나누어 갖는 경우를 생각해보자. 우선 당사자가 동일한 구매력을 보유토록 하기 위해 각자에게 100환이라는 가상화폐를 지급한다. 그리고 이들이 나누어 가질 공동 소유물에 하나씩 번호를 붙인다. 만약 모두 10개의 물품이 있다면, 부부는 각자 나름대로 10개의 물품에 대한 선호도에 따라 입찰할 금액을 배정할 것이다. 일례로 집이 입찰대상인데 만약 남편이 집에 대해 50환의 가치를 부여하고 부인은 40환의 가치를 부여했다면, 집은 남편에게 낙찰된다.

결과는 모두에게 만족스럽다. 남편은 원하던 것을 얻었으니 만족할 것이고 부인은 원하던 것을 얻지 못했지만 대신 나머지 물품의 경매에서 상대적으로 유리한 입지를 확보할 수 있기 때문이다. 자동차를 비롯한 나머지 물품도 같은 방식으로 분배할 수 있다. 중요한 것은 누가 무엇을 갖는지가 아니라 부부 모두가 절차의 공정성을 인정하고 결과에 승복할 수 있다는 것이다. 때에 따라서는 좋아하는 것만이 아니라 싫어하는 것도 나누어 가져야 할 경우가 있다. 이혼한 부부의 경우, 집이나 자동차는 가지면 득이 되지만 부채나 양육비는 떠맡을수록 부담이 된다. 그러나 싫어하는 것도 공정하게만 분담한다면 크게 문제될 것이 없다. 싫어하는 것을 분담하는 방식도 좋아하는 것을 나누어 갖는 방식과 동일하다. 가장 싫어하는 일에 가장 적은 가치를, 상대적으로 덜 싫어하는 일에는 더 큰 가치를 부여하게 하는 것이다.

이와 같이 경매 모델은 당사자 모두가 스스로 가치를 부여하도록 함으로써 각자의 선호와 욕구가 분배·분담에 반영될 수 있도록 하며, 동시에 모두에게 대등한 기회를 부여함으로써 절차상 제기될 수 있는 분쟁의 소지를 제거한다. 경매 모델은, 충분히 개발할 경우, 재산분배 문제에서 환경오염에 대한 비용분담 문제에 이르기까지 다양한 경우에 적용할 수 있을 것이다.

경희대 2002 정시

## 공리주의에 대한 비판

공리주의에 가해지는 비판의 첫 번째는 인간의 존엄성이나 개인의 권리를 존중하지 않는다는 점입니다. 오직 쾌락의 총합을 증대시키기에 몰두함으로써 개인을 묵살할 수 있다는 것이지요. 공리주의자에게 개인은 사람들의 선호도를 더할 때 계산되는 한 단위이거나 한 항목에 지나지 않으므로, 도덕적으로 부당한 결과를 초래할 수 있습니다. 이는 공리주의적 사고의 귀결이 행위의 도덕적 측면을 외면하고 오직 실용성만을 추구하기 때문입니다. 〈24hours〉라는 미국 드라마가 있습니다. 주인공은 대 테러기관인 CTU에 소속되어 있는데요, 테러가 임박한 상황에서 정보를 얻기 위해 말 그대로 수단과 방법을 가리지 않습니다. 도시를 살리기 위해서, 미국을 구하기 위해서는 무엇이든 정당화된다는 사고는, 게르만 민족의 영광을 위해서 유대인과 정권의 반대자를 주저 없이 집단학살한 나치를 연상하게 합니다. 인간의 질병치료와 예방을 위해서 죽어가는 '기니피그'의 생명권을 주장하는 동물보호단체의 항변도 공리주의에 대한 이러한 비판과 맥을 같이 합니다.

공리주의에 대한 두 번째 비판은 공리주의가 도덕적 문제를 오로지 고통과 쾌락이라는 기준으로만 측정한다는 것입니다. 공리주의는 행복을 계량함으로써 이성적이고 합리적인 기준을 제공할 수 있고, 따라서 사적 판단을 배제하게 되어 공정한 판단이 가능해진다고 주장합니다. 인간의 문제를 이렇게 '계량'하고 일관된 '기준'을 제공하기 위해서는 획일화된 척도에 의존하게 됩니다. 경제학에 있어서 '비용과 편익'에 의한 분석은 인간이 지향하는 다양한 가치를 반영하지 못하고, 인간을 이익달성의 수단으로서만 인식하는 문제를 낳습니다. 흔히 자본가의 비윤리적인 측면을 지적할 때, '돈밖에 모르는 인간'이라고 비판하는 것과 같은 맥락입니다.


### 자유지상주의, 하이에크


앞에서 살펴본 공리주의적 입장은 사회전체의 행복을 최대화하기 위해 부의 재분배를 급진적으로 옹호하는 논리로 발전될 가능성이 있습니다. 쾌락을 극대화하고자 하는 공리주의적인 입장에 한계효용이론을 결합시키는 방향으로 사고의 흐름이 전개될 때에는 부자에게서 빈자에게로 소득을 이전시킬 때 사회적 행복의 총합은 최대에 도달할 수 있기 때문입니다.

실제로 한계효용학파의 일원인 영국의 제본스는 공리주의 철학의 영향 아래 쾌·고(快·苦)의 계산으로부터 출발하여 수학적으로 효용이론을 구축했습니다. 한계효용이론이란 어떤 재화를 소비함으로써 얻는 효용의 총량(총효용)은 그 재화의 소비량이 증가함에 따라 증가하나, 재화 1단위를 소비함으로써 얻는 한계효용(限界效用)은 경험적으로 볼 때 점차 감소하는데 이것을 한계효용체감(限界效用遞減)의 법칙이라 합니다. 한계효용학파는 재화를 소비할 때 개인이 느끼는 만족도를 계량하고자 한 것입니다. 그런데 이를 부의 분배에 적용하면 사회 구성원 각자가 얻는 쾌락이 동등하게 되었을 때 사회전체가 얻는 쾌락의 총량은 최대치가 되기 때문에 부자도 없고 가난한 자도 없는 상태가 가장 이상적인 상태가 됩니다.

자유지상주의자(自由至上主義者)는 이러한 사고에 반대합니다. 부자에게 세금을 부과해서 가난한 사람을 돕는 행위는 기본권을 침해하기 때문에 부당하다는 것입니다. 강도행위가 처벌받는 이유는 강압적으로 타인의 재산을 자신의 것으로 이전하기 때문인데요, 마찬가지로 명분이 무엇이든 국가가 소득재분배에 나설 때 부자의 동의가 없다면 강도행위나 다름없다는 것입니다. 즉 이는 개인의 동의 없이 그의 재산에 대한 권리를 침해하는 행위이기 때문에 이러한 근거로 소득재분배에 반대하는 입장을 자유지상주의라고 합니다.

자유지상주의자는 개인의 자유를 중시합니다. 그 결과, [자]와 같이 정부의 간섭이 최소화되는 최소국가를 이상적으로 여기게 됩니다. 최소국가란 계약을 집행하고, 개인의 재산을 보호하며, 평화를 유지하는 국가로서 근대의 야경국가(夜警國家)와 유사한 개념입니다. 국가가 그 이상의 기능을 수행한다면 부도덕한 국가가 됩니다.

### 프리드리히 폰 하이에크의 정의론

하이에크에 의하면 사회정의를 논한다는 것은 '신기루'를 쫓는 것과 같은 행동입니다. 사회가 정당하거나 정당하지 않을 수는 없다는 것인데요. 사회란 개인의 집합일 뿐이기 때문입니다. 따라서 '정의로운 사회'란 정의개념을 오해한 것입니다. 정의는 어떤 행위의 속성, 즉 행위자의 속성입니다. 예컨대 시장에서 사람들이 거래함으로써 발생하는 자원배분의 결과는 어떤 개인적 행위자가 인위적으로 의도한 결과가 아니기 때문에 정의롭다거나 정의롭지 않다고 평가할 수 없습니다. '사회정의'라는 개념은 이런 핵심을 보지 못한 근본적인 오류를 내포하고 있으며, 사회는 행위자가 아니기 때문에 정의롭거나 정의롭지 않을 수 없습니다. 하이에크는, 사회정의란 인간의 의도가 개입된 사회현상에만 적용할 수 있는 개념인데, 시장경제에서 이루어지는 소득분배는 이에 해당하지 않으므로 분배문제에는 사회정의라는 말을 적용할 수 없다고 합니다. 그래서 자본주의에서 빈곤은 자연적 현상이므로 비난의 대상이 아니라는 것입니다. 이 견해에 의하면 자본주의에서 나타나는 빈곤은 불의라고 말할 수 없습니다.

자유지상주의자와 마찬가지로 하이에크도 국가가 일상의 기본적 필요(욕구) 충족을 보장해주는 것을 넘어서서 강제적으로 부를 재분배하는 일은 개인의 자유에 대한 정당화할 수 없는 침해라고 주장합니다, 그의 생각으로는 '사회정의'를 실현하고자 하는 국가의 야심(野心)은 중앙집권적 권위를 함축하고 있습니다. 그런데 중앙집권적 권위는 사람들에게 원하지 않는 일을 강요하며, 개인이 자신의 자원으로 하고 싶은 일을 할 수 있는 자유를 침해합니다. 또 복지 및 재분배(再分配)와 관련된 국가정책은 분배기준에 대한 국가의 판단을 필요로 합니다. 그런데 분배의 기준이 '필요'가 되어야 하는지, '능력'이 되어야 하는지, 만일 '능력'이 기준이 된다면 무엇을 '능력'으로 간주해야 하는지 등등의 문제가 끊임없이 발생한다는 것입니다. 하이에크는 이러한 문제에 올바른 답이 있을 수 없고, 이런 부류의 판단은 개인에게 맡기는 것이 유일한 대응책이라고 생각합니다. [자]에서 하이에크는 현실적 평등과 이상으로서의 평등 사이의 관계를 명확히 해야 한다는 점을 지적하면서, 현실적 지위의 불평등에 따른 차등적 대우가 이상적 평등을 달성하는 길이라고 주장합니다. 즉, 개인 간의 차이를 존중하고 차이에서 비롯된 불평등을 용인하면 자연스럽게 개인의 욕망을 자극하여 최선의 능력을 발휘하게 됨으로써 사회발전이 이루어진다는 것입니다.

[자]

인간의 선천적 차이의 중요성을 최소화하고 모든 주요한 차이를 환경의 영향 탓으로 돌리는 것은 현대의 유행이 되었다. 후자가 아무리 중요할지라도 개인은 애초부터 매우 다르다는 사실을 간과하지 말아야 한다. 설사 모든 개인이 아주 유사한 환경에서 자라날지라도, 개인적 차이의 중요성은 결코 덜하지 않을 것이다. (중략)

사람들이 서로 매우 다르다는 사실에서부터 도출되는 바는, 만약 그들을 동등하게 대우한다면 그 결과는 실제적 지위상의 불평등일 수밖에 없다는 점, 그리고 그들을 평등한 지위에 놓는 유일한 방법은 그들을 다르게 대우하는 것이라는 점이다. (중략)

평등주의자는 개인능력의 태생적 차이와 환경의 영향으로 인한 차이를, 달리 말하면 '본성'의 결과인 차이와 '양육'의 결과의 차이를 다르게 본다 (중략) 이 둘 간의 구분이 중요한 이유는 단지 전자의 유리함이 인간이 전혀 통제할 수 없는 환경에 기인하는 반면, 후자는 우리가 변경할 수도 있는 요소에 기인하기 때문이다. 중요한 문제는 환경으로 인한 유리함을 가능한 한 제거하도록 제도를 고치는 것이 좋은가 하는 점이다. "우월한 재능과 근면성의 결과가 아닌 한, 출생과 재산상속에서 비롯된 모든 불평등은 폐지되어 없어져야 한다"는 주장에 동의하는가?

어떤 유리함은 인간이 만든 제도장치에 의존한다는 사실이 반드시 모두에게 동일한 유리함을 제공해야 한다거나, 또는 일부에게 그 유리함이 주어지면 나머지 사람은 그것을 박탈당한다는 것을 의미하지는 않는다. (중략)

상속은 과거에는 가장 광범위하게 비판받은 불평등의 원천이었으나, 오늘날에는 더 이상 그렇지 않다. 이제 평등주의자의 선동은 교육의 차이에 연유한 불평등한 이득에 집중되는 경향이 있다. 다음과 같은 주장에는 조건의 평등을 보장하려는 바람을 나타내는, 점차 증가하고 있는 경향이 존재한다. 즉 우리가 특정인에게만 제공된다고 배웠던 최상의 교육이 모두에게 무상으로 이루어져야 한다는 주장이다. 또한 만일 그것이 불가능하다면 단지 자기부모가 그 대가를 치를 능력이 있다는 이유만으로 다른 사람보다 더 나은 교육을 받아서는 안 되고, 똑같은 능력시험을 통과한 사람만, 또 그 사람 모두가 보다 나은 교육이라는 제한된 자원의 이득을 얻어야 한다는 주장이다. (중략)

여기에서 우리는 단지 이 영역에서 강요된 평등은 특정인으로 하여금 그렇지 않았을 경우에 받을 수 있었을 교육을 받지 못하게 할 것이라는 점만 지적하기로 한다. 우리가 어떻게 하든 오직 일부 사람만이 가질 수 있고 일부만 누리는 것이 바람직한 이득이 개인적으로는 그럴 만한 자격도 없고 다른 사람만큼 그것을 잘 이용하지도 못할 사람에게 주어지는 것을 막을 방도는 없다. 그러한 문제는 국가의 배타적이고 강제적인 권력에 의해서 만족스럽게 해결될 수 없다. (중략)

우리가 이러한 요구의 정당성에 대해 물음을 던질 때, 우리는 그것이 어떤 사람의 성공이 종종 그보다 성공하지 못한 사람에게 불러일으키는 불만에 의존한다는 것, 또는 단적으로 말하자면 질투에 의존한다는 사실을 발견하게 된다. 이러한 열정을 채워주고 그것을 사회정의라는 존경스러운 외피 속에 감추는 현대적 경향은 자유에 대한 심각한 위협으로 발전하고 있다. (중략) 만일 실제로 모든 충족되지 못한 욕구가 공동체에 대해 청구권을 갖게 된다면, 개인의 책임은 끝장날 것이다. 그것이 아무리 인간적인 것이라고 하더라도, 질투는 분명히 자유사회가 제거할 수 있는 불만의 근원 중 하나가 아니다. 우리가 질투를 용인하지 않고, 그러한 요구를 사회정의로 위장하여 승인하지도 않으며, 존 스튜어트 밀의 말처럼 그것을 "모든 열정들 중에서 가장 반사회적인 악덕"으로 취급하는 것이 아마도 그러한 사회를 보호하기 위한 필수적인 조건 중 하나일 것이다.

프리드리히 A. 하이에크, 『자유헌정론』

하이에크는 국가가 쓸데없이 참견함으로써 재화의 분배를 왜곡시키지만 않으면 자유롭게 상호작용하는 개인은 자발적 교환질서, 혹은 개인의 두뇌에 흩어져 존재하는 정보와 지혜를 유용한 지식으로 전환시켜주는 자생적인 질서를 만들어낼 것으로 봅니다. 예를 들어 시장에서는 가격이라는 신호체제를 통해 중앙의 계획자가 이용하기 어려운 종류의 지식이 공급되며 개인의 경제활동이 일반적인 선(善)을 촉진하는 경향이 있습니다. 쉽게 말하면 각자에게 무엇이 유리하고 무엇이 필요한지에 대해서는 각자가 가장 잘 알기 때문에 개인에게 맡겨두고 국가가 부당하게 간섭하지만 않으면 최선의 결과가 도출될 수 있을 것이라는 것이죠. 이 점이 고전적 자유주의와 일맥상통하는 생각입니다. 이러한 생각은 사회주의 계획경제에 대한 비판이며, 경제를 계획하려는 시도나 특별한 목적을 가지고 자원을 재분배하려는 시도는 단지 개인의 자유만을 침해하는 것이 아니고, 간섭 없이 두면 장기적으로는 사람들이 혜택을 입을 수 있는 시장을 비효율적으로 왜곡시키는 행위라는 것입니다. [차]에는 하이에크의 이런 생각이 잘 반영되어 있습니다.

[차]

자유의 적은 인간의 질서가 누군가에 의해 만들어지고 다른 사람은 이에 복종해야 한다는 주장을 펼친다. 그러나 경제학자는 개인행위의 자발적 상호조정이 시장을 통해서 효율적으로 이루어질 수 있다고 설명한다. 개인들 사이의 상호조정 메커니즘에 대한 이해는 그들의 행동을 제한하는 일반준칙을 수립하기 위해 필요한 가장 중요한 지식이다.

타인의 일정한 기여에 대한 기대에 기초해서 일관성 있는 행위계획을 실행할 수 있다는 사실은 사회질서가 있음을 확인해준다. 사회생활에 일종의 질서, 일관성 및 지속성이 존재한다는 점은 분명하다. 만일 그것이 없다면 우리 중 어느 누구도 자기업무를 수행할 수 없고 가장 기본적인 욕구조차 충족시키지 못할 것이다. 본질적으로 사회적 질서가 있기에, 개인은 성공적인 예측에 의해 행동하고, 자신의 지식을 효율적으로 사용하며, 더 나아가 타인으로부터 기대할 수 있는 협력이 무엇인지에 대해 보다 더 정확하게 예측할 수 있다.

상황에 따라 조정이 이루어지는 분산적 질서는 중앙의 지침에 의해 확립될 수 없다. 그것은 개인의 상호작용과 개인에게 영향을 미치는 상황에 대한 대응을 통해서만 나올 수 있다. 이것이 바로 폴라니가 '다중심적 질서'의 자생적 형성이라고 부른 것이다. 개인이 자발적으로 상호작용함으로써 인간 사이에 질서가 확립될 때, 우리는 이를 자생적 질서 체제라 한다. 개인의 노력에 의해 사회적 질서의 조정이 이루어지며, 이러한 자기조정은 공적 토대 위에서 자유를 정당화한다. 이때 개인의 행동은 자유롭다고 할 수 있다. 그것은 우월하거나 공적인 권력의 명령에 의해 결정된 것이 아니기 때문이다.

프리드리히 A. 하이에크, 『자유헌정론』

## 하이에크에 대한 비판

하이에크의 주장처럼 시장을 통한 전체적인 자원배분이 누군가에 의해 의도되지 않는 것이 사실이라고 해도 그 사실이 곧 그 결과에 대해 누구도 책임질 필요가 없다는 것을 의미하지는 않습니다. 사람들은 자신이 전혀 의도하지 않은 결과에 대해서도 책임을 질 수 있습니다. 눈길에서 미끄러짐으로써 자신이 의도하지 않았고, 오히려 필사의 노력을 다해서 정지하거나 회피하고자 했던 교통사고의 결과에 대해서도 우리는 책임을 져야 합니다. 눈길에서 스노우타이어를 장착하고, 충분히 서행할 의무를 게을리 한 책임이 있습니다.

하이에크는 이에 대해 분배의 경우에는 부주의라는 의미에서조차 책임을 질 수 있는 행위자가 없다고 반박할지도 모릅니다.

과연 그럴까요? 확실히 하이에크의 의견처럼 우리 사회의 일부 구성원이 가난하게 살거나 아이들을 교육시키지 못하는 것이 누군가의 책임이 아닐 수 있습니다. 그러나 우리는 정치적 행위자로서 이런 부당한 결과를 허용하지 말 것을 결정할 수 있습니다. 그리고 우리가 이런 문제를 개인의 자선에 맡길 수 없는 정의의 문제로 받아들인다면, 각 개인은 정치적으로 의사를 개진함으로써 여론을 환기시키거나 부당한 결과가 발생하지 않도록 하는 데 필요한 비용 중 일부를 부담함으로써 일정한 기여를 할 책임이 있습니다. 불평등을 야기할 것으로 의도하지 않은 정책이라 하더라도 그로 인해 부당한 결과가 발생한다면 그

정책을 입안하고 그러한 정책에 찬성표를 던진 이들의 의도가 어떻든 불평등에 대한 책임이 있는 것입니다. 이런 의미에서 개인 행위자와 전체적인 분배 결과 간의 연계성을 단절시키고자 한 하이에크의 시도는 실패한 것입니다.

좀 더 근본적인 비판의 방향은 하이에크가 대표하는 신자유주의적 자유의 의미 자체를 겨냥합니다. 하이에크의 『자유헌정론』이나, 『노예에의 길』은 1980년 대로부터 오늘날에 이르는 신자유주의의 광풍을 이끄는 성전(聖典)이 됩니다. 그런데 신자유주의에서 말하는 '자유'는 고전적 자유주의에서 말하는 '자유'와 다른 의미입니다. 고전적 의미에서 자유는 존 스튜어트 밀이 『자유론』에서 말하듯 '우리가 욕구하는 것을 하는 것'으로서 자유개념에 적극성을 부여하고 있습니다. 반면 하이에크는 자유를 '사회에서 타인에 의한 강제가 가능한 한 줄어든 인간 조건'이라고 규정함으로써 밀이 말하는 고전적 자유와 차이를 보입니다. 자유를 '강제의 결여'라는 소극적 의미로 규정한 것입니다. 그리고 이렇게 축소된 자유개념을 '경제적 자유'로 다시 한 번 축소합니다. 그러므로 신자유주의의 관점에서 자유란 '시장의 자유'와 같은 것이 됩니다. 하이에크에게 이러한 자유가 가장 잘 유지되는 것은 시장질서(market order)입니다. 이 시장질서에 국가의 개입이나 복지정책적 고려는 설 땅이 없습니다. 그런데 우리 인간이 누려야 할 자유는 '경제적 자유'만이 아니지요? 우리가 영위하여야 할 '삶' 전체를 시장질서 내에 포섭하고자함으로써 하이에크는 인간이 마땅히 누려야 할 정치적·사회적 자유를 의도적으로 배제한 것입니다. '삶'이 언제나 부(富)의 욕망으로만 흐르는 것이라면 하이에크의 관점이 옳을 것입니다. 그러나 경제적 삶이 삶의 전부를 차지하는 것도 아니고, 경제적으로 환원될 수 없는 잔여(殘餘)는 항상 있게 마련입니다.

신자유주의가 말하는 '자유' 아래에서, 노동자는 구조조정과 노동유연화라는 미명으로 정리해고를 당했으며, 자본은 상호경쟁을 부추기며 더 많은 잉여노동과 이윤을 추출해내고 있습니다. 이것이 신자유주의와 세계화의 결과이기 때문에 신자유주의는 약자의 자유, 피억압 계급의 이익을 외면하고 지배계급의 이익을 대변하는 이데올로기에 불과한 것입니다. 이것이 하이에크가 주장하는 '자유'의 결과입니다

## 공정으로서의 정의, 존 롤스

### 절차적 정의

롤스는 『정의론』에서 정치적·경제적 자유권의 확보라는 고전적 자유주의의 테제와 공정한 기회균등 및 분배정의의 실현이라는 두 이질적인 요소를, 합리적인 선택상황을 가정하는 사회계약론의 관점에서 결합함으로써 자유주의적 복지국가를 철학적으로 정당화했습니다. 그는, 정의는 사태를 공평하게 보는 것, 모든 사람들의 관점에서 바라봐야 하는 것이라고 생각합니다. 따라서 정의로운 결과를 도출하기 위하여 공정한 절차를 마련하기 위해 노력합니다.

[카]

서양의 정의 개념이 지니는 한 가지 중요한 특징은 절차를 중요시한다는 점이다. 이 절차는 분배가 공정할 수 있도록 유도해주는 장치다. 왜냐하면 정의는 공정한 절차를 통해서만 확보될 수 있다고 믿기 때문이다. 이처럼 서양의 정의론에서 절차를 중요시하는 이유 중의 하나는 분배나 계약상황에 개인이 자발적으로 참여하도록 유도해서 마땅히 각 개인이 받아야 할 몫이나 소유자격을 공정하게 분배받도록 하기 위함이다. 이는 곧 사회가 이해상충으로 불가피하게 겪을 수 있는 갈등을 피하면서 협동의 상태에 도달하기 위해 사회 구성원인 개인의 자발적인 참여가 우선 전제되어야 한다는 것을 의미한다. 물론 이때 참여하는 개인은 가능한 한 최대한 광범위하고 평등한 자유를 부여받아야 한다. 다만 그 자유가 개인 사이의 차이를 심화시켜 해당 사회를 위협하게 될 때는 가장 열악한 위치에 있는 사람에게 최대한의 배려가 돌아가도록 하는 형태가 되어야 한다. 이런 경우에 정의는 가장 적은 혜택을 받는 사람에게 가장 많은 혜택이 돌아가도록 배려해야 한다. 그러므로 정의는 타인이 갖게 될 보다 더 큰 선을 위하여 소수의 자유를 빼앗는 행위를 허용하지 않는다. 따라서 절차의 합리성을 바탕으로 공정성을 추구하는 정의는 개인의 좋아함과 이로움에 기초하는 것이 아니라 옳음에 일차적으로 근거를 두며, 목적보다는 의무에 우선적으로 근거하고 있다.

경북대 2003 정시

**무지의 장막**

롤스는 공정한 정의의 원칙을 발견하기 위해서 자연상태로 돌아가 사회계약을 체결하는 상황을 가정해보자고 말합니다. 물론 이 사회계약은 실재한 것이 아니고 가언적(價言的, 일정한 조건을 가정하여 성립되는)으로 상상한 것입니다. 이때 어떤 합의에 도달하기란 대단히 어렵습니다. 왜냐하면 각자의 사회적 지위, 종교적·도덕적 신념, 권력의 유무, 빈부의 차이 등과 같은 이해관계가 심각하게 대립하게 되기 때문입니다. 그런데 만약 각자가 자신의 이해관계에 대해서 무지한 상태라면 어떨까요? 롤스는 사회계약을 체결하는 계약 당사자—사회구성원—이 각자 자신의 처지를 알 수 없는 '무지의 장막' 뒤에서 사회계약을 수립한다면 원초적으로 평등한 위치에서 선택하게 될 것이며, 이러한 상태에서 합의한 원칙은 공정할 것이라고 생각합니다. 왜냐하면 아무도 자신의 사회적 지위나 계층상의 위치를 모르며 누구도 자기가 어떠한 소질이나 능력·지능·체력 등을 천부적으로 타고났는지 모르고, 심지어 당사자는 자신의 가치관이나 특수한 심리적 성향까지도 모른다고 가정할 때 모든 사람이 유사한 상황에 처하게 되어 아무도 자신의 특정조건에 유리한 원칙을 구상할 수 없는 까닭에, 정의의 원칙들은 공정한 합의나 약정의 결과이기 때문입니다.

[타]

공정으로서의 정의에 있어서는 사람들은 먼저 평등한 자유의 원칙을 받아들이며, 그리고 자신의 보다 특정한 목적에 대한 지식 없이 이러한 작업을 수행한다. 그럼으로써 그들은 정의의 원칙이 요구하는 것에 자신의 가치관을 순응시키고, 적어도 그 요구에 직접적으로 위배되는 주장을 고집하지 않으리라는 데에 암암리에 합의하게 된다. 자유를 구속당하는 처지에 있는 다른 사람을 보고 즐거워하는 개인은 자신이 이러한 즐거움을 요구할 아무런 권리도 없음을 알게 된다. 다른 사람의 손실에 대해 갖는 쾌락은 그 자체가 부당한 것이며, 이러한 만족은 그가 원초적 입장에서 합의한 원칙의 위반을 요구하는 것이 된다. 옳음의 원칙이나 정의의 원칙은 가치 있는 만족의 한계를 설정하며, 무엇이 각자에게 있어서 합리적인 가치관인가에 대한 제한을 부여한다. 계획을 짜고 포부를 결정하는 데 있어 사람들은 이러한 제한 조건을 고려하게 된다. 그래서 공정으로서의 정의에 있어서는 우리는 사람들이 갖는 성향이나 경향성을 그 내용에 상관없이 전제하고 그것을 만족시킬 최상의 방법을 강구하는 것이 아니라, 오히려 처음부터 사람들의 목적체제가 준수해야 할 한계를 밝히는 정의의 원칙을 통해서 그들의 욕구와 포부를 제한하려는 것이다. 이러한 것은 공정으로서의 정의에 있어서는 옳음이라는 개념이 좋음이라는 개념에 선행한다는 말로 표현될 수 있을 것이다. 정의로운 사회체제는 개인이 각자의 목표를 펼쳐나가야 할 범위를 규정하고 그리고 그것은 그러한 목적이 공정하게 추구될 수 있는 효용 내에서, 효용에 의해 권리와 기회의 형태 및 만족의 수단을 제공한다. 정의의 우선성이란 어떤 면에서는 정의의 위반을 요구하는 욕구는 무가치하다는 주장에 의해 설명된다. 일차적으로 합당한 가치를 갖고 있지 못한 이상, 그것이 정의의 요구를 침해할 수는 없다.

존 롤스, 『정의론』

롤스가 생각하는 사회계약은 원초적으로 평등한 상황에서 자신에게 무엇이 이익이 되고 무엇이 손해가 되는지를 모르는 상황에서 어떤 원칙에 동의할 때 공정성을 확보할 수 있다는 것입니다. 이렇게 정의에 관하여 생각하는 과정에서 개인의 가치관이 배제되어야 하는 까닭은 가치관의 개입을 허용하게 되면 가치관을 형성하고 수정하며 추구할 수 있는 능력인 자유가 존중되지 못하는 경우가 발생할 수 있기 때문입니다. 친기독교적인 사람이 대통령인 K국이 있다고 가정합시다. 여러분 자신이 독실한 기독교 신자이며, 따라서 자신의 믿음이 유일하고 참된 신앙이라고 믿는다면, 여러분은 국가가 공식적으로 기독교를 지지하는 것이 좋다고 생각할 수도 있습니다. 국가를 하나님 앞에 봉헌할 수도 있고, 공립학교에서 기독교를 정식과목으로 받아들이고, 아침예배를 볼 수도 있겠죠. 기독교인만이 공직에 나설 수 있도록 헌법과 법률을 개정하는 것도 만족스럽습니다. 기독교를 비난하면 처벌할 수도 있을 것입니다. 그러나 이런 행위는 롤스의 관점에서 자유롭고 평등한 시민의 공동권력인 국가를 편파적으로 만드는 것이며, 기독교 신자가 아닌 시민에게는 부당한 것입니다. 모든 시민을 공정하게 대우하는 유일한 방법은, 국가가 사람들이 삶을 영위하는 방식에 특정한 견해를 취하지 않는 것입니다. 시민이 그들의 자유, 즉 스스로 삶의 방식을 결정할 수 있는 능력을 존중하는 것이죠.

사회체제는 그 사회체제로부터 귀결되는 분배가 그 내용과 상관없이 정의로운 것이 되도록 구성된다. 이러한 목적을 달성하기 위해서 사회적이고 경제적인 과정이 적절한 정치적·법적 제도를 배경으로 설정될 필요가 있다. 이러한 적절한 체제의 배경적 제도 없이는 분배 과정의 결과가 정의로울 수 없다.(중략)

우선 내가 가정하는 것은 기본구조가 평등한 시민의 자유를 보장하는 정의로운 헌법에 의해 규제되는 것이다. 그리고 양심과 사상의 자유가 인정되고, 정치적 자유의 공정한 가치가 유지되고 있다. 상황이 허락하는 한 정치적 과정은 정부를 선택하고 정의로운 입법을 위한 정의로운 절차로 이루어지고 있다. 또 내가 가정하는 것은 법으로 명문화되거나 형식적으로만 보장된 기회균등이 아니라 실질적으로 공정한 기회의 균등이 보장되어야 한다는 점이다. 이것은 정부가 일반적인 종류의 사회적 공통자본을 보존하며, 사립학교를 보조하고 공립학교 체제를 확립함으로써 비슷한 재능과 의욕을 가진 이들에게 동등한 교육과 교양의 기회를 보장하고자 노력해야 한다는 것을 의미한다. 또 정부는 경제활동과 자유로운 직업선택의 기회를 균등하게 보장해야 한다는 것을 의미한다. 정부의 이러한 역할은 기업이나 이익단체 등과 같은 민간단체의 행동지침을 정함으로써 독점적인 제약이나 방해물을 제거해야 수행될 수 있다. 마지막으로 정부는 가족수당이나 질병, 그리고 고용에 대한 특별급여 등을 통해서 또는 좀 더 조직적인 등급별 지원책과 같은 수단을 통해서 사회적 최소치를 보장하게 되는 것이다.

존 롤스, 『정의론』

## 정의의 원칙

자! 여러분이 사회를 구성하는 최초의 계약자라면 어떤 원칙에 동의하시겠습니까? 롤스는 이러한 계약상황을 가정할 때 정의의 원칙 두 가지가 도출된다고 추론합니다.

[하]

1. 각인은 만인의 유사한 자유체제와 양립할 수 있는, 가장 포괄적인 기본적 자유의 체제에 대한 평등한 권리를 가져야 한다.

2. 사회적, 경제적 불평등은 (a) 최소수혜자(the least advantaged)에게 가장 큰 혜택이 돌아가야 하는 동시에, (b) 공정한 기회의 평등 하에 만인에게 개방되어 있는 공직과 지위에 결부되도록 편성되어야 한다.

1은 평등한 기본적 자유의 원칙입니다. 2는 사회적·경제적 불평등과 연관되어 두 부분으로 나뉩니다. 먼저 (b)원칙은 공정한 기회의 원칙으로 (a) 즉 차등의 원칙에 우선합니다. 그리고 전체적인 우선순위에 있어서는 1원칙이 2원칙에 우선합니다.

이 원칙을 동시에 고려하면, 정의로운 사회는 최우선적인 사항으로서 개개의 구성원에게 똑같은 학문과 예술의 자유, 언론·출판·집회·결사의 자유, 사상과 종교의 자유 등 민주주의의 바탕이 되는 개인의 기본적인 자유를 모든 시민에게 평등하게 제공합니다.

그다음 만일 사회적·경제적 불평등이 있다면, 사회는 불평등한 보상이 따르는 지위를 획득하는 과정에서 모든 시민이 기회의 평등을 누릴 수 있도록 보상해야만 합니다. 마지막으로 정의로운 사회는 장기적으로 사회의 최소수혜계층의 상황을 가장 많이 개선시켜줄 수 있는 불평등만을 용인하게 됩니다.

롤스는 사회적·경제적 평등을 실현하기 위하여 소득과 부가 사회 구성원에게 똑같이 분배되어야 한다고 주장하지는 않지만, 사회적·경제적 불평등이 정당화되기 위해서는 그러한 불평등으로 인하여 사회에서 가장 혜택을 받지 못하는 구성원 즉, 최소수혜자에게 이익이 될 때에만 정당화될 수 있다는 것입니다. 또한 경제적·사회적으로 특권을 누리는 모든 지위는 사람에게 평등하게 열려 있어야 합니다. 예를 들면, 의사가 식품점 점원보다 돈을 더 버는 것은, 만약 이것이 정반대일 경우라면 아무도 의사가 되기 위한 교육을 받지 않게 되고, 결국 식료품 점원은 의사의 치료를 받지 못하는 상황이 발생하게 된다는 가정에서만 정당화됩니다. 따라서 의사가 봉급을 더 많이 받는 것은 의사에게 이득이 될 뿐만 아니라 의사의 치료를 받게 되는 식품점 점원을 포함하여 사회 모든 이에게도 이득이 됩니다.

이와 같이 특정한 경제적 불평등은 모든 사회에 이득을 주고 모든 사회 구성원을 보다 더 나은 상태에 이르게 합니다. 공리주의자와 달리, 롤스의 정의의 이론은 일부 사람의 더 많은 이익/행복을 위하여 다른 몇몇 사람이 고통을 받도록 용인하지 않는다는 것입니다.

[거]

사상체제의 제1덕목을 진리라고 한다면 정의는 사회제도의 제1덕목이다. 이론이 아무리 정치(精緻)하고 간명하다 할지라도 그것이 진리가 아니라면 배척되거나 수정되어야 하듯이, 법이나 제도가 아무리 효율적이고 정연하다 할지라도 그것이 정당하지 못하면 개선되거나 폐기되어야 한다. 모든 사람은 전체사회의 복지라는 명목으로도 유린될 수 없는 정의에 입각한 불가침성(inviolability)을 갖는다. 그러므로 정의는 타인이 갖게 될 보다 큰 선을 위하여 소수의 자유를 뺏는 것이 정당화될 수 없다고 본다. 다수가 누릴 더 큰 이득을 위해서 소수에게 희생을 강요해도 좋다는 것을 정의는 용납할 수 없다. 그러므로 정의로운 사회에서는 평등한 시민적 자유란 이미 보장된 것으로 간주되며, 따라서 정의에 의해 보장된 권리는 어떠한 정치적 거래나 사회적 이득의 계산에도 좌우되지 않는 것이다. 우리가 결함 있는 이론을 그나마 묵인하게 되는 것은 그보다 나은 이론이 없을 경우인데, 이와 마찬가지로 부정의는 그보다 큰 부정의를 피하기 위해 필요한 경우에만 참을 수 있는 것이다. 인간생활의 제1덕목으로서 진리와 정의는 지극히 준엄한 것이다.

존 롤스, 『정의론』

롤스에 있어서 사회제도의 첫째가는 덕목은 정의입니다. 전제와 압정이라는 개념 자체에는 각종 권리와 기회, 소득과 재산, 권력, 교육, 지위 등의 중요한 사회적 재화를 공정하게 분배하는 시스템을 갖추지 않았다는 의미가 담겨 있습니다. 반대로 정의를 구현하는 정치 공동체는 그 공동체 내 인민의 동의와 충성을 확보할 수 있습니다. 그러나 정의의 요건에 관한 합의에 이르는 것은 결코 쉽지 않습니다. 오늘날 신자유주의 체제에 만연한 2:8의 법칙이 의미하는 소득과 재산의 불평등한 분포상황이 정의롭지 않다고 모든 사람이 동의하는 것은 아니기 때문입니다. 여기에 동의하지 않는 사람들은, 사람마다 타고난 재능과 노력 및 시장에 대한 기여도가 모두 다르기 때문에 사람들이 서로 다른 대우를 받는 것이 당연하다고 생각합니다.

### 롤스에 대한 비판

롤스는 원초적 상황을 가정합니다. 그런데 원초적 상황에 있는 사람이 롤스의 추론과 같이 가능한 한 최소수혜계층의 상황을 최대로 개선시켜주는 데에 관심을 갖는, 위험을 회피하는 선택을 할까요? 물론 롤스는 원초적 상황에 있는 사람을 위험회피자로 가정하고 있습니다. 그 이유는 자신이 최소수혜계층이 될 가능성을 걱정하기 때문입니다. 그러나 좀 더 낙관적인 사람은 더 최악의 상황으로 떨어지는 것을 바라지 않기 때문에 최저기준은 설정하되 평균적 상황을 극대화시키려고 합니다. 실제 시뮬레이션에 의한 연구결과는 이러한 비판이 타당하다는 점을 뒷받침해줍니다.

롤스의 '자유의 우선성'에 대한 비판도 있습니다. 즉, 가상의 계약상황에 참여하는 당사자는 경제적 이득을 위해 기본적 자유를 희생할 각오가 되어 있지 않다는 롤스의 주장에 대한 비판입니다. 그러나 여러분이라면 더 많은 돈을 받는다는 조건으로 여러분이 믿는 것을 말할 수 있는 자유를 박탈당해도 좋습니까? 또는 신앙의 자유나 결사의 자유를 돈과 교환하시겠습니까? 물론, 이는 돈을 얼마나 원하느냐에 따라 달라질 것입니다. 여러분이 돈을 최우선으로 여기는 가치관을 가졌다거나, 너무나 궁핍한 경우라면 경제적 이득에 우선순위를 둘 것입니다. 따라서 이 점은 롤스의 주장에 대한 보편성을 의심하게 합니다.

롤스는 경제가 생산적인 것이 되기 위해서는 불평등이 용인되며, 인센티브가 사람의 능력을 발휘하게 함으로써 최소수혜자의 처지를 최대로 개선시키는데 도움이 될 수 있다고 생각합니다. 그런데 이 주장은 어떤 불평등도 정당하지 않다는 주장과 다르지 않습니다. 왜냐하면 최소수혜자의 이익을 극대화하기 위해서 불평등 자체가 꼭 필요하지는 않기 때문입니다.

마지막으로 최소수혜자란 누구인가에 대한 논란입니다. 롤스의 관점으로는 기본가치를 가장 적게 갖고 있는 사람이 최소수혜자입니다. 이 생각은 최소수혜자가 가장 적은 가치를 갖게 된 과정에 대해 전혀 관심을 갖지 않는다는 문제점이 있습니다. 누군가 막대한 유산을 물려받았지만, 게으르거나 도박에 빠져 재산을 탕진했다 하더라도 그는 최소수혜자가 됩니다. 이 경우 공정으로서의 정의는 근면하고 성실한 사람이 이들에 대해 자원을 나누어줘야 할까요? 훗날 이러한 문제점을 인식한 롤스는 '기본 가치'의 목록에 '여가'를 포함하게 됩니다.

## 마르크스주의

### 칼 마르크스

마르크스주의자는 마르크스가 정의를 어떻게 생각했는지에 대해 치열한 논쟁을 벌여왔습니다. 마르크스는 자본주의 체제에서의 평등한 권리나 공평한 분배 등을 그저 말장난에 불과한 것이라 폄하했습니다. 왜냐하면 자본주의가 노동자에게 속한 것을 부당하게 착취하는 자본가의 불의에 기반을 둔 체제라고 간주했기 때문입니다. 그래서 마르크스는 사회적 재화를 공평하게 분배할 수 있는 대안체제를 모색했습니다.

또한, 마르크스는 분배보다는 생산방식을 더 중요시했습니다. 마르크스는 자본주의적 생산양식은, 공정하든 공정하지 않든 간에, 노동자를 착취하고 소외시키는 생산양식으로 보았습니다. 그러므로 사유재산을 철폐하고 생산수단을 사회화하자는 것이 마르크스가 생각한 정의의 핵심입니다.

마르크스의 입장에서 자본주의 사회에서의 착취는 필연적입니다. 노동계급이 자기가 한 노동만큼의 가치를 온전히 누리지 못한다는 것입니다. 노동자는 자본가가 시장에서 판매하는 상품의 가치를 자신의 노동력으로 대부분 만들어내지만, 그 가치를 누리지 못하고 저임금의 위협에 시달리게 됩니다.

> [너]
>
> 임노동의 평균적 보수는 최저임금 수준에 불과하다. 즉, 노동자가 다시 노동을 하기 위해 겨우 생존하는 데 꼭 필요한 절대적 최소치인 생계수단을 획득할 수준밖에 되지 않는다.
>
> 코겐, 『역사, 노동, 자유』

노동자가 이렇게 저임금에 시달리는 이유는 자본가의 인간성이 탐욕스럽고 저열해서가 아니라, 자본주의적 경쟁논리 때문입니다. 만일 어떤 자본가가 자기 노동자에게 생계임금 이상의 임금을 지불하면 생산비용이 증가하고 제품의 가격도 높아지는데, 이렇게 되면 소비자는 노동자에게 생계임금만을 지불함으로써 제품의 가격을 낮출 수 있었던 경쟁업체의 더 싼 제품을 구입할 것입니다. 그러므로 실직과 굶주림에 대한 공포 때문에 노동자는 최저임금이라도 받아들일 수밖에 없습니다. 모든 노동자는 자기 말고도 수많은 산업예비군이 생존을 위해 생계임금이라도 기꺼이 받아들이고 취업을 하려 한다는 사실을 잘 알고 있습니다.

한편 자본가는 노동자의 노동으로부터 잉여가치 또는 수익을 추출해냅니다. 자본가는 생산수단을 소유하고 있으므로 노동자가 실제로 생산한 가치와 그들이 지급받는 생계임금 사이의 차액을 가로챌 수 있습니다. 이렇게 모은 수익은 노동을 절감할 수 있는 기계설비에 재투자되므로 자본가는 향후 노동비용을 줄일 수 있으며, 시장경쟁에서도 살아남을 수 있게 됩니다. 자본주의 체제는 이런 식으로 노동계급을 착취합니다.

따라서 사적소유제의 철폐가 마르크스의 정의 관념에서 핵심을 차지합니다. 마르크스는 의복·주거·가구·유흥재 등의 사유재산을 반대하지 않았지만, 자본가들에게는 '생산적 자원의 사적소유와 통제에 관해 그 어떤 도덕적 권리도 없다'고 주장했습니다.

마르크스주의자는 생산수단의 사적소유를 완전히 철폐하는 것이 몇 가지 이유에서 중요하다고 생각합니다. 사유재산이 철폐되지 않는 한, 부당하고 불평등한 권력관계가 지속될 것이고, 따라서 자본가가 노동자에 대한 통제권을 계속 유지할 것이기 때문입니다. 생산적 자원을 소수의 자본가가 통제하는 불평등한 상황에 비추어 고전적 자유주의에서 말하는 평등한 권리란 단지 형식적인 표현에 불과합니다. 재산이 없는 사람은 자신의 노동을 팔아, 최저임금을 얻을 수밖에 없기 때문이죠. 그러므로 사유재산이 폐지되기 전까지 노동자는 소외되고, 창조적인 존재가 되지 못하며, 적은 급여로 살아가야 하는 상태가 지속됩니다. 사유재산이 폐지되기 전까지는 자본가계급은 계속해서 경제에 관한 핵심적인 결정을 좌우할 것입니다. 생산과정의 공적통제가 없다면 무자비한 경쟁은 계속

될 것이고, 많은 생산업체가 문을 닫을 것이며, 경제위기의 악순환이 반복되면서 노동자만 고통을 받게 될 것입니다. 요컨대, 마르크스는 산업화 덕분에 인류가 잘 살게 되었지만, 사유재산제 때문에 오히려 경제적 궁핍이 발생한다고 생각한 것입니다.

따라서 마르크스는 자본주의가 초래한 궁핍 상태로 말미암아 '정의가 필요한 사회상황'이 계속 조성될 것으로 보았습니다. 왜냐하면 궁핍상태가 지속되는 한 사람들은 '부족한 자원을 어떻게 하면 공정하게 분배할 수 있을까?' 하는 문제에 집중할 수밖에 없기 때문입니다. 마르크스는 정의가 필요한 사회상황을 넘어서서 풍요로운 사회로 나아갈 수 있는 길을 모색했습니다. 진정으로 좋은 사회라면 '협력에서 비롯된 부가 샘물처럼 흘러넘칠'것이므로 정의라는 개념자체가 필요하지 않을 것이라고 생각했습니다. 마르크스는 경제적 결핍을 완전히 제거한 이상적인 공산사회가 되어야 정의의 사회라고 보았습니다.

자본주의가 철폐되면 곧바로 정의가 필요하지 않는 사회가 형성될 것인가? 여기에 대한 마르크스의 대답은, '그렇지 않다'입니다. 공산사회로 이행하는 동안에는 재화가 기여도 원칙(contribution principle)에 따라 분배되어야 한다고 생각했습니다. 기여도 원칙이란 생산에 가장 크게 기여한 사람이 가장 큰 몫을 차지할 수 있다는 원칙입니다. 마르크스는 '일한 만큼 분배받는다'는 것이, 자본주의 체제의 착취보다 더 낫기 때문에 사람들이 자본주의에서 체득했던 소외를 극복할 때까지 그들에게 동기부여를 해줄 수 있는 유용한 수단이라고 보았습니다. 하지만 오로지 노동에만 근거한 분배가 완전히 옳다고 보지 않았습니다. 사람마다 재능과 사회적 조건이 다르기 때문에 노동으로 기여할 수 있는 바도 모두 다릅니다. 불평등한 재능과 사회상황은 옳지 않으므로, 이런 불평등을 반영하는 노동으로 부를 분배한다는 것 또한 공평하지 않다는 생각입니다.

마르크스는 이상적인 공산사회라면 '능력에 따라 일하고, 필요에 따라 분배받는' 사회가 될 것이라고 했는데, 마르크스의 정의관은 풍요로운 공산사회에서 발생할 현상을 예측하고 묘사한 것일 뿐이며, 다른 정의관처럼 희소한 자원을 배분하기 위한 방법론으로 생각했던 것은 아닙니다.

### 마르크스주의에 대한 비판

공산주의 사회는 권위주의적 통치가 미래의 유토피아를 위해 꼭 필요한 단계라고 정당화합니다. 혁명을 통해 정권을 장악한 후 공산정권은 모든 생산수단을 통제했고, 공산주의 정부는 모든 노동자를 직접 고용하여 그들의 숙련도와 노동량에 따라 임금을 지불했습니다. 혁명 이후의 사회에서도, 노동자가 노동의 대가로 지불받는 임금이 그 노동자의 노동가치를 온전히 반영하지는 못할 것이라고 생각했습니다. 노동자가 받는 임금으로부터 사회적 공제분(social deductions)을 빼야 한다고 본 것입니다. 저개발 상태의 사회를 산업화하기 위해 필요한 기술혁신을 충당하거나, 생산과정에서 노후화되는 기계설비를 교체하거나, 학교와 의료 서비스 등의 공동체적 필요를 충족시키기 위한 비용을 부담하기 위해서입니다. 이는 혁명 이후 사회주의 이행기 사회에서 노동자가 부담해야 할 일종의 사회적 기여분(social contribution)으로 보아야 한다는 것입니다. 공산주의 사회에서 이렇게 시민이 사회적 기여를 부담하는 것을 당연한 의무로 생각하도록 하기 위해서, 사람들의 사고와 행동을 사회적으로 철저히 통제합니다. 이는 인간이 경쟁적이고 이기적인 생각을 극복하고, 협동적이며 공동체에 봉사하는 존재로 다시 만들어내기 위한 것입니다. 따라서 개인에 대한 권력의 통제가 강화되어 필연적으로 독재를 초래할 수밖에 없습니다. 따라서 자유주의적 관점에서 볼 때 이는 과도하고 부당하게 개인의 권리를 침해하는 것이며, 인간을 개조하려는 공산주의의 목표는 가능하지도 않은 일입니다. 자유주의와 공산주의 간에는 건널 수 없는 깊은 골이 있어서 비판이 무의미할 정도라고 할 수 있습니다.

### 정의로운 삶, 어떻게 이룰 것인가?

지금까지 살펴본 사회정의에 관한 자유주의적인 견해는 불평등을 정당화하는 상이한 방식으로 이해할 수 있습니다. 하이에크는 사회정의를 추구한다는 관념 자체가 철학적인 오류를 내포하기 때문에 불평등 자체가 정당화될 필요가 없다고 생각합니다. 또 롤스는 불평등이 원초적 상황에서 선택될 원칙, 특히 차등의 원칙에 의하여 사회의 최소수혜계층의 복지를 최대로 증진시킬 수 있어야 한다는 점에 부합하는 한에서만 정당하다고 주장합니다.

한편 마르크스는 자본주의 경제체제 자체가 불평등의 원인이므로, 자본주의의 근간이랄 수 있는 사적소유 제도를 철폐해야 한다고 생각합니다.

사회에는 불평등이 존재해왔고, 그러한 불평등을 타파하고자 하는 인간의 노력도 지속되어왔습니다. 앞에서 살펴본 자유지상주의적인 관점에서와 같이, 사회적 불평등이란 각자가 타고난 재능과 소질의 차이에서 비롯되는 것이며, 이를 수정하려고 노력해서는 안 되는 것일 수도 있습니다. 모든 사람이 꼭 같이 평등한 사회를 상상하기는 어렵지 않지만, 그러한 사회가 가져올 수 있는 험악한 비인간화의 끝을 상상하기는 어렵습니다. 프리드먼은 불공평과 더불어 살 수 있어야 하며, 불평등이 가져오는 열매를 즐겨야 한다고 주장합니다. 우리가 흔히 듣는 '피할 수 없다면 즐겨라'는 말과 같습니다.

[더]

삶은 공평하지 않다. 자연이 낳은 것을 정부가 수정할 수 있다고 믿고 싶은 유혹도 생긴다. 그러나 우리가 한탄하는 적잖은 불공평에서 얼마나 많은 이익을 얻고 있는지 깨닫는 것도 중요하다. 무하마드 알리가 위대한 권투선수가 될 수 있는 기술을 타고 났다는 사실은 (중략) 결코 공평치 못하며, (중략) 무하마드 알리가 하룻밤에 수백만 달러를 벌어들이는 능력을 가졌다는 사실도 분명 공평치 못하다. 그러나 평등이라는 추상적 이상을 추구하느라, 알리가 하룻밤 경기에서 벌 수 있는 돈이 (중략) 최하층 사람이 부두에서 하룻동안의 비숙련 노동으로 벌 수 있는 돈보다 많아서는 안 된다고 한다면 (중략) 알리를 보며 즐기는 사람들에게는 더욱 불공평한 일이 아니겠는가?

밀턴 프리드먼, 『선택할 자유』

그러나 현실의 불공평을 묵과하라는 프리드먼의 주장을 받아들이기는 어렵습니다. 개인이 타고난 운이 어쩔 수 없는 것이고, 불공평한 현실을 수동적으로 받아들여야 한다면, 인간이 자신을 위해 아무것도 할 수 없는 무력하고 가련한 존재로 전락할 수밖에 없는 존재라는 점을 인정해야만 하기 때문입니다. 인간은 자연을 개조하고 변화시킴으로써 더 나은 삶으로 다가섰습니다. 마찬가지로 사회제도를 개혁함으로써 더 나은 인간적 삶을 살아갈 수 있습니다. 롤스의 말대로 실제로 존재하는 방식이 마땅히 존재해야 할 방식을 결정하지는 않습니다. 아래의 마지막 제시문으로 결론을 가름합니다.

[러]

　문화의 시대를 포괄하는, 여러 문화 사이에서 인정된 정의 때문에 전체 인류는 정의 공동체라 불린다. 인류에게 공통된 것은 '같은 경우들은 똑같이 다루어야 한다'는 평등의 계명에서 시작한다. 이 계명은 자의적인 것을 금지하는 것과 같은 부정적인 형태에서, 그리고 불편부당의 계명과 같은 긍정적인 모습에서, 인격을 묻지 않고 분쟁을 조절할 것을 요구한다. 이러한 의미에서 조형예술에서는, 기본적 정의의 상징인 유스타시아 여신을 눈을 가린 모습으로 묘사한다. 여성이든 남성이든, 부유하든 가난하든, 힘이 세든 약하든 규칙을 적용하는 최초의 단계인 불편부당함에 따라 모든 사람은 그에 상응하는 규칙에 의해 똑같은 대우를 받는다. 모든 사람은 법 앞에 평등하다. 각자의 몫을 각자에게 정확하게 배당해야 하는 또 다른 과제를 위하여 정의의 여신은 손에 저울을 들고 있다. 그리고 다른 손에는 수호와 처벌이라는 그녀의 이중과제를 상징하는 칼을 들고 있다.

　물론 최초의 단계에서의 불편부당성만으로는 충분하지 않다. 이 최초의 불편부당성은 오히려 규칙을 확정하는 둘째 단계에서의 불편부당성을 보충하기 위해 있는 것이다. 여기에서 우리는 모든 생활영역에 적용되는 단 하나의 규칙을 기대할 수는 없다. 기본권과 인권에는 '인간으로서의 가치에 따라, 각자에게'라는 평등이 해당되며, 기본적인 생활의 안정을 위해서는 '각자에게 그의 필요에 따라'와 같은 욕구의 측면이 요구된다. 노동과 직업의 영역에서는 실적의 원리가 중요하고, 처벌의 절차는 주관적 죄책의 정도와 관련된 법적 위반의 중대함에 달려 있다.

오트프리트 회폐, 「정의」

다음 제시문을 읽고 아래 물음에 답해 봅시다. (2010 서강대 수시 1차 면접)

[가] 희귀한 난치병을 앓고 있는 2명의 환자 A와 B가 의사의 치료를 받고 있다. 투약을 하면 그 병으로 인한 고통은 완화된다. 그러나 분량이 한정되어 있어서 의사는 하루에 36정밖에 구할 수 없다. 의사는 그 약을 환자 A, B에게 어떻게 분배할지를 결정해야만 한다. 단, 1시간의 고통을 완화하기 위해서 환자 A는 3정의 약이, 환자 B는 1정의 약이 필요하며, 이런 내용을 의사는 물론 환자 2명 모두 알고 있다고 가정한다. 또한 36정의 약은 하루에 모두 사용하고 남기지 않으며, 약의 효과는 당일로 국한되고, 분배 후에는 거래를 할 수 없다고 가정한다.

[나] 산업혁명과 더불어 자본주의 경제가 점차 발전해가던 영국에서는 개인의 이익과 사회전체의 이익을 조화시키는 일이 문제가 되었는데 이를 해결하기 위해 벤담(J. Bentham)을 비롯한 여러 사상가들이 등장하였다. 특히 벤담은 행복이란 다름아닌 쾌락이고 고통이 없는 상태를 의미한다고 주장하였다. 또한, 사회는 개인의 집합체이므로 개인의 행복은 사회전체의 행복과 연결되며, 사회전체가 더 많은 행복을 누리게 되는 것은 그만큼 더 좋은 일이라고 벤담은 생각하였다.

[다] '사회경제적으로 유리한 위치에 있는 사람은 그 유리한 조건을 불리한 위치에 있는 사람의 조건을 개선하는 데 기여할 수 있는 한에서 자신의 위치를 정당화할 수 있다'라는 롤스(J. Rawls)의 주장은 '모든 사람에게 공정한 결과가 돌아가도록 하는 것이 윤리적이다'라는 주장과 일맥상통하며, 이러한 윤리적 행동은 차별 속의 평등을 가능하게 해주고 공동체의 화합을 위해서도 중요하다.

1. 당신이 제시문 [가]의 의사라면 36정의 약을 환자 A와 B에게 어떻게 분배할 것인지 제시문 [나]의 입장에서 결정하고, 총 고통완화 시간을 구하라.

2. 당신이 제시문 [가]의 의사라면 36정의 약을 환자 A와 B에게 어떻게 분배할 것인지 제시문 [다]의 입장에서 결정하고, 총 고통완화 시간을 구하라.

3. 제시문 [나]와 제시문 [다]를 기업에서 의사결정 원리로 사용할 경우 생길 수 있는 문제점을 각각의 경우 예를 들어 설명하여보라.

4. 최근 '기업의 사회적 책임'이 중요한 이슈로 부각되고 있다. 이윤추구 이외에 기업의 사회적 책임이 필요한지 제시문 [나]와 제시문 [다]의 입장에서 각각 설명하라.

# 읽기자료

# 1
### 존 롤스, 『정의론』

차등의 원칙을 설명하기 위해서 사회 계층 간의 소득 분배를 생각해보기로 하자. 다양한 소득 계층들이 우리가 그 기대치에 의해서 분배를 평가할 수 있는 대표적인 개인들과 관련이 있다고 가정해보자. 그런데 일례를 들면 재산을 소유하는 민주주의에서, 기업가 계층의 일원으로 출발하는 사람들은 미숙련 노동자의 계층으로 출발하는 사람들보다 훨씬 나은 전망을 갖게 될 것이다. 이러한 사실은 현존하는 사회적 부정의가 제거된 경우에도 마찬가지일 것이다. 그렇다면 무엇이 이와 같은 생활 전망에 있어서 최초의 불평등을 정당화할 수 있을 것인가? 차등의 원칙에 따르면 그것이 정당화될 경우는 오직 기대치의 차등이 미숙련 노동자 대표의 경우와 같이 보다 불리한 처지에 있는 대표적인 사람에게 이득이 될 경우이다. 기대치에 있어서의 불평등은 그것을 감소시킬 때 노동자 계층의 처지가 더욱 악화될 경우에만 허용될 수 있다. 가령 제2원칙에 있어서 공개적 직위와 관련된 조항이나 자유의 원칙 일반이 전제될 경우, 기업가에게 허용된 보다 큰 기대치는 그들로 하여금 노동자 계층의 장기적인 전망을 향상시키는 일을 하도록 고무하게 된다. 그들의 보다 나은 전망은 인센티브(incentive)로 작용함으로써 경제 과정은 보다 효율적으로 되고 기술 혁신이 보다 빠른 속도로 진행되는 등 여러 가지 이득이 생겨난다. 나는 이러한 것들이 어느 정도 들어맞는지 고찰해보려는 것은 아니다. 그러나 이러한 불평등이 차등의 원칙에 의해 정당화될 경우에는 이런 유(類)의 이야기들이 더 논의가 되어야 할 것이다.

나는 이제 이 원칙에 대해 몇 가지 이야기를 하려 한다. 첫째로 이 원칙을 적용함에 있어 우리는 두 가지 경우를 구분해야 한다. 첫째 경우는 최소 수혜자의 기대치가 실제로 극대화된 경우로서(물론 앞서 말한 제약 조건하에서), 나은 처지에 있는 사람들의 기대치를 변화시켜도 불리한 처지에 있는 사람들의 입장이 더 이상 향상될 수가 없을 때이다. 따라서 앞으로 내가 완전히 정의로운 체제라고 부를 최상의 체제가 달성된다. 두 번째 경우는 나은 처지에 있는 모든 사람들의 기대치가 그보다 불리한 사람들의 복지가 더 이루어지도록 공헌할 경우이다. 다시 말하면 만일 그들의 기대치가 감소될 경우에는 최소 수혜자의 기대치도 마찬가지로 떨어질 경우이다. 그러나 그렇다고 해서 최대치가 달성되는 것은 아니다. 보다 나은 처지에 있는 사람들의 기대치를 증진시킬수록 그것이 최저의 지위에 있는 사람들의 기대치도 증진시키는 결과를 갖는다. 이러한 체제는 대체로 정의로운 것이긴 하지만 그러나 최선의 정의로운 체제라고 말할 수는 없다. 한 체제가 정의롭지 못하다는 것은 하나 이상의 보다 높은 기대치들의 정도가 과도한 경우이다. 이러한 기대치들이 감소할 경우에는 최소 수혜자의 처지가 향상되게 된다. 한 체제가 부정의한 정도는 상위 기대치들이 얼마나 과도하게 높은지, 또한 그것들이 예를 들어 공정한 기회 균등과 같은 정의의 다른 원칙들을 어느 정도 침해하고 있는지에 달려 있다. 그러나 나는 그러한 부정의의 정도를 정확하게 측정하려 하지는 않겠다. 여기서 주목할 점은, 엄밀히 말해서 차등의 원칙은 극대화의 원칙(maximizing principle)인 데 반해 최선의 체제에 미치지 못하는 경우들 간에는 대단한 차이가 있다는 점이다. 사회는 마땅히 더 혜택 받는 사람들의 기여도가 마이너스(−)인 상황은 피해야만 한다. 왜냐하면 다른 조건이 같다면, 그것은 그러한 기여도가 플러스(+)일 때에 최상의 체제에 미치지 못하는 경우보다 더 큰 결함을 갖는 것으로 생각되기 때문이다. 계급 간의 보다 큰 격차는 민주주의적 평등뿐만 아니라 상호 이익의 원칙마저도 깨뜨리고 만다.

# 2
## 아리스토텔레스, 『니코마코스 윤리학』

이제 '근원적 공정성'과 '근원적으로 공정한 것'에 대해, 한편으로는 근원적 공정성이 정의와 어떻게 관계하는지, 다른 한편으로는 근원적으로 공정한 것이 정의로운 것과 어떻게 관계하는지 이야기할 차례이다. 자세히 고찰해보면 단적으로 동일한 것도 아니며, 아예 그 유에서 다른 것도 아닌 것으로 보이기 때문이다. 또 우리는 어느 때인가 근원적으로 공정한 것과 근원적으로 공정한 사람을 칭찬해서 (정의 이외의) 다른 탁월성을 보여줄 경우에도, '좋음'이라는 말 대신에 '근원적 공정함(훌륭함)'이라고 바꿔 말한다. 그럼으로써 더 근원적으로 공정한 것(더 훌륭한 것)이 더 낫다는 점을 분명하게 드러내는 것이다. 그런데 또어느 때인가 논리적으로 곰곰이 따져보면, 근원적으로 공정하다는 것이 정의로운 것과 별개인 양 칭찬받을 수 있다는 것은 이상해 보인다. 만약 서로 다른 것이라면, 정의로운 것이 신실한 것이 아니거나, 근원적으로 공정한 것이 정의로운 것이 아니어야 하기 때문이다. 또 만약 양자가 모두 신실한 것이라면, 양자는 동일한 것이어야 하기 때문이다. 따라서 대체로 이러한 주장을 통해 근원적으로 공정한 것에 관한 문제가 생긴다. 하지만 이 모든 주장은 어떤 방식으로 옳게 본 것이며, 상호 간에 어떤 반대가 숨어 있는 것도 아니다. 근원적으로 공정한 것은 어떤 정의로움보다는 더 나은 것이기는 해도 역시 정의로운 것이며, 그것도 다른 어떤 유라서 어떤 정의로움보다 더 나은 것은 아니니까. 따라서 정의로운 것과 근원적으로 공정한 것은 동일하며, 양자 모두 신실한 것이되 근원적으로 공정한 것이 더 뛰어날 뿐이다.

그런데 여기서 문제는 근원적으로 공정한 것이 정의로운 것이긴 하지만, 법에 따른다는 의미에서의 정의로운 것이 아니라 법적 정의를 바로 잡는 것이라는 의미에서 정의로운 것이라는 점이다. 이것은 모든 법이 보편적이기는 하지만, 어떤 것들과 관련해서는 보편적 규정을 세워 놓기는 해야 하는데, 올바로 할 수는 없는 경우, 법은 잘못할 수 있다는 것을 모르지 않은 채, 대부분의 경우에 맞는 것을 취한다. 그렇다고 법이 덜 올바른 것은 아니다. 잘못은 법 안에 있는 것도, 입법자 안에 있는 것도 아니라 사태의 본성 속에 있기 때문이다. 행위에 의해 성취할 수 있는 것들의 재료가 바로 이러하니까.

따라서 법이 보편적으로 말하지만, 어떤 경우 보편적인 규정에 어긋나는 일이 생길 때만다, 입법자가 (해결하지 않고) 지나쳐버린 점, 단적으로 이야기함으로써 잘못을 범한 그 점, 그 부족한 점을 바로 잡는 것은 옳은 일이다. 그 부족한 점은 만약 입법자가 거기 있다면 자신이 직접 규정할 점이며, 만약 그가 알고 있다면, 그렇게 입법할 점이다.

이런 까닭에 근원적 공정성은 정의로운 것이면서 어떤 종류의 정의로움보다 더 나은 것이다. 즉 근원적으로 공정한 것은 단적으로 정의로운 것보다 더 나은 것은 아니지만, 단적으로 규정된 것으로 말미암은 잘못보다는 나은 것이다. 그리고 바로 이것이 근원적으로 공정한 것의 본성으로, 보편적인 규정으로 말미암아 모자라는 한에서의 법을 바로잡는 것이다.

사실 이것이 왜 모든 것이 법에 따라 이루어지지 않는지에 대한 이유이기도 하다. 어떤 문제들에 관해서는, 법을 제정하는 것이 불가능해서 (특별한 상황을 고려한) 결의를 필요로 하는 것이다. 마치 레스보스 섬의 건축술에 납으로 만든 표준자가 쓰이는 것처럼, [미리] 규정할 수 없는 것에 대해서는 그 규준도 (미리) 규정할 수 없는 것이다. 그곳에서는 표준자가 돌의 형태에 따라 바뀌며 일정하지 않은데, 결의 또한 사안에 따라 바뀐다.

이렇게 해서 근원적으로 공정한 것이 무엇인지, 그것이 정의로운 것이라는 점과 어떤 종류의 정의로움보다 더 나은 것이라는 점이 명백해졌다. 또 이것으로부터 근원적으로 공정한 사람이 어떤 사람인지도 분명해졌다. 그는 이렇게 근원적으로 공정한 것들을 합리적으로 선택해서 실천에 옮기는 사람이며, 더욱 열등한 방식으로 엄격하게 정의에 집착하는 사람이 아니라, 도움이 되는 법을 가지고 있음에도 불구하고 (자신의 몫보다) 덜 갖고자 하는 사람이다. 이런 사람이 근원적으로 공정한(홀륭한) 사람이며, 그러한 품성상태가 근원적 공정성이다. 그것은 일종의 정의이며, 그것과 다른 어떤 품성상태는 아니다.

# 3
## 인간소외

## 2008학년도 고려대학교 수시 2학기 기출문제

### 1. 출제의도

2008학년도 고려대학교 수시모집 2 논술은 '감정노동'의 문제를 중심으로 출제되었다. 감정노동이란, 서비스 산업 종사자 가운데 자신의 감정과는 상관없이 감정 규칙에 따라 고객을 대해야 하는 노동이라 정의할 수 있다. 이러한 감정노동은 오늘날 상당히 일상화된 것이 사실이다. 더구나 시간이 흐를수록 감정노동은 일부 직종에 집중될 뿐만 아니라 그 강도가 높아가고 있어 이러한 사회현상에 대해 문제의식을 가지고 살펴볼 필요가 있다.

이번 논술의 형식은 이미 모의고사를 통해 공지된 바 있다. 네 개의 제시문은 '인성시장'에 관한 글, '감정노동'에 관한 글, 시 한 편, 그리고 보건 및 사회복지 사업 종사자 수의 추이를 보여주는 통계표로 구성되었다. 학생은 이러한 제시문들을 분석하고 활용하여 주어진 논제에 답해야 한다.

논제는 크게 세 개로 구성하였다. 첫 번째 논제는 첫 제시문을 정확히 이해하고 이를 요약하도록 하였다. 이를 통해 글에 대한 이해력과 자신의 말로 효과적으로 표현하는 능력을 측정하고자 하였다. 두 번째 논제는 두 번째 제시문의 논지를 밝히고, 이를 바탕으로 세 번째 제시문인 시를 해설하도록 하였다. 이는 문학작품에 대한 이해력을 측정하는 한편 개념적 이해를 문학작품을 통해 구체적으로 전개하는 인문학적 사유능력을 측정하기 위한 것이다. 세 번째 논제는 두 부분으로 구성되어 있다. 전반부는 주어진 통계표를 피상적으로 일별하는 것이 아니라 수치의 변화가 갖는 의미를 분석하게 하였다. 그리고 3차산업 취업자 수가 증가하는 가운데 나타난 보건 및 사회복지 사업 종사자 수의 증가속도를 유의미한 사안으로 읽어내고 그 원인과 의미를 사회변동의 차원에서 설명하도록 하였다. 후반부는 주어진 제시문을 활용하여 이들 보건 및 사회복지 사업 종사자가 직면할 수 있는 문제를 논의하도록 하였다. 여기에서는 제시문에 제기된 감정노동 종사자의 내면적 문제를 논의한다면 높은 평가를 받을 수 있다. 이상과 같이 논제를 세분화함으로써 난이도의 층위를 설정하고 채점의 객관성을 확보하고자 하였다.

오늘날 개인의 내면성과 진정성이 위기에 직면하고 있다는 경고가 있다. '인성시장'과 '감정노동'의 문제가 우리 사회에서 관심이 필요한 사안임을 이 논술문제를 통해 생각할 수 있으면 좋은 글이 나올 수 있다.

### 2. 논제 및 제시문 분석

논제 1은 제시문의 핵심 내용을 요약하도록 요구한다. 이로써 주어진 내용을 정확히 이해하고, 제시문의 문장을 그대로 사용하지 않으면서 자신의 표현으로 요약하는 능력을 측정하고자 하였다.

논제 2는 제시문 [2]와 [3]에 관련된다. 제시문 [2]는 감정노동을 설명하고 그 노동을 수행하는 사람들의 심리적·육체적 문제점을 서술한 글이고, 제시문 [3]은 인간소외를 지적한 김기택의 시 「사무원」이다. 이 논제의 답안은 먼저 제시문 [2]의 논지를 밝혀야 한다. 제시문 [2]는 제시문 [3]을 감정노동의 일환으로 읽을 수 있는 길을 열어주는 글이다. 학생은 제시문 [2]의 논지를 참고하여 제시

개인이 스스로 성(姓)을 정하자는 생각 등 여러 가지 답안이 가능하다.

그런데 자신이 주장하는 바에 따르는 문제점까지 고려해주어야만 좋은 주장이라고 할 수 있다. 예를 들어 지금의 방식을 고수하자는 생각이라면 어떻게 기존의 방식을 고수하면서 남성중심적인 가치관을 배제할 수 있는지에 대한 답도 함께 써주어야 한다. 부계와 모계 성을 모두 따서 쓰자는 생각이라면 성이 무한정 길어지는 것에 대한 대안을 제시해야 한다. 그리고 부계와 모계 중 자신이 원하는 성을 선택적으로 사용하거나, 개인이 스스로 성을 정해서 쓰자고 주장할 경우에는 가족 간에 성이 달라 생길 수 있는 문제를 어떻게 해결할 수 있는지를 제시해주어야 한다. 물론 이 모든 주장의 근저에는 @와 ⓑ의 내용이 모두 고려되어야만 한다는 것이 전제된다.

이 논제를 해결하기 위해서 학생이 가장 먼저 생각해야 할 부분은 과연 우리가 성(姓)을 사용하는 이유가 무엇인가 하는 점이다. 논의의 전제에 대해서 먼저 고민해보아야만 다른 학생과 차별화된 글을 쓸 수 있다. 이 점을 명심하자.

### 3. 예시답안

1.

[가]에서 지적하듯이 우리 사회는 가부장적 이데올로기가 강해서 양성평등을 해치고 있다. 그런데 이런 사고방식이 조선시대부터 지속된 것임을 주어진 도표들을 통해 알 수 있다.

〈도표 1〉과 〈도표 2〉는 모두 여성의 이름이 구체적으로 기재되어 있지 않으며, 본관 성씨로만 기재되어 있다. 이는 남성과 비교해볼 때 여성이 개별자로서 중요도가 그만큼 약했다는 것을 의미한다. 즉 여성은 부차적 존재로 이해된 것이다.

그런데 〈도표 1〉과 〈도표 2〉는 차이점도 있다. 〈도표 1〉은 여성의 본관만 기록하고는 있으나 모계와 부계가 동등한 비중으로 기재되어 있다. 장본인이 태어나기 위해서는 15명의 여성과 15명의 남성이 필요했음을 분명하게 밝히고 있다. 반면, 〈도표 2〉는 여성은 장자의 아내들만 기록되어 있으며 그녀의 모계조상에 대한 기록은 전무하다. 예를 들어 〈도표 1〉에는 장본인의 어머니가 동래 정안의 방향은 일정하게 정해져 있다고 봐야 한다. 위의 두 문제는 주어진 자료 (글, 도표)를 정확하게 해석할 수 있는지와 주어진 문제에 대한 논리적 추론능력을 평가하려는 의도로 출제되었을 것으로 짐작된다. 그러나 논제 3은 학생마다의 창의적 사고력을 평가하는 문제다. 그러므로 논제가 의도하는 답안의 방향이 제한되어 있지 않아 학생 개인의 창의적이고 튀는 생각이 중요하다. 논제는 크게 세 부분이다.

ⓐ 논제 1과 2의 내용을 바탕으로
ⓑ 제시문 [다]를 읽고
ⓒ 바람직한 성(姓) 표시방법에 대하여 서술하시오.

ⓐ는 앞에서 우리가 다루었던 두 문제의 내용을 바탕으로 ⓑ와 ⓒ의 과제를 수행할 것을 요구한다. 그러므로 우리는 논제 3의 답안을 작성하기 전에 앞에서 다루었던 내용을 다시 한 번 정리해보아야 한다. 그 내용은 다음과 같이 요약될 수 있다.

남성을 여성보다 더 중요한 존재로 기록한 조선시대의 족보를 통해 우리 사회의 가부장적 이데올로기의 뿌리가 깊다는 것을 알 수 있다. 또한 혈통은 부계와 모계에서 동등한 비율로 유전됨에도, 남성중심적 사고에 의해 동성동본금혼 규정이라는 비합리적인 제도가 생겨났다. 그리고 〈도표 1〉을 통해서 한 사람이 관련된 성씨는 1대의 경우 2개, 2대로 올라가면 최대 6개, 3대로 올라가면 최대 14개, 4대로 올라가면 최대 30개까지 늘어날 수 있다.

ⓑ [다]는 전통적인 가부장적 질서를 비판하고 있다. 남녀가 동등하게 대우받고 모든 인간이 신분이나 성에 따라 차별받지 않는 평등한 사회질서를 만들어 새로운 윤리체제를 확립할 것을 주장한다.
ⓒ 바람직한 성(姓) 표시방법에 대한 구체적인 학생의 의견을 말해주면 된다. 지금의 방식을 고수하자는 생각, 부계와 모계 성을 모두 따서 쓰자는 생각, 부계와 모계의 성 중 자신이 원하는 것을 사용하자는 생각, 성(姓)을 버리자는 생각,

어질 것이므로 현실적인 대안은 아니다. 그러므로 부모의 성을 선택적으로 사용하든, 아니면 스스로가 성을 만들어 사용하든, 개인의 선택에 맡기는 것이 가장 자연스럽고 타당한 방안이다.

　물론 이럴 경우 가족 내에서도 성이 다를 수 있고, 친족 집단 내에서도 다양한 성이 존재할 수도 있다. 그러나 가족 안에서 서로 다른 성을 가졌다고 해서 서로가 서로를 혼동할 이유는 없으므로 문제될 것은 없다. 사회적으로도 아무개가 혈연적 형제임을 반드시 공개해야 할 이유는 없다. 우리는 지하철과 버스에서 만나는 수많은 이들의 이름조차 모르고도 잘 살아간다. 그러므로 아무개가 형제임을 모른다고 해서 우리의 삶이 혼란스러워지지는 않을 것이다. 다만 이럴 경우 근친혼의 위험이 있는 것은 사실이다. 그러나 이 문제는 결혼 전에 유전자 검사를 통해 서로의 유전적 근친성을 확인하는 관습을 정착시키도록 한다면 충분히 해결가능하다.

씨로 기록되어 있는 반면, 〈도표 2〉에는 아버지인 정○○만 기록되어 있다. 이는 〈도표 2〉가 〈도표 1〉에 비해 가부장적 이데올로기에 더 충실하게 작성되었음을 의미한다.

이런 차이점은 〈도표 1〉과 〈도표 2〉가 작성된 목적이 다르기 때문에 나타난다. 〈도표 1〉은 장본인 가문이 혈연관계를 맺고 있는 가문을 구체적으로 확인하기 위한 목적으로 작성되었다. 그러다 보니 모계의 모계까지 구체적으로 밝혀주어야 했다. 반면, 〈도표 2〉는 장씨 가문의 재산상속과 봉제사(奉祭祀)의 주체가 누구인지를 명확히 하고, 가문 내에서의 그의 권위를 확보하기 위해 작성되었다. 그러다 보니 권리와 의무의 주체인 남성, 그중에서도 장자에 대한 자세한 기록을 중심으로 한 족보가 만들어질 수밖에 없었다.

### 2.

〈도표 1〉과 〈도표 2〉를 보면 장본인은 그의 아버지 장부와 그의 어머니인 동래 정씨의 혈통을 정확히 1/2씩 계승하고 있다. 한 세대를 거슬러 올라가면 그는 장조부와 정동진의 혈통을 정확히 1/4씩 계승하고 있다. 더 거슬러 올라가면 그는 장증조와 경주 이씨의 혈통도 1/8씩 계승하고 있다. 이처럼 혈통의 계승은 부계와 모계의 비율이 동일하다. 이를 통해 혈통계승의 측면에서 보았을 때도 동성동본금혼 규정이 비합리적인 제도임을 알 수 있다. 만약 장조부의 자손과 장본인의 혼인을 금하는 것이 유전적 근친성을 피하기 위한 것이라면, 그 규정은 정동진의 가문에도 그대로 적용되어야 한다.

그럼에도 동성동본 간의 결혼만 금하는 것은 혈통을 남성위주로만 사고하는 가부장적 의식의 발로일 뿐이다.

### 3.

과거에는 가정과 사회의 권력을 남성이 독점했으므로 남성중심적으로 성씨가 계승되었지만, 이제는 가정과 사회의 권력을 남녀가 나누어 가지며, 또 그래야만 한다. 그러므로 아버지의 성씨를 일방적으로 계승하게 하는 것은 옳지 않다. 그러나 부모의 성을 함께 병기하는 것도 대를 거듭할수록 지나치게 성이 길

게다가 이들은 사회적 관계에서도 소외될 수 있다. 왜냐하면 [1]의 지적처럼 돌봄 노동자와 관계 맺는 사람들은 그 노동자의 친절을 상업적인 가면이라고 여겨 진심으로 받아들이지 않기 때문이다. 이처럼 돌봄 노동자는 자신의 직업과 사회적 관계 양쪽에서 모두 소외될 가능성이 높다.

그런데 도표를 보면 돌봄 노동자 중에서는 여성 노동자가 남성 노동자에 비해 비율이 높은데 이는 돌봄 노동에는 여성이 더 적합하다는 사회적 인식이 자리 잡고 있기 때문이다. 따라서 남성 노동자가 상대적으로 더 소외에 직면해 있음도 알 수 있다.

## 2006년도 이화여자대학교 수시 모의고사

### 1. 출제의도

언어논술의 첫 번째 문제의 지문은 모두 노인과 관련된 글에서 발췌한 것이다. 언어논술은 다양한 종류의 글에 대한 이해력을 측정하고자 하기 때문에 문학적 성격의 글도 지문에 포함시키려고 한다. 여기에서는 정지용의 시 「할아버지」를 선택하였는데, 앞으로도 가급적 고전적 품격을 가진 한국 혹은 서양시(한국어 번역)를 적극적으로 활용할 것이다. 이것은 학생의 독서의 폭을 넓히는 데 기여할 수 있으리라고 본다.

[나]는 인간의 가치를 사회적인 재화를 만들어내는 능력, 노동력 혹은 생산력을 기준으로만 측정하는 물질주의, 공리주의적 입장에서 노인을 평가하는 내용이다. 한마디로 노인을 '가치 없는' 인간집단으로 파악하는 입장이라 하겠다.

[다]는 노인을 특별한 집단으로 간주하고, 어떤 처리의 대상으로만 여기는 것이야 말로 노인을 소외시키는 것이며, '노인문제'를 발생시킨다고 주장한다. 즉 노인문제를 거론할 때의 기본관점은 그들을 우리와 똑같은 인간으로 인정하는 것이라는 주장을 다소 반어적이고 냉소적으로 표현한 글이다. 이 글은 얼핏 보기에는 노인에 대한 배려가 필요 없다는 식으로 읽힐 수도 있지만, 속뜻은 노인 대책을 세울 때 한 인간으로서의 노인에 대한 존경심을 바탕으로 해야 의미 있

는 사회적 정책이 될 수 있다는 것이다. 다소 반어적인 수사법을 학생이 어떻게 소화하는지 측정해보는 지문이다.

[라]는 노인복지의 기본적인 책임을 사회가 져야 하느냐 아니면 개인의 책임으로 돌리느냐 하는 사회정책적 질문을 담은 글로 이 글의 입장은 사회가 더 많은 책임을 져야 한다는 것이다. 이 지문은 노인복지를 위한 더 큰 사회적 책임을 주장하고 있으나 기본적으로는 [나]처럼 노인을 물질적 가치로만 보는 공리주의적 노인관을 드러내고 있다는 것이 특징이다. 글의 표면적인 주장과 상관없이 주요개념의 전제가 무엇인지를 파악할 수 있는 수준 높은 독해력이 있는지를 보기 위한 지문이다.

[가], [나], [다], [라]는 노인문제에 대하여 각기 다른 입장에서 다른 형식으로 발언하고 있으며, 이것의 공통점과 차이점을 섬세하게 가려낼 수 있는지를 측정하는 것이 이 논제의 의도다. 따라서 각기 제시문의 정확한 뜻, 그리고 그것을 다른 글과 다양하게 연관시켜보는 문제를 통해 수준 높은 독해력과 섬세한 논리적 구성력을 측정해볼 수 있다.

### 2. 논제 및 제시문 분석

**문제 1 예시답안 참조**

문제 2. [가]를 감상하여 '노인의 가치'를 찾아내고 이를 통해 [나]의 ⓒ을 비판해야 한다. [가]는 노인이 연륜에서 오는 '삶의 지혜'를 가진 이들로 묘사되고 있는 반면 [나]의 합리적 관점에 의하면 노인은 쓸모없는 인간 부류에 속한다. 학생은 먼저 두 제시문의 차이를 이해한 후 그 나름의 논거를 바탕으로 비판해야 한다.

문제 3. [다]의 내용을 정확하게 이해할 수 있는가를 판단하기 위한 문제이다. [다]는 '노인'이라는 일반화된 표현의 폭력성을 지적하고 있다. 우리는 흔히 '노인'='무기력하고 나약하며 무능력한 존재'라는 고정관념에 빠져 있다. 그러나 나이가 들었다고 해서 모두가 '무기력하고 나약하며 무능력'하지도 않으며, 반대로 젊다고 해서 무조건 '의욕적이며 강인하고 능력 있지도' 않다. 이 점을 지적해야 한다.

문제 2. 아래에 소개된 공공성의 속성이 제시문 [가], [나] 각각에 제시된 공공성에서 구체적으로 실현될 수 있는가? 자신의 답변을 제시하고 그 근거를 밝히시오. (800자 내외로 쓰시오. 30점)

문제 3. 제시문 [라]의 마을은 삼림훼손을 막아 마을 전체의 이익을 높이고자 한다. 이를 위해 가장 적절한 입장을 제시문 [가], [나], [다] 가운데서 선택하여 그 선택의 근거를 설명하고, 어떤 구체적인 방안을 도입할 수 있는지를 논의하시오. 그 방안은 제시문 [라]에 나온 세 가지 규칙에 어긋나지 않아야 한다. (1,000자 내외로 쓰시오. 40점)

# 글쓰기

## 1
### 2006학년도 서울대학교 정시 기출문제

**논제**

**사례 〈A〉, 〈B〉, 〈C〉는 현실사회에서 문제가 되는 경쟁의 양상을 비유적으로 보여준다. 이 세 가지 경쟁의 성격을 설명하고, 이를 바탕으로 경쟁의 공정성과 경쟁결과의 정당성에 대해서 논술하시오. (제시문 [1] ~ [7]을 참고할 것)**

〈사례 A〉

고슴도치와 토끼가 맛있는 음식을 걸고 달리기 시합을 하였다. 고슴도치는 꾀를 써서 몰래 자신과 닮은 아내를 경주의 결승점에 먼저 보냈다. 토끼가 도착하자 고슴도치 아내가 "나는 벌써 와 있다" 하고 말하였다. 결국 고슴도치가 음식을 차지하였다.

〈사례 B〉

초등학교 축구 팀과 아마추어 성인 축구 팀이 축구경기를 하게 되었다. 심판

가장 먼저 자리 잡게 되었다. 이 시기에 『타임즈(The Times)』와 같은 새로운 거대 일간지와 더불어 정치적인 문제를 논의하는 공중의 다른 제도도 출현했다. 공적 집회도 그 규모와 횟수가 증가했고 정치적 연합체 역시 많이 생겼다.

## [다]

공리(utility)의 원리는 이해관계가 걸려있는 당사자의 행복을 증가시키거나 감소시키는 (또는 촉진시키거나 억누르는) 경향에 따라 모든 행위를 승인하거나 부인하는 원리를 의미한다. 또한 여기서 말하는 모든 행위란 개인의 사적인 모든 행위뿐 아니라 정부의 모든 정책까지도 포함하는 것이다.

공리는 어떤 것이든 이해관계가 걸린 당사자에게 혜택, 이점, 쾌락, 선, 행복(이 경우에 이 모든 어휘는 동일한 의미를 갖고, 그것은 고통의 경우도 마찬가지다)을 가져다주거나 불운, 고통, 악, 불행이 일어나는 것을 막아주는 속성을 의미한다. 여기서 당사자가 공동체 전체일 경우 행복은 공동체의 행복을 뜻하며 당사자가 특정개인인 경우는 그 개인의 행복을 가리킨다.

공동체는 구성원으로 여겨지는 개인으로 이루어진 허구체다. 그렇다면 공동체의 이익이란 무엇인가? 그 이익이란 공동체를 구성하는 여러 개인이 얻는 이익의 총합이다.

개인의 이익이 무엇인지를 염두에 두지 않고 공동체의 이익에 대해 말하는 것은 무의미하다. 어떤 일이 개인의 이익을 증진시키거나 그것을 위한 일이라고 하는 것은 그것이 개인의 쾌락의 합계를 증가시키거나 고통의 합계를 감소시킨다는 것을 의미한다. 마찬가지로 어떤 일이 공동체의 이익을 증진시킨다는 것은 그것이 구성원의 쾌락의 합계를 증가시키는 것을 의미한다. 그러므로 어떤 행위가 공동체의 행복을 증가시키는 경향이 그것을 감소시키는 경향보다도 큰 경우, 이는 공리의 원리에 상응한다고 할 수 있다. 어떤 행위에 대한 개인의 승인이나 부인이 공동체의 행복을 증가시키거나 감소시키는 경향에 따라 결정되는 경우, 다시 말해 공리의 법칙에 상응하는지 상응하지 않는지에 따라 결정되는 경우, 그 개인은 공리의 원리를 따른다고 할 수 있다.

**[라]**

다음과 같은 작은 마을이 있다고 상상해보자. 마을 주민은 삼림을 공유하며 거기서 나무를 베어 땔감으로 쓴다. 주민 개개인이 벨 수 있는 나무의 양은 제한되어 있지 않으나 전체 나무의 양은 제한되어 있다. 삼림훼손에 의한 비용은 마을 주민 모두가 치러야 하기 때문에, 나무를 많이 베어 개인의 이익을 추구하는 주민의 수가 늘어날수록 결국 개인의 이익에 해가 될 수도 있다. 예를 들어, 주민 대다수가 나무를 적게 베는 데 반해 일부 개인이 나무를 많이 베면 그 개인은 큰 이익을 얻을 것이다. 하지만 그런 개인이 너무 많아져 삼림훼손에 의한 집단적 비용이 지나치게 증가하게 되면, 결국 나무를 많이 벤 개인의 이득은 마을 주민 모두와 협력해서 나무를 적게 벨 때보다 더 낮아지게 된다.

이런 상황에서, 마을의 주민은 다음과 같은 세 가지 규칙에 따라 나무를 얼마나 벨지를 선택한다.

규칙 1: 주민은 각자 나무를 얼마나 벨지를 동시에 선택한다.

규칙 2: 주민은 각자가 선택한 후 마을 전체의 벌목량을 알 수 있다.

규칙 3: 주민은 이러한 선택을 일주일 간격으로 반복한다.

이 마을에는 오랫동안 운영되어온 마을 자치회가 있는데, 주민은 회의를 통해 마을 전체의 벌목량을 확인한다. 정부도 삼림자원의 중요성을 인식하고 있으며, 필요한 경우 행정적 조치를 취할 수 있다.

공공성이란 공중에 관련된 모든 것을 누구나 보고 들을 수 있으며 누구에게나 공개해야 함을 의미한다.

**문제 1. 제시문 [가], [나], [다]는 공공성을 실현하는 주체가 누구인지에 대해 서로 다른 해석을 하고 있다. 그 차이점을 분석하시오. (800자 내외로 쓰시오. 30점)**

예시답안

2008학년도 이화여자대학교 수시 2학기 기출문제

## 1. 출제의도

인문계열과 자연계열에 공통으로 출제된 문제 세트의 제시문은 다문화주의(multiculturalism)에 관한 글이다. 문화다양성과 관련된 사회적 문제는 21세기에 전 세계의 공통적으로 나타나고 있으며 그 중요성이 나날이 더해가고 있다. 특히 우리나라에서는 단일민족주의를 강조하는 사회문화적 분위기 때문에 문화다양성에 대한 폭넓은 이해와 비판적 고찰이 부족한 실정이다. 하지만 우리 사회는 빠른 속도로 다문화사회로 바뀌어가고 있어 다문화주의에 대한 이해와 다문화 교육이 요구되고 있다. 다문화주의에 대한 폭넓은 이해를 위해서는 단순히 동화(同化) 대 다문화(多文化)라는 흑백논리식 혹은 이항대립적 관점을 벗어나 다문화사회에 대한 다양한 관점을 이해할 필요가 있다. 다문화주의를 지지하는 대표적인 두 주장과 이를 깊이 성찰할 수 있는 사례의 제시문을 포함하였

다. 특히, 이 문제 세트는 '소수집단 속의 소수집단'이 직면하고 있는 개인적 권리와 소수집단의 집단결집성 문제에 집중하고 있다. 학생들에게 친숙한 주제이면서도, 선행지식에 의존하기보다는 제시문의 비판적 이해와 적용능력을 통해야만 해결할 수 있는 문항을 제시하였다. 정규 교육과정을 정상적으로 이수한 학생이라면 쉽게 답할 수 있는 주제이므로, 문화다양성에 관한 보다 깊이 있는 사고와 다양한 관점을 가지고 있는지를 평가하려는 논제다.

### 2. 논제 및 제시문 분석

제시문 [가]는 역사학자인 박 단이 쓴『프랑스의 문화전쟁−공화국과 이슬람』에서 가져온 것이다. 이 책은 프랑스에서 발생한 히잡 사건을 중심으로 프랑스 사회의 소수집단인 무슬림의 문화와 프랑스 주류문화 사이에서 벌어진 갈등을 분석한 것이다. 발췌문은 소수집단(무슬림 소녀들)과 일반 프랑스인(주류집단) 각각의 관점에서 히잡 착용의 의미를 제시하고 있다.

제시문 [나]는 윌 킴릭카(Will Kymlicka)의『다문화적 시민성(Multicultural Citizenship)』에서 발췌한 글이다. 이 글은 다문화주의가 가져올 수 있는 부정적 측면의 하나인 소수집단 구성원의 개인적 권리에 대한 침해 문제에 집중하여 자유주의적 다문화주의를 옹호하고 있다.

제시문 [다]는 아이리스 영(Iris Marion Young)의『정의와 차이의 정치(Justice and the Politics of Difference)』에서 발췌한 글이다. 이 글은 급진적 다문화주의의 입장을 주장하고 있다. 보편주의라는 이름으로 소수집단에게 동화를 강요하는 지배(주류)집단의 논리를 거부하면서 문화다양성, 집단차이(group differences)의 긍정적 측면을 강력하게 주장한다.

제시문 [라]는 피터 리처슨(Peter J. Richerson)과 로버트 보이드(Peter Boyd)의『유전자만은 아니다: 어떻게 문화가 인간의 진화를 변화시켰나(Not by Genes Alone: How Culture Transformed Human Evolution)』의 발췌문이다. 이 책은 인간의 진화과정에서 문화의 역할을 분석하는 문화진화론에 관한 글로서, 발췌문은 소수집단이 그 구성원 개인의 자유의지를 존중하면서도 집단의 안정성과 정체성을 유지해 나가는 아미쉬의 사례를 보여주고 있다. 즉 보

편주의-인간의 존엄성과 자유의지-와 문화 다양성이 조화를 이룰 수 있는 가능성을 잘 보여주고 있다.

## 1.

제시문 [가]는 1989년 프랑스에서 발생했던 히잡 사건을 통해 프랑스사회의 소수인 이슬람계 프랑스인의 전통과 문화를 어떻게 이해할 것인가를 분석한 글이다. 그리고 제시문 [나]는 다문화의 존재와 정당성을 인정하지만, 소수집단의 전통과 문화를 유지하기 위해 소수집단이 그 구성원 개인의 자유나 권리를 침해하는 소수집단 내부의 불평등성, 비민주성 등은 용인할 수 없다는 입장을 취하고 있는 글이다. 이러한 제시문 [나]의 관점을 이해하고 있는지와 제시문 [나]의 관점을 활용하여 제시문 [가]를 분석할 수 있는지를 평가하고자 하였다.

## 2.

제시문 [나]와 제시문 [다]는 다문화주의를 지지하는 두 개의 시각을 각각 대표하는 글이다. [나]는 자유주의적 입장으로 인본주의적 가치의 우위성을 강조하고 보편성이 보장되는 한에서만 집단 간의 차이(문화차이=집단차이)를 인정할 수 있다고 주장하고 있다. 따라서 소수집단 내부에서 벌어지는 비민주성, 불평등, 억압, 차별에 반대하고 이의 근절을 주장한다. 제시문 [다]는 주류집단의 가치가 보편주의라는 이름으로 포장되어 소수집단을 차별하는 논리로 사용될 수 있음을 경고하고 소수집단의 집단권리(group rights)를 주장한다. 즉, 다문화주의를 적극적(급진적)으로 지지하는 입장이다. 이 둘 각각의 주장을 이해하고 또한 그 차이점을 비교할 수 있는 능력을 평가하고자 하였다.

## 3.

제시문 [다]는 소수집단의 차이의 긍정성을 강조하여 차이를 인정하여야 한다는 주장을 강조하는 급진적 다문화주의의 입장을 취하고 있다. 그러나 [다]는 [나]의 지적(비판), 즉 내적 제재의 비민주성 문제에 대한 지적에 적극적으로 대응할 수 없는 취약성을 가지고 있다. [다]는 소수집단이 어떻게 구성원의

개인적 권리를 침해하지 않으면서도 동시에 집단의 안정성을 유지할 수 있는지에 대해 언급하고 있지 않다. 소수집단의 안정성과 집단권리를 유지하면서도 개인의 자유와 인권을 존중하는 사례를 제시문 [라]에서 찾아볼 수 있다. 제시문 [다]의 논리적 취약성을 지적하고 그에 대한 보완으로 제시문 [라]를 유기적으로 분석, 활용할 수 있는 능력이 있는지를 평가하고자 했다.

### 3. 예시답안

**1.**

[가]는 프랑스에서 히잡을 착용한 학생들을 강제 하교시킨 사건에 대해서 다루고 있다. 이 사건은 프랑스인과 무슬림이 히잡 착용을 서로 다르게 이해한 것에서 비롯된다. 무슬림 소녀의 입장에서 히잡을 착용하는 이유는 자의, 강압, 프랑스문화에 대한 저항 등 다양한 차원에서 이해될 수 있다. 반면 프랑스인은 무슬림 소녀의 히잡 착용을 여성에 대한 차별로 간주하고 있다.

한편, [나]는 소수집단의 문화를 주류문화에 대한 저항의 의미로서의 외적 보호와 내부 구성원을 통제하려는 의도를 가진 내적 제재로 분류하고 있다. 필자는 자유주의자로서 외적 보호는 부정하고 내적 제재로서의 소수문화는 인정되어야 한다고 주장한다.

이런 [나]의 관점에서 [가]에 나타난 히잡 착용의 의미는 두 가지 측면에서 분석될 수 있다. 프랑스인은 무슬림 소녀의 히잡 착용을 내적 제재의 의미로 파악하고 있다. 그들이 히잡 착용을 금지시킨 이유다. 반면 무슬림은 히잡 착용을 일종의 외적 보호의 의미로 파악하고 있다. 그들의 문화를 위협하는 주류 프랑스문화에 대한 문화적 저항의 의미로 해석하는 것이다. 이처럼 두 집단의 갈등은 히잡 착용에 대한 서로 다른 이해에서 비롯된 것이다.

**2.**

[나]와 [다]는 모두 다문화주의를 지지하는 입장이지만 정도의 차이가 있다. [나]는 자유주의적 관점에서 다문화주의를 부분적으로 지지하고 있다. 소수문화를 중요시하지만 소수문화가 내적 제재의 성격을 띨 경우는 구성원의 자유를

제한하기 때문에 인정될 수 없다고 본다. 주류문화로부터 스스로를 지켜내려는 외적 보호의 형태로서 존재하는 소수문화만 제한적으로 인정하는 셈이다.

반면 [다]는 모든 소수문화를 인정하고 소수집단의 문화적 자립을 인정해야 한다는 입장이다. 왜냐하면 보편적 인간상은 존재하지 않기 때문이다. 모든 문화는 각 문화마다 성립 이유가 있으므로 각자 정당성을 인정받아야 한다. 이를 무시하고 주류문화에 소수문화를 편입시키려고 하면 소수집단의 구성원이 피해를 보고, 주류문화의 특수성이 은폐되며, 소수집단 구성원 사이에 문화적 갈등이 생겨난다. 오히려 모든 집단의 특수성을 인정할 때에야 소수집단의 문화적 정체성이 확립될 수 있다.

**3.**

[다]의 주장은 모든 소수문화를 인정해야 한다는 것이므로 [나]의 비판에서 자유롭지 못하다. 왜냐하면 만약 [다]처럼 모든 소수문화를 인정할 경우 내적 제재의 성격을 띤 소수문화가 구성원의 기본권을 침해하는 것도 허용해야 한다는 반론이 가능하기 때문이다. 따라서 [다]는 이런 약점을 보완해야만 한다. [라]는 그 논리적 가능성을 제공하고 있다.

[라]에는 아미쉬의 럼스프링가가 소개되어 있다. 미국 내의 문화적 소수집단인 아미쉬는 주류 미국 문화와 달리 자신들만의 독특한 문화를 유지하고 있다. 그런데 이들은 16세에서 20세 초반까지의 청소년이 직접 주류문화를 경험해보고 아미쉬와 주류문화 중 하나를 자유롭게 택할 수 있는 기회를 준다.

이처럼 소수집단 내의 구성원에게 그들이 주류문화와 소수문화 중 하나를 택할 수 있는 자유를 준다면 이는 제시문 [나]의 자유주의적 관점에서도 타당할 것이므로 [다]의 약점을 보완할 수 있다.

# 2011학년도 고려대학교 오전 인문계 A 기출문제

## 1. 출제의도

**1.**

논제 I은 제시문 [1]을 350~400자로 요약할 것을 요구한다. 요약의 목적은 글의 내용을 적은 말수를 통해 효과적으로 구현하는 데 있다. 따라서 글을 정확히 이해하는 것이 잘된 요약의 필수적인 전제이다. 이 논제가 요구하는 바를 제대로 수행하려면 제시문을 정확히 독해하여 요점을 모두 포함하는 압축적인 글을 작성해야 한다.

요약문의 분량이 한정되어 있으므로 제시문에 사용된 어구나 문장을 그대로 옮겨온다면 효과적인 요약이 될 수 없다. 지정된 분량 내에서 글의 내용 전체를 충분하게 반영하지 못할 수 있기 때문이다. 따라서 함축적인 개념이나 표현으로 다수의 문장이나 어구를 대치할 수 있다면 효과적인 요약이 가능하다. 제시문의 내용에 대한 정확한 이해와 그것을 효과적으로 표현하는 데 수험생의 주관이 개입할 여지는 없다. 따라서 이 논제에 대해 주관적인 신념을 표현하거나 주장을 펼치는 것은 감점요인이다.

제시문 [1]은 혼종성의 다양한 측면을 살펴보면서 그 의의와 한계를 성찰한다. 다양한 문화영역에서 발견되는 혼종현상은 기존의 이분법적 분류를 넘어선다. 전 지구화와 더불어 문화충돌, 문화동질화, 혼종화라는 세 가지 전망이 대두했다. 애초에 인종혼종을 둘러싼 관심에서 비롯된 혼종은 나중에는 문화혼종을 둘러싼 인식으로 확장되었다. 문화횡단을 통해 끊임없이 생성되고 변형되는 혼종은 모든 문화의 지속적인 조건이라고 할 수 있다. 그렇지만 비교적 최근에 대두한 혼종성 담론은 식민 종주국과 피식민국 양자에 존재하는 본질주의를 해체하는 비판기능을 수행한다.

나아가 혼종화가 일어나는 구체적인 권력관계의 맥락과 그 결과 산출되는 문화주체의 복합적 정체성도 고려해야 한다. 이상의 내용을 정확한 문장으로 작성한 요약문은 이 논제가 요청한 바를 충실히 수행했다고 할 수 있다.

**2.**

논제 II는 제시문 [1]의 논지를 바탕으로 제시문 [2]와 [3]을 비교할 것을 요구한다. 수험생에게 제시문의 논지이해 및 요약능력과 제시문의 관계를 비교하고 설명하는 능력을 측정하는 문항이라고 할 수 있다. 제시문 [1]의 논지를 제시문 [2]와 제시문 [3]의 관계를 비교하고 설명하는 준거로 삼아야 한다는 점이 이 논제의 핵심이다. 따라서 수험생은 먼저 제시문 [1]에 나타나는 혼종성에 대한 내용을 이해한 후 제시문 [2]와 제시문 [3]의 함의를 설명해야 한다.

제시문 [2]와 제시문 [3]은 혼종화에 대한 뚜렷하게 대비된 관점을 가지고 있다. 제시문 [2]는 에도시대의 난학과 메이지시대의 번역 열풍을 통해 일본이 상이한 문화의 혼종화를 성공적으로 이뤄냈다는 사실을 소개했고, 제시문 [3]은 혼종화가 발생시킬 수 있는 문제점을 지적하며 혼종화를 거부했다. 이러한 대비에서 나아가, 제시문 [1]의 논의들을 바탕으로 제시문 [2]와 제시문 [3]을 좀 더 구체적으로 비교하기 위해서는 다음의 세부 논점을 파악하는 것이 필요하다.

제시문 [2]를 혼종성 담론에 바탕하여 읽으면 다음의 몇 가지 사항을 유추할 수 있다. 첫째, '네덜란드어에서 시작하여 유럽의 다른 언어나 고전어까지 폭넓게 참조하여 의학·물리학·천문학·군사학을 비롯한 서양학문 전반을 게걸스럽게 흡수했다'는 대목에서 당시 일본의 서양문화 수용이 자민족중심주의 문화의 편협함을 넘어서는 적극적이고 전면적인 문화혼종에 해당함을 알 수 있다. 둘째, '일본의 서양문화 수용이 유럽문화의 전 지구화에 그치는 것이 아니라 그것을 한자라는 동아시아 문명의 공통유산 속에 완전히 녹여버렸고 이를 한국뿐 아니라 한자의 종주국인 중국에까지 수출하였다'는 서술에서 상이한 문화의 혼종을 통해 제3의 창의적이고 풍요로운 문화를 창출해내는 데에 이른 긍정적인 예에 해당한다는 사실을 알 수 있다. 셋째, '이러한 난학과 번역이 막부의 명령으로 진행되었고 상이한 문화전통 간의 간극을 메우기 위해 극도의 열정과 재능을 쏟았다'는 진술을 통해 지배문화에 일방적으로 병합되지 않으면서 주체적이고 자발적인 혼종화를 이룰 수 있는 가능성을 보여주는 사례로 이해할 수 있다.

반면, 제시문 [3]을 혼종성 담론에 바탕하여 읽으면 다음의 몇 가지 사항을 유추할 수 있다. 첫째, '서양 사람과 섞여 사는 것 자체가 화를 낳을 것이므로 모

든 인적·물적 교류를 중단해야 한다'는 대목에서 서로 다른 문화 사이의 혼종을 근본적으로 거부하고 토착성을 보존해야 한다는 시각을 읽을 수 있다. 이러한 사고방식의 바탕에는 우리의 전통문화는 애초에 섞임이 없이 순수한 문화이고, 도덕적 이상을 구현한 우월한 문화라는 인식이 깔려 있다. 둘째, '우리가 쇠약해진 틈을 타서 서양인이 자신들의 문화를 강요하고 있으며, 그 영향력이 급속도로 커지고 있다'고 우려한 대목에서 문화와 문화 사이의 힘이 비대칭적일 경우 무방비 상태에서 진행되는 혼종화는 힘이 약한 측의 문화가 힘이 강한 측의 문화에 일방적으로 병합·편입·동화되어버리는 결과를 낳을 가능성이 크다는 사실을 인식하고 있음을 알 수 있다. 셋째, 서세동점이 급격하게 이루어지고 그것이 민족공동체의 정치적 위기로까지 이어지는 역사적 상황에서는 오히려 인종적·문화적 순수성을 강조함으로써 구성원에게 소속감이나 자존감을 부여해서 주체적으로 대응할 수 있는 힘을 확보하는 것이 필요하다는 시각을 보여주고 있다. 혼종화를 거부하고 민족문화의 순수성을 강조함으로써 문화제국주의의 폭력성에 효과적으로 저항할 수 있다는 것이다.

### 3.

논제 Ⅲ은 제시문 [1]과 제시문 [3]에 나타난 혼종성의 논의에 근거해 제시문 [4]의 '나'가 생각하는 로스앤젤레스 폭동의 원인에 대해 논의할 것을 요구하고 있다. 수험생은 제시문 [1]과 제시문 [3]에 대한 명확한 이해를 통해 혼종성의 개념을 이해하고, 이를 제시문 [4]를 분석하는 기준으로 삼아 '나'가 생각하는 폭동의 원인을 찾아내 이에 대해 논의할 수 있는 비판적 독해력을 보여주어야 한다.

수험생은 우선 제시문 [1]에서 혼종성의 개념을 이해하고 이 개념이 갖는 긍정적인 측면과 부정적인 측면의 함의를 구별해낼 수 있어야 한다. 혼종성은 두 문화가 만나서 제3의 새로운 창조적 결과를 가져올 수 있다는 점에서 긍정적인 평가를 받지만 실제 혼종처럼 보이는 결과의 이면에 문화집단 사이의 불평등한 권력관계가 내재해 있을 수 있다는 점에서 부정적인 평가를 받는다. 제시문 [3]은 혼종성이라는 개념을 직접적으로 언급하고 있지는 않지만 제시문 [1]

과 함께 읽을 때 혼종화의 부정적인 측면을 피력하고 있음을 읽어낼 수 있다. 개화기의 세계조류를 이해하지 못한 채 시대착오적인 쇄국을 주장하는 내용으로 이 글을 읽는 것은 논제를 명확하게 파악하지 못한 것이다. 문화집단 사이의 힘이 비대칭적일 경우에는 혼종화로 인해 힘이 약한 문화가 힘이 강한 문화에 의해 일방적으로 흡수, 동화되어버릴 수 있는 위험성이 있음을 지적한 글로 읽어야 한다.

혼종성이 갖는 이와 같은 복합적인 의미를 근거로 해서 제시문 [4]를 분석하면 '나'가 생각하는 로스앤젤레스 폭동의 두 가지 원인을 찾아낼 수 있다. 첫째는 미국사회에 구조적으로 내재한 문화집단 사이의 불평등한 권력관계다. 혼종사회의 전형적인 사례로 여겨지는 미국에서 한국인인 '나'는 미국을 기회의 나라로 생각한다.

그러나 폭동과정을 통해 소수인종에 대한 백인의 배제와 차별이 백인만이 공유하는 규범과 가치를 중심으로 지속되고 있음을 깨닫는다. 이러한 '나'의 생각은 아버지의 의식변화 과정을 묘사할 때 분명하게 드러나고 있다. 즉 아버지는 자신의 마켓을 지키고자 애썼지만 용감하다고 칭찬받기는커녕 오히려 폭도로 몰리고, 막내아들의 죽음도 억울한데 희생자 수를 줄이기 위해 폭동과정의 죽음으로 인정해주지 않는 상황 등을 겪으면서 절망한다. 아버지가 병원에서 깨어나 한국으로 돌아가자고 말하는 것은 제시문 [3]에서 일찍이 문화집단 사이의 불평등한 권력관계를 역설한 최익현의 주장을 떠 올리게 한다.

둘째는 다른 소수인종에 대한 한국인의 차별과 이로 인한 소통의 실패다. 소수 문화집단인 한국인은 흑인을 상대로 장사를 하면서 오히려 백인처럼 흑인과 남미계 소수인종을 차별하고 배제한다. 빨리 돈을 벌어 그곳을 떠날 것만을 꿈꾸며 이웃과 화합하지 않는다. 한국인은 흑인이 게으르고 더럽다며 기피해왔다. 이점은 폭동 당시 흑인이나 남미계가 백인보다도 오히려 한국인을 공격하며 자신들의 증오를 분출하게 만든 원인이 된다. 요컨대 '나'가 생각하는 폭동의 첫째 원인은 사회구조적 차원에서 백인이 보여준 혼종성의 부정적인 측면에 대해 언급하고 있는 것이고, 둘째 원인은 개인 행위의 차원에서 혼종성의 긍정적인 측면을 발전시키지 못한 한국인의 잘못에 대해 말하고 있다. 이러한 상황은 우리

가 혼종성을 이해할 때 혼종이 일어나는 구체적 맥락과 그 결과 산출되는 문화 주체의 복합적 정체성을 고려해야 함을 의미한다.

논제 Ⅲ에 답할 때 한 가지 유의해야 할 점은 '나'가 생각하는 로스앤젤레스 폭동의 원인이라는 단서다. 즉 이 논제는 로스앤젤레스 폭동의 객관적 원인을 찾아서 대답하라는 것이 아니라 '나'가 생각하는 폭동의 원인에 대해 논의할 것을 요구하고 있다. 따라서 제시문 [1]과 [3]에 나타난 혼종성이라는 주제를 중심으로 '나'가 생각하는 두 가지 차원의 폭동의 원인을 제시문 [4]에서 찾아서 논의하지 못한다면 좋은 점수를 받을 수 없다. 또한 제시문들이 다루고 있는 혼종성의 논의에 근거하지 않고 수험생이 기존에 알고 있던 문화상대주의나 문화절대주의, 다문화주의 등의 개념을 기계적으로 대입하여 답안을 작성할 때도 감점요인이 된다.

### 2. 논제 및 제시문 분석

2011학년도 고려대학교 수시 논술고사(인문계 A)는 '혼종성의 의의와 한계'라는 큰 주제로 다섯 개의 제시문을 선정하고 논제를 설정하였다. 상이한 문화 간의 인적·물적 교류가 급격히 확대됨에 따라 인종 간, 문화 간 혼종현상이 부쩍 늘어나는 오늘날 '혼종성'을 둘러싼 담론은 우리 사회의 다양한 문화현상을 복합적으로 파악할 수 있게 할 뿐 아니라, 문화와 권력의 관계에 대한 포괄적 성찰까지 요청한다는 점에서 수험생에게 화두로 던질 만한 의미 있는 주제라고 판단하였다.

첫째 제시문은 혼종성의 의미와 현상을 용어의 유래와 역사, 전 지구화 현상에 맞추어 조명하고 그 한계까지 논의한 이론적인 글이다. 나머지 제시문은 각기 다른 맥락에서 쓰인 다른 종류의 글이지만 혼종성이라는 주제로 읽을 때 다음과 같은 의미가 있다. 둘째 제시문은 이질적인 문화 사이의 혼종이 문화사적으로 의미 있는 새로운 결과물을 창출하는 데에 이른 역사적 사례를 담은 에세이이며, 셋째 제시문은 인종적·문화적 혼종을 강하게 반대하는 상소문으로서 정치적 상황이나 역사적 맥락에 대한 이해가 결여된 혼종의 위험성을 경고하는 글로 읽을 수 있으며, 넷째 제시문은 미국에 살다가 로스앤젤레스 폭동을 겪은

한국인과 한국에 살면서 코리안 드림을 꿈꾸는 외국인 노동자의 대화가 나오는, 혼종의 의의와 한계를 복합적으로 보여주는 소설이다. 다섯째 제시문은 혼종의 사회문화적 역할과 혼종현상의 시간적 변화과정을 분석하고 이해하기 위해 가상적 사회를 설정한 글이다.

단순한 암기나 기계적인 연습에 의존하지 않고 평소에 인문학과 사회과학의 책을 폭넓게 읽어 논리적으로 분석하고 사고하는 습관을 가진 수험생만이 모든 제시문을 정확히 이해하고 모든 논제의 요구에 부합하는 논술을 할 수 있을 것이다.

출제자가 수험생의 답안에서 기대하는 것은 다소 복잡한 제시문을 정확하게 읽고, 그 논지를 파악하며 전체적으로 중요한 요점을 지적해내고, 제시문에 대한 정확한 이해에 기초하여 논제에서 요구하는 지침과 요구 사항에 부합하는 내용을 주어진 분량 속에서 적절하게 논술해내는 것이다. 각각의 제시문을 바탕으로 수험생은 상반되는 주장을 서로 비교하거나, 지문에 대한 섬세한 분석을 통해 혼종성을 중심으로 논의될 수 있는 복합적 논지를 이끌어낼 수 있어야 한다. 이를 위해 수험생은 각 제시문의 논지 및 그 연결관계를 정확하게 파악하고, 이에 기초하여 자신의 생각을 전개할 수 있어야 하며, 이를 효과적으로 표현할 수 있어야 한다.

제시문 [1]은 네스토르 가르시아 칸클리니의『혼종문화 : 근대성으로부터 들어오고 나오는 전략들』과 호미 바바의『문화의 위치』, 그리고 얀 니더반 피터세의『전 지구화와 문화』에서 인용하여 '혼종성(hybridity)'이라는 주제를 가지고 출제의도에 맞추어 재구성한 글이다.

제시문은 혼종현상의 의미를 설명한 후 혼종성이 함축하는 의의와 한계에 대한 규범적인 설명을 덧붙이고 있다. 생물학에서 유래된 혼종이라는 용어가 제국주의의 전 지구적 팽창과 더불어 복합적인 사회문화적 의미를 지니게 된 배경을 설명한 뒤, 개별적으로 분리된 구조가 뒤섞여 새로운 구조를 창출하고, 문화들 사이를 횡단하며 새롭게 창조되는 혼종화가 가속화되고 있다고 지적한다. 혼종현상 자체는 새로운 것이 아니지만 그것을 혼종성이라는 개념으로 이해하고 문화를 바라보는 틀로 인식하는 담론은 비교적 최근에 부각되었다. 혼종성 담론

은 문화제국주의와 자문화중심주의의 이분법을 넘어서 상이한 문화 사이의 다중적이고 풍요로운 친화관계를 규정 짓고 설명하는 데 도움을 주며, 식민종주국과 피식민국 양자에 존재하는 본질주의를 해체하는 비판기능을 수행한다. 상이한 문화를 서로 인정하고 각각의 문화를 유지하며 공존해야 한다고 주장하는 다문화주의를 넘어서서 혼종성 담론은 모든 문화를 혼종화의 결과로 보고 현재 더욱 가속화되는 혼종화의 결과로 나타나는 새로운 문화의 가치에 주목한다. 나아가 혼종화가 일어나는 구체적인 권력관계의 맥락과 그 결과 산출되는 문화주체의 복합적 정체성도 고려해야 한다. 혼종성 담론은 인종주의나 민족주의와 같은 본질주의를 극복하고자 하는 실천적 전략이지만 각 문화 간의 권력이 비대칭적일 때 오히려 지배문화로의 일방적 편입이라는 결과를 낳을 수 있다는 점도 함께 지적하였다. 다른 제시문을 입체적으로 읽을 수 있는 준거 역할을 하는 제시문이다.

제시문 [2]는 고종석의 『감염된 언어』에 수록된 「우리는 모두 그리스인이다」에서 발췌하여 재구성한 글이다. 제시문에서 저자는 동양의 한자문명권과 서양의 그리스·로마 문명권이 서로 만나고 융화되는 극명한 예로 일본의 에도시대에 착수된 네덜란드의 문헌에 대한 고찰과 메이지시대에 활발하게 이루어진 서양 문헌의 번역작업을 꼽는다. 제시문은 한자를 조합한 신조어로 서양의 낯선 어휘를 옮겨낸 일본인의 번역작업이 일본뿐만 아니라 한자문명권 전체에 서양의 근대문명과 학문이 유입되는 데에 크게 기여했다고 주장한다.

혼종성의 관점에서 볼 때 이 제시문은, '이질적인 것'(A)과 '고유한 것'(B)이 서로 섞여 '만들어진 것'(C)이 결국 A나 B를 단순하게 혼합해놓은 차원을 넘어서 근본적으로 새로운 것을 창출하기에 이르게 된다는 사실을 강조하여 혼종의 긍정적인 측면을 부각하는 내용으로 읽을 수 있다. 우리 사회에서 오늘날 흔히 사용하는 '이성' '철학' '전통' '종교' '현실' 등 헤아릴 수 없을 만큼의 다양한 개념어는 바로 이 같은 혼종과정에서 탄생한 결과물로 볼 수 있다. 제시문에서 이들 단어가 결과적으로 한국과 중국의 어휘는 물론 문화전반을 풍요롭게 해주었으며, 여기에 바로 혼종의 가치와 중요성이 놓여 있다는 사실을 유추할 수 있다.

제시문 [3]은 한말의 유학자이자 의병장이었던 최익현(崔益鉉)의 「병인의소

(丙寅擬疏)」를 기초로 하되 「서양대집서실(書梁大集書室)」 등 그의 다른 몇 편의 글에서 관련 내용을 발췌하여 재구성한 글이다. 「병인의소」는 최익현이 고종에게 시무 6조를 건의하기 위해 쓴 상소문 형식의 글로서, 인용한 부분은 그 가운데 서양세력의 유입을 막아야 한다는 조목의 일부다. 수험생에게 다양한 형식의 글에 대한 독해 능력을 요구하기 위해 한문 문장의 고투를 살려 번역하였으나, 이 글에 담긴 최익현의 주장은 매우 명료하다. 서양인과 교역하여 그들의 물건을 사용하다 보면 결국 그들의 문화에 젖어들 수밖에 없는데 이는 우리가 보존해온 전통문화를 해치게 될 것이므로 교역 자체를 철저히 차단해야 한다는 것이다.

다른 제시문과의 관계 및 논제를 고려할 때 제시문 [3]은 다음과 같이 읽을 수 있다. 서양 사람과 섞여 사는 것 자체를 거부하고 전통문화를 보존해야 한다는 주장은 바로 인종적·문화적 혼종을 근본적으로 반대하는 것이다. 이는 우리 전통문화 역시 실은 혼종의 결과라는 점을 간과하고 있는 것이며, 도덕적 관점에서의 문화우월주의에 해당한다. 나아가 이 제시문은, 문화 간의 권력이 비대칭적일 때 혼종의 필요성을 강조하는 것은 결국 지배문화로의 일방적 편입을 강요하는 결과를 낳을 수 있다는 인식을 담고 있다. 현실적으로 민족공동체의 존립이 위협받는 역사적 상황에서는 인종적·문화적 순수성을 강조하여 주체적 대응력을 확보하고자 하는 노력 역시 필요하다는 시각에서 이 글을 이해할 수도 있다.

제시문 [4]는 박범신의 장편소설 『나마스테』에서 발췌한 것이다. '나마스테'는 '안녕하세요'처럼 서로 만나고 헤어질 때 두루 건네는 인사이자 사람과 사람 사이 소통의 시작을 알리는 네팔어다. 소설은 히말라야 마르파 마을에서 한국으로 온 남자 '카밀'과 아메리칸 드림을 품고서 미국으로 건너갔다가 온갖 고난과 상처를 겪고서 한국으로 되돌아온 '나'(신우), 이 둘 사이의 사랑이라는 테마를 중심으로 하여, 주변의 곱지 않은 시선을 이들이 헤쳐나가면서 서로의 이질적인 역사와 문화를 상호 간에 받아들이는 과정 전반을 묘사하고 있다. 작가는 '아메리칸 드림'을 꿈꾸었던 과거의 우리와 '코리안 드림'을 꿈꾸며 한국으로 온 외국인 노동자들의 모습을 중첩시키며, 그들을 바라보는 우리들의 냉혹한 시선을

꼬집고 나아가 그 시선에 물음을 던지고 있다.

제시문은 '나'가 외국인 노동자 카밀과 대화를 나누는 장면으로서, 로스앤젤리스 폭동으로 인해 아버지와 막내오빠를 잃은 '나'가 사건의 경위와 그에 대한 자신의 견해를 말하고 생각하는 대목을 중심으로 구성되어 있다. 여기서 '나'가 꼽고 있는 폭동사건의 원인은 대략 두 가지로 이해될 수 있다. 첫째, 백인이 소수인종을 무시하는 미국사회 전반의 구조적 모순에서 기인한다는 것이다. 미국이 오로지 백인을 보호하기 위해 흑인뿐만 아니라 아시아인이나 멕시코인 등 소수민족을 착취하거나 억압해왔으며, 따라서 자유·평등·기회의 나라라는 선전과는 거리가 먼 미국의 문화제국주의가 바로 폭동의 근본적인 원인이다. 둘째, 소수민족에 대한 한국인의 태도와 잘못된 행동도 무시하지 못할 원인이다. 미국사회에 온전히 편입되기를 희망하는 한국인은 자기들과 엇비슷하게 열악한 처지에 놓여 있다고 할 소수민족과의 소통에서 근본적으로 실패하였다고 '나'는 생각한다. 미국에 거주하는 한국인은 내심 흑인을 게으르고 더럽다며 기피해왔으며, '나'가 볼 때, 이것이 바로 폭동 당시에 흑인이나 남미계가 백인보다도 오히려 한국인을 공격하며 자신들의 증오를 분출하게 만든 원인이다. 제시문은 이러한 '나'의 견해를 통해 다양한 인종으로 이루어진 미국사회에서 정착하여 살아가면서도 정작 혼종을 거부하는 한국인의 자화상이자 반성의 거울을 그려내고 있다. 다른 제시문 및 논제와 관련하여 이 제시문은, 인종 간, 문화 간 혼종이 단순히 '섞여 있음'만으로 가능한 것이 아니며, 또 상황과 맥락에 대한 이해가 동반되지 않은 혼종성 논의는 근본적인 한계를 지닌다는 점을 보여주는 것으로 읽을 수 있다.

제시문 [5]는 혼종이 사회문화적 가치창출에 어떤 영향을 미치는지, 그리고 혼종현상이 시간적으로 어떻게 변해가는지를 알아보고자 간단한 가상적인 사회를 상정한다. 제시문은 기존 문화요소만 존재하던 사회에 신규 문화요소가 유입되는 상황을 제시하고, 이러한 문화요소가 무작위로 일대일 결합하여 문화 가치를 창출할 때, 다양한 형태의 결합에 따라 창출되는 가치의 수준을 명시하고 있다. 제시문은 또한 기존 문화요소 및 신규 문화요소의 각 단위가 창출하는 기댓값에 따라 문화요소의 구성이 시간이 흐름에 따라 어떻게 변하는지를 설명하

고 있다. 제시문의 아이디어는 메이나드 스미스와 프라이스(J. Maynard Smith and G. R. Price)가 1973년에 『네이쳐(Nature)』지에 출간한 논문, 「동물 간 투쟁의 논리(The logic of animal conflict)」에서 얻은 것이다. 그러나 이 논문이 동물의 행동에 관한 것임에 비해 제시문은 문화에 관한 것이다. 또 제시문은 가치창출 과정과 이에 따른 동태적 과정을 이 논문과 다르게 설정하였다.

### 3. 예시답안

**1.**

지구화가 진행되면서 문화적 혼종화 현상이 두드러질 것이라는 관점이 있다. 혼종은 원래 생물학적 개념으로 '열등함'으로 인식되었지만, 제국주의가 소멸하면서 새롭게 이해되고 있다. 문화적 차원에서 보았을 때 혼종은 문화의 본질적 속성이다. 자기만의 순수성을 고스란히 지켜온 문화는 없기 때문이다.

문화적 혼종성은 지배국과 피지배국 양자가 가진 문화적 순수주의를 비판하는 기능을 수행하며, 익숙한 이분법적 틀을 넘어 새로운 문화를 창조해내는 의의가 있다. 하지만 한편으로는 문화적 순수주의가 필요한 시점에서도 이를 부정해버리는 문제점과 강대국 위주의 일방적 통합을 은폐시키는 데 악용될 수 있다는 한계가 있다. 이처럼 혼종성에 대해 서로 다른 관점이 존재하지만 앞으로도 이에 대한 지속적인 연구가 필요하다.

**2.**

[2]는 일본의 에도시대와 메이지시대에 서구문화를 적극적으로 수용한 사례를 문화적 혼종을 통한 신문화의 창조로 이해하고 있다. 당시 일본의 학자들은 스스로의 문화가 가장 우월하다는 식의 문화적 순수주의에서 벗어나 있었다. 그래서 발전한 네덜란드와 서구의 문물을 받아들이기 위해 노력했는데 그것을 단순히 모방하는 것을 넘어섰다는 데 그들의 탁월함이 있다. 그들은 서구의 문화를 동아시아의 공통적 유산인 한자를 활용하여 새로운 문화로 거듭나게 했다. 우리가 지금 사용하는 대다수의 개념어가 이때 발명되었다. 이것은 [1]에서 제시한 문화적 혼종의 의의가 실현된 사례.

반면 [3]에서 필자는 문화적 순수주의의 입장에 서서 문화적 혼종의 한계가 현실화될 것을 두려워하고 있다. 서양인을 인의예지도 모르는 금수로 표현한 것을 보면 필자는 조선의 문화는 우수한 반면 서양의 문화는 저급하다고 생각한다. 또한 지금 조선은 국력이 쇠약한데 서양의 힘은 강대하여 그들의 문화를 받아들이게 되면 우리의 문화적 전통이 모두 무너질 것을 걱정한다. 서양 물건이 백성들 사이에 퍼지면서 전통적인 오륜의 정신과 예법이 무너지고 있다고 판단하기 때문이다. 따라서 필자는 서양과의 문화적 혼종을 국가적 차원에서 금지해야 함을 강력히 주장하고 있다.

### 3.

[4]의 '나'는 로스앤젤레스 폭동의 원인을 서로 결합된 두 가지의 요인으로 이해하고 있다. 그 근원적인 원인은 미국사회의 모순에 있다. 미국은 겉으로 보기에는 다양한 인종이 문화적으로 잘 융합되어 조화를 이루고 있는 것처럼 보이지만, 실제로는 철저하게 백인이 권력을 쥔 사회다. 즉, [1]에서 제기한 문화적 혼종의 한계에 직면해 있었다. 미국사회는 흑인이 아무리 노력해도 넘을 수 없는, 백인과 대등해질 수 없는 구조적인 한계가 있다. 그러므로 흑인은 가난을 대물림할 수밖에 없다. 미국사회와 백인에 대한 그들의 분노가 폭동으로 표출된 것은 당연하다고 '나'는 이해한다.

그런데 또 하나의 원인은 미국에 이주한 한국인의 태도다. 한인은 미국사회의 이런 구조적 모순과 흑인의 상황을 이해하지 못하고 있었다. 그들은 가난하고 게으른 흑인을 보면서 사회적 원인을 찾으려하지 않고 그들 개인의 문제에서 원인을 찾았다. 그러다 보니 흑인을 무시하고, 백인과 혼종을 이루기 위해서만 노력했다. 결국 한국인은 근거 없는 우월의식 때문에 흑인과의 문화적 혼종을 거부함으로써 흑인이 분노를 표출하는 대상이 되었다.

이처럼 '나'는 폭동의 원인을 미국사회의 구조적 모순과 이에 무지했던 한국인의 태도 두 가지의 결합으로 이해하고 있다.

2008학년도 성균관대학교 정시 인문 기출문제

### 1. 출제의도

수험 대상자가 인문·사회과학계열 지원 학생인 점을 고려하여, 현대사회에서 중요한 이슈인 성차별 문제와 최근 두드러지게 부각되고 있는 소위 '알파걸(Alpha girl)' 현상을 이번 논술고사 문제의 주제로 선정하였다.

남성과 여성의 차이를 설명하는 이론적 관점은 유전적인 차이를 강조하는 생물학적 이론, 후천적인 학습효과를 강조하는 사회화 이론, 이러한 차이 자체가 만들어진 것이라고 보는 사회구성주의 이론 등이 있다. 또한 '차이'를 넘어선 '차별'이 구조적이고 공고하다고 보는 입장도 세부적으로 여러 갈래가 있다. 그런데 성차(性差)와 연관된 다양한 논의는 결국 성별차이가 있다는 점은 인정하더라도 이러한 차이가 차별로 연결되는지 여부에 관한 것이라고 할 수 있다.

따라서 이 논술에서는 성차별 논쟁에서 핵심적인 지표의 하나인 '남녀 간 임

금격차'가 구조적이고 제도화된 차별에 의한 것이라는 입장과 개인의 인적자본 (노력과 능력, 교육 등) 및 이에 따른 생산성을 반영한 정상적인 것이라는 입장에 대한 학생의 분석능력을 확인하려고 하였다. 두 가지 상이한 입장은 관점이나 현상에 대한 분석력에 따라 다를 수 있으므로, 어느 쪽의 입장을 취하는지 자체가 채점기준은 아니다.

이번 논술고사에서는 성별 임금격차와 관련된 논쟁점에 대한 수험생의 독해능력, 연관자료의 분석능력, 논술능력을 중점적으로 평가할 수 있는 제시문과 자료를 선정하였다. 통합교과형 논술을 지향하는 성균관대 논술출제의 기본취지를 충족시키기 위해서 인문학과 사회과학 영역에서 제시문을 선정하였고 약간의 수리적 이해를 요하는 자료를 표로 구성하여 출제하였다.

수험생들의 대학수학능력을 정확하게 측정하기 위해 위에 언급한 중점 평가 영역에 관련시켜 3문제를 출제하였는데, 문제의 형식은 이미 모의논술고사를 통해 제시한 틀을 유지했다. 1번 문제는 제시문의 논지를 입장별로 구분하고 논지를 요약하는 능력, 2번 문제는 관련 표를 이용하여 제시문과 연관하여 분석하는 능력, 3번 문제는 알파걸 현상을 1번의 입장을 이용하여 논리적으로 설명하는 능력을 평가하기 위한 것이다.

### 2. 논제 및 제시문 분석

#### 논제 1

제시문 [1]은 사회구조에 의한 성차별의 예로서 '성별 직업분리'로 인한 '성별 임금격차' 현황을 보여주며, 제시문 [3]은 (제도 및 관습을 통해 고착화된) 차별적 사회구조의 도덕적 부당성을 비판하고 있다.

이와 달리 제시문 [2]는 학력, 경력 등과 같은 '인적자본'의 차이에 의한 성별 임금격차의 사례를 보여주며, 제시문 [4]는 인적자본으로 대표되는 개인적 능력의 차이가 성별 임금격차의 주 원인임을 주장하고 있다.

#### 논제 2

표를 분석하는 방법은 두 가지인데, 우선 표를 개략적으로 분석할 경우 근로

자의 임금은 대체로 학력 및 생산기여도에 비례하여 결정되어 있으므로 제시문 [2]와 [4]의 입장, 즉 '인적자본 차이에 의한 성별 임금격차 가설'을 지지하는 것처럼 보인다. 표를 상세히 분석할 경우 표와 위의 입장 간에는 다양한 논리적 관계가 성립하게 된다.

**논제 3**

두 제시문은 근래에 와서 뛰어난 개인적 능력을 갖춘 젊은 여성('알파걸')이 다수 출현하는 현상을 말하고 있다. 이 현상은 다음과 같은 경우로 설명이 가능하다.

① 차별 가설을 활용할 경우 : 제시문 [3]에서 언급된 사회구조적 차별이 근래에 와서 두드러지게 완화 혹은 철폐되면서 묻혀 있던 여성의 능력과 자질이 드러나게 됨으로써 생긴 현상이라고 설명할 수 있다.

② 인적자본 가설을 활용할 경우 : 여성의 교육기회 확대 및 교육기간 증가를 통해 축적되어온 여성의 능력과 자질이 현실에서 본격적으로 발휘되고 있다.

③ 두 가설을 모두 활용한 경우 : 여성의 개인적 능력과 노력에 덧붙여 여성의 자질 발휘를 가능하게 해주는 비차별적 사회구조가 뒷받침됨으로써 '알파걸' 현상이 나타난다.

**3. 예시답안**

**1.**

제시문 [1]~[4]는 모두 성별 임금격차의 원인에 대해서 다루고 있지만, 그것을 '차이'로 보느냐 '차별'로 보느냐에 따라 서로 다르다. 제시문 [1]과 [3]은 성별 임금격차의 원인이 단순한 개인적 능력의 차이가 아니라 사회구조적 불평등에 의한 차이에 있다고 본다. 제시문 [3]은 사회적 지위와 소득이 높은 직업은 권력을 가진 남성에 의해 여성의 진출이 금지되었다고 주장한다. 모든 남성의 능력이 모든 여성에 비해서 우월한 것이 아니라는 역사적 근거가 많이 있기 때문에 남성과 대등한 경쟁 자체가 허용되지 않는 현실은 분명 여성에 대한 억압이자 차별이다. 그 구체적 근거가 제시문 [1]에 잘 드러나 있다. 영국에서는 지

난 30여 년간 성별 임금격차가 줄어들긴 했지만 여전히 직업구조의 상층부와는 달리 대다수의 여성 노동자는 저임금의 열악한 노동을 담당하고 있다. 100파운드 이하를 버는 노동자의 비율을 따져봤을 때 여성이 남성의 2배 이상이다.

반면 제시문 [2]와 [4]는 성별 임금격차의 원인이 단순히 개인적 능력의 차이에 있다는 입장이다. 제시문 [4]는 남녀 간 임금격차의 원인은 두 성별 간의 학력의 차이와 경력의 차이, 즉 개인이 축적한 인적자본의 생산성 차이 때문이라고 주장한다. 오랜 기간 학교를 다닌 이의 임금이 그렇지 않은 이의 그것보다 높기 때문이다. 그 사례가 제시문 [2]에 나타나 있다. 제시문 [2]에서는 한국의 성별 임금격차의 원인을 분석한 결과 그중 90%가 남녀 간의 개인적 능력차이에 의한 것임을 보이고 있다.


2.

문제 1에서는 성별 임금격차의 원인을 두 가지 서로 다른 관점에서 해석하고 있다. 표의 사례를 하나씩 분석해보면 성별 임금격차의 원인이 사회구조적 차별에 있다는 것을 지지하는 두 가지 사례와, 그 원인이 개인적 차이에 있다는 것을 지지하는 두 가지 사례로 나뉜다.

우선 A와 C를 비교하면 두 사람은 대졸자로서 학력은 동일하며, 생산기여도는 A가 6.7% 더 높다. 그럼에도 A는 C에 비해 25%나 높은 임금을 받는다. 이는 A가 단지 남성이라는 이유 때문에 벌어진 일이므로 C는 여성이라는 이유만으로 차별대우를 받은 것이다. 또한 B와 C를 비교할 경우 남성의 생산기여도가 여성에 비해 20%가 낮음에도 임금은 10%밖에 차이가 나지 않는다. 게다가 여성인 C는 대졸이며 남성인 B는 고졸임을 감안한다면 이는 개인의 능력 차에 의해서 임금이 결정되지 않고 단지 B가 남성이라는 이유만으로 이익을 본 것이다. 위의 두 경우는 성별 임금격차의 원인이 개인의 능력차이가 여성에 대한 사회적 차별 때문임을 입증한다.

반면 A와 D를 비교하면 두 사람의 생산기여도 차이는 60%이며 임금의 격차는 66.7%이다. 그 이유는 남성인 A가 대졸자인 반면, 여성인 D는 고졸자이기 때문이다. 즉 교육수준에 따른 인적자본의 차이가 임금격차를 유발한 것이다.

또한 B와 D를 비교해보면 학력이 동일한 두 남녀의 생산기여도 차이는 20%이며 임금의 격차 또한 20%이므로 인적자본의 차이에 따라 임금이 결정된 것이다. 두 경우는 성별 임금격차의 원인이 인적자본의 차이에 있음을 입증한다.

**3.**

제시문 [5]와 [6]은 사회적으로 남성에 비해 우수한 능력을 보이는 여성, 소위 알파걸이 등장하고 있음을 보인다. 제시문 [5]는 우리나라의 고등고시 합격자 중 여성의 비율이 남성보다 더 높은 것을 그 사례로 들고 있다. 제시문 [6]은 미국에서도 학교와 직장 모두에서 아주 뛰어난 능력을 갖춘 새로운 여성집단이 등장하고 있음을 제시한다.

이런 현상이 등장하게 된 것은 논제 1에서 지적되었던 두 가지의 조건이 모두 극복되었기 때문이다. 시작은 소수의 선진적인 여성의 노력에 의해서인데, 이들이 부단한 노력을 통해 개인의 능력을 향상시켜 사회적 차별을 뚫고 돋보이는 성취를 하게 되었다. 이런 일이 조금씩 증가하면서 여성의 능력에 대한 사회적 인식이 달라지고 이로 인해 사회구조적인 성 차별에 대한 문제의식이 성숙함으로써 다양한 법적·제도적 변화가 나타나게 되었다. 사회구조적 차별의 철폐로 인해 과거에는 부당하게 무시되었을 여성의 능력이 다시금 주목받게 되고, 이것은 다시 여성에 대한 교육의 증대와 자기계발의 확신으로 이어진다.

이처럼 '알파걸'이 등장하게 된 것은 기존의 여성 스스로의 노력을 통한 인적자본 자체의 상승과 사회구조적인 차별의 철폐가 모두 작용한 결과이다.

## 2008학년도 서울대학교 정시 기출문제

### 1. 출제의도

전통윤리의 계승·양성평등·가족제도의 민주화 등의 문제는 일상생활에서 늘 부딪치는 실질적인 주제이며, 특히 『전통윤리』 『사회문화』 『윤리와 사상』 등의 교과서는 족보·혈통 등을 다루면서 전통윤리의 계승과 새로운 윤리체제의

확립에 대하여 생각해볼 것을 요구하고 있다. 이 같은 교과서의 집필의도에 맞추어 논제 1은 과거의 역사적 경험으로부터 양성평등사회 실현을 위한 지혜를 묻고 있다.

서울대학교 입학관리본부

## 2. 논제 및 제시문 분석

### 논제 1

논제 1은 전제가 있다. '제시문 [가], 〈도표 1〉, 〈도표 2〉를 참조하여 물음에 답하시오'가 그것이다. 그리고 실제 물음인 논제는 아래의 ①과 ②다. 그러므로 학생들은 제시문 [가], 〈도표 1〉, 〈도표 2〉를 참고하고 그 내용을 기초로 해서 아래의 ①, ②에 답해야 한다. 여기서 하나 주의할 점은 〈도표 2〉를 참고하면서 〈도표 2〉에 대한 보충설명도 함께 고려해야 한다는 점이다. 그래야만 〈도표 2〉를 정확히 이해할 수 있다.

①은 〈도표 1〉과 〈도표 2〉에 구성원의 수가 다르게 나타난다는 점을 지적하고, ⓐ그 차이가 의미하는 바를 서술할 것을 요구하고 있다. ②는 두 족보의 ⓑ 작성목적에 차이가 있음을 지적하고, ⓒ그 차이에서 드러나는 두 족보의 특징을 구체적으로 서술할 것을 요구하고 있다.

학생들이 답해야 할 것은 ⓐ~ⓒ다. 전체 분량이 800자임을 감안한다면 세 가지 중 어느 한쪽에도 치우치지 않고 균형이 맞는 분량배분을 했을 때 좋은 점수를 받을 수 있을 것이다.

### 논제 2

제시문 [나]에 나오는 논거 이외에 '혈통계승의 측면에서도 동성동본금혼 규정이 불합리한 것임을 밝히라'는 것이 주된 물음이다. 물론 두 도표를 활용하라는 단서조항도 있다.

학생들은 '혈통계승의 측면'이라는 말의 의미를 우선 이해해야 한다. 도표를 활용하여 생각해보자. 장본인은 장부와 동래 정씨의 혈통을 계승하고 있다. 장부는 전주 이씨와 장조부의 혈통을 계승하고 있고, 동래 정씨는 정동진과 전주

이씨의 혈통을 계승하고 있다. 우선 이렇게 도표를 보면서 구체적으로 '혈통계승'이라는 말의 의미를 확정해놓자.

다음으로 생각해볼 것은 동성동본금혼 규정이다. 이것은 동성이며 본이 같을 경우, 예를 들어 임의의 한 남성이 이씨이고 본이 경주(경주 이씨)일 경우라면, 같은 성과 본을 가진 여성과는 결혼할 수 없음을 의미한다. 그런데 왜 이런 규정을 두는 것일까? 그것은 혈통계승의 다양성을 위해서다. 같은 성씨나 혈연적으로 가까운 성씨끼리만 계속 결합하게 되면 집단의 유전적 다양성이 소멸하게 됨으로써 자손을 번식하는 데 불리해진다.

그런데 논제는 왜 동성동본금혼 규정이 불합리하다고 말하는 것일까? 다시 〈도표 1〉을 보면서 생각해보자. 장본인이 태어나기 위해서는 장부와 함께 동래 정씨의 유전자도 필요하다. 그렇다면 혈통계승의 측면에서 보았을 때 장본인은 장부와 동래 정씨의 혈통을 정확히 반씩 계승한 것이다. 마찬가지로 장본인은 장조부의 혈통을 1/4 계승하고 있으며, 정동진의 혈통도 1/4 계승하고 있다. 즉 한 인간은 자신의 부계와 모계의 혈통을 동시에 절반씩 계승하고 있음을 〈도표 1〉을 통해 알 수 있다. 물론 모계혈통은 배제되어 있으므로 〈도표 2〉는 이 사실을 밝혀줄 수 없다.

그렇다면 동성동본금혼 규정이 불합리하다는 말이 이해될 듯하다. 왜냐하면 만약 우리가 부계와 모계의 혈통을 절반씩 이어받는다면 동성동본끼리만 결혼을 금해서는 안 되고, 모계가문과의 결혼도 금해야 하기 때문이다. 장본인이 자기 본관의 장씨 여성과 결혼하지 않는다고만 해서 유전적 다양성이 지켜지는 것은 아니다. 그는 부계와 마찬가지로 자기 어머니인 동래 정씨 혈통과도 혼인을 금해야만 유전적 다양성을 확보할 수 있다. 즉 금혼의 대상이 동성동본에만 머물러서는 안 되고 이성(異姓)일지라도 유전적 근친성이 있다면 그 가문도 금혼의 대상이 되어야만 한다. 즉 금혼의 기준을 동성동본으로 제한하는 것은 남성위주로만 사고하는 가부장적 의식의 발로일 뿐이며, 합리적인 판단은 아니다.

### 논제 3

논제 1과 논제 2는 표현과 글의 구조에서 학생마다 다소 차이가 있겠지만 답

문 [3]의 시를 감정노동의 측면에서 해설할 수 있어야 한다.

논제 3은 도표를 분석하고 활용하는 능력을 측정하기 위한 것이다. 제시문 [4]는 산업별 종사자 수의 변화를 보여주는 도표이다. 첫째, 이 표를 통해 1·2·3차산업구조의 전반적인 변화추세를 파악하고 이러한 변화가 어떻게 한국사회의 구조적 변화를 반영하고 있는지 설명하도록 하였다. 둘째, '돌봄 노동'을 주로 담당하고 있는 보건 및 사회복지사업 종사자가 업무를 수행하면서 직면할 수 있는 문제점을 제시문을 바탕으로 논술하도록 하였다. 두 질문은 사회변동의 원인을 사회구조적 관점에서 설명하고, 종사자의 구체적인 사회적 경험을 추론해내는 능력을 파악하기 위한 것이다.

### 3. 예시답안

**1.**

대기업이 서비스업에 대규모로 진출하면서 '인성시장'이 형성되었다. 생산직과는 달리 서비스직과 사무직 노동자는 그들의 노동력에 더하여 인성까지도 평가받는다. 판매와 고객관리에 유리한 인성일수록 좋은 상품으로 평가되어, 이제는 인성도 교환의 대상으로 인식된다.

상품판매의 현장에서 고객이 경험하는 판매원의 인성은 진실된 것이 아니다. 판매원은 의례적인 친절과 호의를 베풀면 되고 고객은 그 상업적 가면에 대한 대가를 지불한다. 그들의 친절과 봉사는 경영진에 의해 철저하게 관리되고 육성된다. 따라서 판매원은 자영업자와는 달리 능동적인 판단이나 흥정을 할 수 없다.

그런데 상업부문에서의 대인관계방식이 일상에서도 중요한 처세술이 되고 있어, 사람들은 이제 가면을 쓰고 서로에게 친절을 베풀며 서로를 의심한다. 인성시장은 현대사회에 만연한 불신과 소외의 근본적 원인이다.

**2.**

[2]는 감정노동에 종사하는 노동자의 위태로운 삶에 대해 논한다. 감정노동에 종사하는 노동자는 종종 자신의 감정과 표현하는 감정의 괴리를 극복해야하는데, 이를 위해 '연기'를 하게 된다. 표면적으로 실제와 다른 감정을 연기하

는 것만으로는 충분하지 않으며, 숙련자는 자기 내면의 감정을 속이기까지 한다. 그런데 이처럼 타인의 욕구를 우선 충족시켜주어야만 할 때 받는 스트레스는 감정노동자의 육체를 병들게 하며, 이로 인해 무의식적인 저항을 유발할 위험성이 있다.

[3]의 '그'는 [2]에서 언급한 감정노동에 종사하는 사무원이다. 그는 자신의 생계를 위해서 자신의 의지와는 무관하게 맡겨진 일을 묵묵히 수행한다. 그는 화장실 가는 시간과 점심시간까지 아껴가며 업무를 수행하며, 상사와 동료에게 친절과 봉사를 다한다. 그런데 그의 노동은 스스로의 창의적이고 주체적인 사고에 기반한 것이 아니라 반복적이고 기계적인 행위일 뿐이다. 그러다 보니 그의 사고는 이미 멈추었으며, 스스로를 일하는 기계로 만들어 의자와 구분되지 않는 사물이 되어버렸다. 더 큰 문제는 사무원은 그 스스로가 이런 사실을 당연하게 받아들이고 있다는 것이다. 이는 [2]에서 지적한 감정노동 종사원의 내면연기에 해당한다고 볼 수 있다. 이처럼 감정노동에 깊이 매몰된 사무원의 육체는 이제 지하철 개찰구에 열쇠를 밀어 넣는 등 자신의 의지와 무관한 행동을 하는 위험한 상황에까지 이르렀다.

## 3.

[4]의 표에는 보건 및 사회복지사업 종사자 수가 10년 동안 지속적으로 증가했음이 보인다. 이는 우리 사회의 산업구조의 변화와 관련이 있다. 전체 산업 종사자 수의 비율에서 3차산업 종사자수는 약 50%에서 80%로 늘어났다. 이로 인한 여성 노동자의 증가, 도시화의 진행, 핵가족화 등의 사회변화가 일어났음을 추론할 수 있다. 이런 변화는 전통적으로 여성이 가정 내에서 담당했던 돌봄노동을 대신할 새로운 사업을 필요로 한다.

돌봄 노동에 종사하는 이들은 사회적으로 높은 도덕수준을 요구받지만 육체적인 노동의 강도는 높고 사회적 처우는 열악하다. 이런 상황에서 그들은 항상 친절과 봉사를 베풀어야만 하는 감정노동을 이행한다. 자신의 직업적 만족감을 위해 그들은 내면연기를 하게 되고, 내면연기에 익숙한 해당 직종의 종사자의 몸은 [2]의 사무원처럼 극도의 스트레스에 내몰리게 된다.

2008학년도 성균관대학교 수시 2학기 인문 모의고사

### 1. 출제의도

이번 모의 논술고사의 논제는 최근 뜨겁게 달아오른 역사왜곡 및 역사해석의 차이에서 비롯된 역사인식의 객관성에 관한 것이다. 이 주제의 기반은 고등학교 1학년『국사』교과서에 나오는 '역사 실증주의'와 '역사 현재주의' 두 이론이라 고 할 수 있다. '역사란 과거 사실을 있는 그대로 밝히는 것이다'라는 입장과 '역 사는 과거 사실을 현재의 관점에서 재해석한 것이다'라는 두 입장을 기본 축으 로, '역사는 임의적으로 재구성될 수 있는 사회적 기억 장치'라는 극단적 입장에 이르기까지 역사의 본성에 관한 다양한 입장을 제시하였다. 그리고 역사기술 혹 은 역사해석의 차이가 두드러지게 나타났던 국내의 사례를 자료로 제시하였다.

이에 수험생은 비판적 독해를 통해 이 입장 간의 공통점과 차이점을 정확하 게 이해하고, 또 이를 구체적인 현상에 적용하여 설명할 수 있어야 한다. 그리고 마지막 단계에서는 통합 교과형 논술이 추구하는 이른바 '수렴적 창의성' 혹은 '영역 전이적 응용력'을 평가하기 위해, 역사인식의 상대성에서 '과학적 인식의 상대성'이라는 보다 일반적인 주제로 전이를 시도하였다.

## 2. 논제 및 제시문 분석

### 문제 1

이 문제의 출제의도는 역사의 본성에 대한 서로 다른 견해의 글을 제시하고, 핵심 논지를 파악하여 이를 요약하는 능력을 평가하는 데 있다. 따라서 학생들은 세 제시문의 논지의 차이점이 분명히 드러나도록 요약해야 한다. 이러한 출제의도에 맞춰서 문제1에 대한 답변은 대체로 아래와 같은 내용을 담아야 한다. 제시문 [1]의 논지는 '역사는 실제 본래 있는 그대로를 보여주는 것이며, 역사가는 주관적 관점에서 완전히 자유로운 상태에서 과거를 보아야 한다'는 것이다. 이와 달리 제시문 [2]의 논지는 '역사는 역사가의 관점과 필요에 따라 과거 사실들을 선택하고, 역사를 기술하기 때문에 모든 역사는 현재의 역사이며 따라서 어느 정도 관점에 따른 주관성을 배제할 수 없다'는 것이다. 제시문 [3]은 역사가의 관점에 따라 역사에 대한 기술이 달라질 수 있다는 점에서는 제시문 [2]와 유사하나, 현실적 필요에 따라 역사를 완전히 왜곡, 날조할 수도 있다고 보는 점에서 역사기술의 상대성의 정도에 있어 차이가 있다.

### 문제 2

문제 1에서 드러난 차이점을 중심으로, 다른 혹은 서로 대립하는 입장을 비판하는 문제다. 비판의 방식은 다양할 수 있겠으나, 먼저 비판하려는 입장이 지닌 내적 모순점 혹은 난점을 찾아내어 이를 부각시킨 뒤, 자신이 옳다고 여기는 입장의 논지를 설득해가는 것이 바람직하다. 이 평가의 초점은 비판하려는 입장의 난점이 무엇이며, 왜 그런 약점이 왜 생겨나는지를 정확하게 그리고 구체적으로 밝히고 있는가다.

**문제 3**

이 문제는 제시문에 들어 있는 역사의 본성에 대한 서로 다른 견해를 '이론적 틀'로 삼아 구체적인 현상을 설명하는 데 사용할 수 있는지, 동시에 구체적 현상을 보여주는 자료의 의미를 올바로 해석하고 있는지를 평가한다. 〈자료 1〉은 우리 사회의 보수주의를 대변한다는 '교과서포럼'의 '개정교과서'와 기존 교과서가 동일한 사건에 대해 '해석'을 달리하고 있음을 보여주는 자료다. 그리고 〈자료 2〉는 남북한의 역사 교과서에 나오는 인물, 즉 역사적 비중을 가진 인물 중에 공통되는 인물의 비중이 18.6%에 불과함을 보여준다. 이 두 자료는 정치적, 이데올로기적 갈등이 역사적 사실에 대한 해석의 차이로 이어짐을 분명하게 보여준다. 이러한 역사기술 혹은 해석차이를 역사의 본성에 대한 세 입장 중의 하나를 이용하여 설명해야 한다.

### 3. 예시답안

**문제 1**

1. 세 제시문은 역사 인식의 차이에 관한 것이다. 제시문 [1]은 역사를 있는 그대로의 사실로 보고 있고, 제시문 [2], [3]은 선택될 수 있다고 보고 있다. 다만 제시문 [2]는 그 선택의 기준이 현재의 관점이고 제시문 [3]은 기억이라는 것이다. 제시문 [1]은 주관을 배제한 사실로서의 역사를 주장한 랑케의 입장과 일치한다. 그러므로 역사서술을 수동적으로 증거중심으로 해야 한다고 본다. 제시문 [2]는 역사를 현재를 기준으로 주관적으로 보아야 한다는 카의 입장과 일치한다. 그래서 역사를 현재와 과거의 끊임없는 대화로 보아야 한다는 입장이다. 제시문 [3]은 역사는 우리의 정체성을 결정하는 학습된 문화적 산물이라는 입장이다. 그렇기 때문에 자연적으로 역사를 아는 것이 아니라 주입된 교육을 통해 기억으로 역사를 알고 집단과 개인의 정체성을 결정한다는 것이다. 그래서 지배집단이 이 역사를 임의적으로 조합해 재구성하여 이념을 정당화하기도 한다는 입장이다.

2. 세 제시문들은 역사를 인식하는 관점, 즉 '역사관'에 대한 각기 다른 세 가지 견해를 제시하고 있다. 먼저 제시문 [1]은 객관적인 역사탐구를 지향한다. 이

러한 관점은 개인이 주관적 판단이나 사회적 제약을 통제하는 것이 가능하다는 전제하에, 과거 사실에 대한 객관적이고 정확한 재현만을 의미 있는 것으로 본다. 즉 과거나 미래에 대한 가치 단을 배제한 채, 증거의 관찰을 통해 있었던 그대로의 사실을 보여주는 데 의의를 두는 것이다. 이와 대조적으로 제시문 [2]는 역사는 필연적으로 주관적이라는 입장이다. 역사가는 당시의 문화에서 지배적인 개념이나 원칙의 영향을 받게 마련이며, 따라서 역사는 이러한 맥락에서 사실을 선택하고 정리한 것이다. 따라서 불가피하게도 모든 역사는 '당시의 역사'일 수밖에 없다는 것이다. 이들은 역사를 집단적 정체성을 결정하는 사회적 기억장치로 규정한다. 이러한 점에서 역사를 특정한 방식으로 조합하고 재구성함으로 지배자의 특정집단에 대한 지배 또한 가능하다.

### 문제 2

1. 역사는 과거로부터 물려받은 증거인 사료를 토대로 역사가에 의해 재구성된다. 과거에 일어났던 일을 직접 다시 체험하는 것은 사실상 불가능하므로, 과거에 일어난 사실을 이해하기 위해서는 사료를 통해서 당시의 상황을 상상할 수밖에 없다. 사료를 통해 상상하고, 사료를 통해 사실로 입증하는 과정에서 불가피하게 개인의 주관이나 편견이 개입된다. 수동적 인식론에 입각해서 역사를 사실 그대로 기록해야 한다는 주장은 역사서술의 의미에 대해 제대로 인식하지 못해 생겨난 듯하다. 그런 주장을 펴는 사람은 역사는 바로 '사실'이며, 우리의 감각은 있는 그대로의 모습을 드러낼 수 있기 때문에 역사 또한 그대로 재현하는 것이 가능하다고 한다. 그러나 역사는 사실이 아니다. 수동주의에 따라 사실을 드러내려면 우리가 그 시대에 있어야 가능하다. 사료를 통해서 역사시대의 완벽한 재현을 꿈꾸는 이러한 발상은 결국 사료를 맹목적으로 믿거나, 사료를 통해서 무리하게 과거를 재현하려다가 오히려 역사를 왜곡하게 되는 결과를 낳을 수도 있다.

앞에서 언급했다시피 역사는 과거에 일어난 일에 대한 역사가의 상상력과 사료에 대한 주관적 해석으로 탄생한 기록물이다. 이것은 과거 세계의 모습이라고 '판단'한 것을 기록한 것이기 때문에 객관적이지 못하다. 그러나 이것을 공동체

를 이끌어가기 위한 작품으로 여기는 견해는 역사의 불완전함을 침소봉대한 것이다. 역사는 부정확한 것이긴 하지만 그렇다고 해서 근거 없이 꾸며낸 이야기는 아니다. 사료를 토대로 해서 합리적인 방법으로 도출해낸 가설인 것이다. 물론 역사는 한 집단의 기록이며 그 구성원을 통합하는 기능을 한다. 그러나 그것은 역사의 기능이지, 목적이 아니다. 역사는 어디까지나 과거에 대한 기록일 뿐이고, 그 기록으로 인해서 구성원이 통일감을 가질 수는 있다. 그러나 만약 그것을 목적으로 서술되고 조작된 것이라면 그것은 진정한 의미의 역사라고 할 수 없다.

2. 모든 역사는 현재의 역사이다. 이 말은 과거의 객관적이고 검증된 사실에 현재의 가치와 탐험가의 주관이 가미된 현재적 재구성이라는 말이다. 제시문 [1]의 견해는 이 중 과거의 객관적인 사실에만 치중하고 있다. 인간은 이성과 감성을 동시에 지니고 있는데 이 두 가지는 완벽하게 객관적인 역사서술을 어렵게 만든다. 인간의 이성은 옳고 그름을 분별하고 가치를 판단하게 하며 감성은 악과 부정을 미워하고 약자의 고통을 공감하고 연민하는 성질을 지녔다. 역사가가 인간인 이상 그 본성인 이성과 감성을 완벽하게 억제하기 어렵고, 그 결과 역사서술에 미묘하게나마 판단이나 느낌을 투영하기 마련이다. 이것을 완벽하게 통제할 수 있는 역사가가 있다고 하더라도 과거 모든 사실을 역사서에 담을 수는 없으며 역사서에 담을 가치 있는 사실을 선택하는 것 자체가 역사가의 주관이 개입되는 것이다. 또 역사가가 역사를 탐구하는 데 바탕이 되는 자료는 모두 자료가 만들어진 시대의 가치와 개념을 담고 있다. 따라서 완벽하게 객관적인 역사서술은 불가능한 것이다. 제시문 [3]의 입장은 역사를 탐구하고 서술하는데 있어서 과거의 객관적 사실을 지나치게 경시하고 재구성의 비중을 높였다는 점에서 제시문 [1]과 반대된다. 역사의 재구성이란 어디까지나 과거의 객관적인 사실이라는 고정불변하는 바탕에 현재의 가치나 역사가의 주관을 가미하는 것이지, 특정가치나 입장을 옹호하기 위해 과거잔상을 취사선택해 짜맞추는 것이 아니다. 제시문 [3]에서처럼 과거사실을 임의적으로 조합해 재구성한다면 이는 재구성이 아니라 사실을 훼손하는 날조인 것이다. 일본의 교과서 왜곡이나 중국의 동북공정을 볼 때 이렇게 부당하게 날조된 역사는 국수주의나 배타적

민족주의의 도구가 되어 세계의 평화와 공존을 방해할 위험성을 가진다. 무엇보다도 진실을 흐린다는 그 자체로 이미 바람직하지 못한 것이다. 따라서 제시문 [2]와 같이 사실을 바탕으로 가치가 가미된 재구성이 가장 '현실적'이며 '이상적'인 역사 서술 태도인 것이다.

**문제 3**

1. 〈자료1〉은 동일한 역사적 사건이 어떻게 다르게 기술될 수 있는가를 보여준다. 제시되어 있는 역사적 사건의 기술내용을 비교해봤을 때 『국사』 교과서 A는 통일정부를 지향하고 한국식 민주주의를 비판적으로 바라보는 입장에서 서술했음을 알 수 있고 B는 남한의 단독 정부 수립을 지향하며 한국식 민주주의를 옹호하는 입장에서 서술했음을 알 수 있다. 객관적 관점에서 보자면 남한과 북한은 각각의 정부를 수립했고 그 후 남한에서는 민주주의 체제를 택했을 뿐이다. 이러한 역사적 사실을 그들이 중요하다고 생각하는 관점에 의거하여 서술한 것이다. 〈자료2〉는 동일한 역사적 사실을 제시했다. 이는 남한과 북한의 사회와 문화가 요구하며 현재 중요하다고 판단되는 것을 중심적으로 기술했기 때문이다. 이러한 사실은 제시문 [2]에서 드러난다. 제시문 [2]는 모든 역사구성은 필연적으로 무언가를 선택하거나 생략해야 하며 현재의 관점에서, 동시대인이 현재에 중요하다고 판단한 것으로 이루어졌다고 주장한다. 즉 『국사』 교과서 A를 집필한 자들은 통일정부 수립을 지지하고 독재정권을 비판하는 시대의 사람이라고 생각한다. 오늘날 국사 교과서를 보면 대체로 『국사』 교과서 A와 비슷한 내용이 기술되어 있다. 반대로 『국사』 교과서 B같은 경우는 단독정부 수립을 찬성하며 독재정권을 옹호하는 것으로 보아 1960~1980년대에 기술되었을 것이라고 생각한다. 즉 그 시대의 문화가 요구하는 지배적인 개념에 따라 역사의 기술이 달라진다는 것이다. 어떠한 특정한 개념은 특정한 시기의 문화에서 매우 중요하게 작용한다. 그 시대에 중요하다고 판단된 것에 의한 기술이므로 『국사』 교과서 A, B는 어쩔 수 없이 인식의 차이가 발생할 수밖에 없다는 것이다. 국가 체제가 다른 남한과 북한은 동일한 역사를 가졌지만 『국사』 교과서에서 공통된 등장인물이 적은 것 역시 이 때문이다.

2. 교과서나 신문사설을 살펴보면 같은 사건임에도 상이한 평가가 내려진 것이 많다. 이것은 역사에 대한 인식이 서로 다르기 때문이다. 그 이유는 우선 역사란 주관적인 해석이 들어가 재구성 되는 결과물이기 때문이다. 역사 탐구자는 자료를 검토하고 평가하고 정리하기 위한 새로운 관점을 만들고 이에 따라 과거의 사건을 해석한다. 따라서 사건에 대한 관점이 서로 다를 수 있으며, 각각의 관점에 따라 사건을 재구성하기 때문에 서로 다른 결과가 나오게 된다. 또한 역사적인 사건과 같이 서로 간의 갈등세력이 명확히 드러나는 경우는 역사 탐구자에 대한 외부의 강압에 따라 역사를 왜곡하는 경우도 많은데, 대표적으로는 전두환 대통령의 광주민주화운동에 대한 잔인한 진압에도 불구하고, 특정집단의 협박이나 매수에 의해 '그럴 수밖에 없었다'는 상황논리를 내세우며 결과적으로 전 대통령을 옹호하는 쪽으로 평가한 것을 예로 들 수 있다. 역사인식의 차이는 역사 탐구자가 속한 계층의 이해관계에 따라 나타나기도 한다. 보수적인 성향을 지닌 집단에 속한 자는 진보적 역사사건에 대해 비판적인 어조를 띨 수도 있고, 강한 유교관념을 지닌 집단에 속한 자가 여성의 사회적 평등을 발표하는 개혁에 대해 좋지 않은 평가를 내릴 수도 있는 것이다. 드문 경우지만 국가의 이익을 위해 국가적으로 과거사건을 왜곡하여 정의하는 경우도 있다. 한창 뜨겁게 문제되었던 동북공정이나 일본의 교과서 왜곡이 그러한 예다. 고구려 역사가 자신의 역사가 됨으로써 중국의 역사의 위상을 더욱 떨칠 수 있다고 생각하는 것처럼 그들은 나라의 위상을 떨치기 위해 사건을 조작하며 우리가 기술하는 역사적 사건과는 다른 역사를 주장한다. 이러한 모든 것은 역사를 기술함에 있어 객관적일 수 없고 주관적일 수밖에 없다는 것을 잘 드러내주며 사건에 대한 인식의 차이가 나타날 수밖에 없음을 나타내준다.

## 2009학년도 연세대학교 인문 모의고사

### 1. 출제의도

이 문제는 인간과 사회에 대한 탐구에 있어 지식이 가치의 판단으로부터 어

느 정도 자유로울 수 있는지를 검토하려는 것이다. 보다 구체적으로, 이 문제는 지식이 규범적 가치로부터 자유로운 가치중립적일 수 있는지, 지식이 특정한 가치나 권력에 의해 왜곡되지 않고 객관적일 수 있는지, 그리고 그러한 객관적 지식이 바람직한 것인지에 관한 여러 입장을 비교해보려고 한다.

근대사회에서 자유와 이성의 발전을 위한 노력은 계몽주의자에게서 볼 수 있듯이 권력의 시녀로서 기능하는 지식으로부터 벗어나 자유롭고 비판적인 이성을 추구하였다. 하지만 자유로운 이성의 활동에 의한 객관적 지식의 추구는 근대 이후에도 많은 장애에 직면하였다. 이러한 맥락에서 이 문제는 다양한 형태의 지식과 정보—역사적 지식, 과학적 지식, 언론의 보도, 문학 등—에서 나타나는 지식과 가치의 관계를 다룬다. 전통사회의 신화나 역사적 지식에서는 지식에 대한 권력의 작용이 보다 직접적이고 적나라하게 드러난다.

역사는 역사의 승자가 된 사람들의 이해관계에 따라 때로는 승자를 찬양하고, 때로는 패자를 비난하는 형태로 왜곡된다.

과학의 이념은 이해관계나 가치판단으로부터 자유로운, 중립적이고 객관적인 지식을 지향한다. 이를 위해 과학적 태도는 연구자의 가치판단을 최대한 배제할 것을 요구한다. 하지만 지식의 객관성을 옹호하는 입장과 함께 지식의 비판적 정신을 강조하며 대립하는 입장도 있다. 따라서 지식과 가치의 관계에 관한 입장은 크게 보아 지식의 가치중립성을 주장하는 입장과 지식이 특정한 가치를 반영한다는 입장으로 나눌 수 있다. 후자는 다시 지식이 권력을 위해 봉사한다는 입장과 권력의 모순과 부조리를 폭로하고 비판한다는 입장으로 구분된다.

이 문제는 이러한 세 가지의 입장을 대표하는 제시문을 통해 수험생이 지식과 가치에 관한 다양한 입장을 잘 이해하고 각 주장이 가진 정당성의 근거를 파악할 수 있는지를 평가하려고 한다. 아울러 실제 언론보도의 통계자료를 제시해 이를 통해, 흔히 객관적이라고 여겨지는 언론보도에서 지식과 가치의 관계가 어떻게 반영되었는지를 분석할 수 있는지 검증하려고 한다.

## 2. 논제 및 제시문 분석
제시문 [1]은 독일의 사회학자 막스 베버의 「사회과학 연구에서의 가치중립

성」이라는 논문의 일부를 수정한 것인데, 이 글은 학문의 객관성과 가치중립성을 옹호하는 대표적인 것이다. 이 글에서 막스 베버는 사실판단과 가치판단이 혼동되어서는 안 되며 또한 사실판단에 해당하는 경험과학적 분석의 내용이 가치판단의 기초가 될 수 없다는 점과 또한 개인이 지닌 가치판단으로 인해 사실판단에 혼란이나 왜곡이 있어서는 안 된다는 것을 강조한다. 특히 자신이 살았던 19세기 말의 독일 사회과학계에서 연구자의 가치관이나 가치판단을 앞세워 경험적 자료에 기초한 인과관계 규명에서 오류를 범하고 있다고 비판하고 있다.

제시문 [2]는 『조선상고사』 「총론」의 일부로서 『고려사』에 대한 비평이다. 신채호에 따르면 궁예는 원래 중에 불과한데, 『고려사』에는 궁예가 헌안왕의 아들로서 불효불충한 자였다고 묘사되어 있다. 이를 통해 사관은 왕건이 궁예를 배신한 행위(신하가 임금을 죽인 행위)를 정당화하고자 했다는 것이다. 결국 신채호의 주장이 암시하는 바는 『고려사』의 역사적 지식이 성공한 왕건의 입장에서 실패한 궁예가 왜 죽어 마땅한지를 정당화하기 위해 만들어졌다는 것이다. 이 제시문의 후반부에서 신채호는 과거의 역사서에서 제왕/역적의 구분은 그가 성공했느냐 실패했느냐에 달려 있고, 정론(正論)사론(邪論)의 구분은 다과(多寡)의 차이일 뿐이며, 게다가 역사서에는 문면의 착오와 집필자의 호오가 섞여 있다고 말한다. 이 제시문을 통해 신채호는 역사가 첫째, 성공한 자의 편에서 쓰인다는 점, 둘째, (유교적) 이데올로기의 성격을 가진다는 점을 보여준다.

제시문 [3]은 이청준이 1977년에 발표한 소설 『지배와 해방』의 일부로서 소설 속 등장인물인 이정훈이라는 젊은 소설가의 강연내용이다. 강연의 주제는 '작가는 왜 쓰는가'이다. 작가는 무엇 때문에 소설을 쓰고 또 써야 하는가, 누구를 위해 어떤 목적으로 쓰는가? 제시된 부분은 독자와의 관계에서 작가 혹은 문학이 지켜야 할 '의무'에 대한 주장인데, 작가(문학)는 독자에게 삶의 진실, 곧 '온전'하고 '화창'한 삶의 질서로서의 '자유'를 보여줘야 한다는 것이다. 따라서 작가는 그러한 자유를 부당하게 간섭하거나 병들게 하거나 불행하게 하는 모든 '억압'을 고발하고 증언하며 그것에 대항해 싸우고 이겨나갈 용기를 모색해야 한다. 이청준은 이러한 비판적 역할을 통해 문학은 독자, 나아가 사회에 대해 윤리적, 정치적 의의를 인정받게 된다고 말하고 있다.

제시문 [4]는 촘스키가 미국의 주류언론을 비판한 글이다. 표는 미국의 주류 언론이 미국과 '적대관계에 있는 나라'와 '친선관계에 있는 나라'에 대해 '대량 학살'이라는 말을 사용한 빈도가 달라짐을 보여준다. 미국의 주류언론은 같은 학살행위에 대해서도 미국과 친선관계에 있는 나라에 대해서는 '억압'이라는 말을, 적대관계에 있는 나라에 대해서는 '대량학살'이라는 말을 사용했다. 이 제시문의 표를 통해 촘스키는 미국언론의 국가주의적 성격을 폭로한다. 언론은 미국의 이익을 위해, 미국의 대외정책에 대한 동의를 조작하는 일을 하고 있다는 것이다.

문제 1의 요구는 첫째, [1], [2], [3]의 주장을 비교하는 것과 둘째, 이를 바탕으로 [1]의 주장의 타당성을 따지는 것이다. 따라서 채점기준의 핵심은 먼저, 제시문의 '공통점'과 '차이점'을 잘 설명하는 것이다. 공통점은 사실, 가치, 권력 등의 개념을 중심으로 앎(지식)과 가치중립의 관계를 논의하는 것이다. 차이점은 [1], [2], [3]에서 다루는 앎의 형식과 그 목표는 서로 다르다는 것이다. 그 다음에는 적절한 논거를 들어 [1]의 타당성을 판단해야 한다.

문제 2는 제시문 [1], [2], [3]의 세 가지 주장의 핵심을 모두 이용하면서 제시문 [4]의 표를 해석하는 것인데, 이때 각 주장의 핵심에 대한 적절한 파악과 동시에 그것이 어떻게 [4]의 표의 해석에 연결될 수 있는지를 보이는 것이 중요하다.

### 3. 예시답안

문제 1

가치판단은 과학분야는 물론 철학, 문학, 역사학 등 거의 모든 분야에서 논쟁 거리가 되어 왔다. 사실에 대한 지식에는 개인의 가치판단이 개입되지 않아야 하며 그것이 개입된 판단은 옳다고 하기 어렵다는 주장을 펼치는 학자들이 있다. 반면, 거의 모든 분야의 지식에 가치판단이 필연적으로 개입된다고 주장하는 학자도 다수 있다.

제시문 [1]은 앞의 입장을 대변한다. 제시문 [1]은 개인의 가치판단이 경험적인 지식과는 별개의 영역으로 구분되어야 한다고 주장한다. 가치판단이 학문적인 주장에 영향을 미칠 수 있으므로, 학자는 학문을 논할 때, 사실에 근거한 진

실을 가려내는 것에 주력해야 한다는 것이다.

제시문 [2]에 등장하는 사관의 행동은 [1]의 주장에 어긋난다. 사관은 왕건이 왕권을 획득하고 수호하는 데 있어 어려움을 겪지 않게 하기 위해서 역사를 왜곡했다. 즉 궁예의 죽음을 정당화하기 위해 그를 신라 왕족의 혈통으로 설정하여 죄를 부풀린 것이다. 이 같은 행동에는 가치판단이 개입되어 있다. 『고려사』에는 당시의 정세에 휘말린 개인의 주관적 판단이 포함되어 있다.

제시문 [3] 역시 유사한 맥락으로 이해할 수 있다. 제시문 [3]의 주장은, 작가는 자유라는 진실을 억압으로부터 벗어나게끔 해야 한다는 것이다. 진실을 추구해야 한다는 점에서 [3]의 주장은 표면적으로는 제시문 [1]과 상통한다고 판단할 수도 있다. 그러나 제시문 [3]에서 작가가 추구하는 진실은 '자유'다. 즉 작가는 자유라는 가치를 수호하기 위해서 그것을 억압하는 제도, 관습, 문물을 고발해야 한다는 것이다. 진실 자체가 가치판단을 내포하고 있으므로 제시문 [3]은 제시문 [1]의 주장과 맥락을 달리한다.

제시문 [1]의 주장은 오류를 범하고 있으며 더 큰 모순을 낳을 가능성이 있다. 제시문 [1]은, 예를 들면 역사학에 적용되지 않는다. 역사는, 많은 학자가 주장하듯, 시대와 시대 간의 소통에 의해 성립되는 학문이다. 따라서 역사는 시대상을 내포할 수밖에 없고, 시대적인 가치판단을 필연적으로 반영하게 된다. 제시문 [2]와 같이 어떤 가치에 기준을 두느냐에 따라서 역사에 대한 기술이 판이하게 달라질 가능성이 큰 것이다. 같은 맥락에서, 제시문 [3]이 주장하는 것처럼 작가가 선택하는 진실이 자유라는 기준에 따라야 한다면 문학은 그러한 가치기준을 수호하는 일과 무관하지 않다.

과학분야와 같이 지극히 이성적인 학문도 어떤 기준을 세우느냐에 따라 주장이 극과 극을 달릴 수가 있다. 경험적 지식은 가치판단과 결합되어 주장을 구성할 수밖에 없다. 기준을 세우는 과정에 개인 혹은 사회가 어떤 가치를 우선순위에 둘지를 결정하는 가치관이 개입하므로 [1]과 같은 주장은 타당하지 않다.

**문제 2**

제시문 [4]의 표는 미국의 주요언론이 국가 간의 분쟁 상황에 대하여 '대량학

살'이라는 단어를 얼마나 사용했나를 비교한 것이다. 이 표는 국가에 따라 그 사용빈도에서 차이가 매우 크다는 점을 여지없이 드러낸다. 미국의 언론은 미국, 인도네시아, 터키 등의 국가가 공격한 상황에 대해서는 그 단어를 거의 사용하지 않았으나, 세르비아와 이라크에 대해서는 '대량학살'을 빈번하게 사용하였다. 예를 들면 미국이 이라크를 침공한 것은 이라크나 세르비아가 다른 국가를 공격한 것에 비해서 '대량학살'이 50배 이상 적게 사용되었다. 또한 뉴스기사에서 세르비아의 공격 상황을 '대량학살'로 표현한 횟수는 미국의 공격상황을 그렇게 표현한 횟수의 10배가 넘는다.

언론은 이 단어를 사용함으로써, 제시문 [3]과 같이, 인간의 보편적 자유와 권리를 억압하는, 전쟁의 비인간적인 성격을 효과적으로 고발하고자 했을 것이다. 자극적인 단어를 사용함으로써 사람들에게 상황을 각인시키고 분쟁을 저지하는 데 한몫하기를 기대했을 것이다. 언론인은 작가와 마찬가지로 인류의 평화라는 보편적 가치를 수호하기 위해 노력하는 것으로 여긴다.

그러나 그러한 일반적 의미와는 다른 차원에서, 미국의 신문 사설과 기사에는 특별한 가치판단이 개입되어 있음을 알 수 있다. 미국의 언론인은, 제시문 [2]의 사관처럼, 기사와 논설에 주관적인 판단을 개입시킨 것이다. 100개 이상의 사설 및 기사가 미국과 적대관계에 있는 이라크나 세르비아의 공격 상황을 '대량학살'이라고 표현한 반면, 인도네시아, 터키 등 미국과 우호관계에 있는 국가와 미국의 공격상황을 그와 같이 표현한 것이 30개를 채 넘지 않는다. 이렇게 되면 예컨대 미국이 이라크를 침공한 행위는 그리 부각되지 않는다. 제시문 [4]의 표는 미국언론의 기사와 논설에 미국의 이해관계가 상당히 반영되어 있다는 점을 보여준다.

제시문 [1]에 따르면 사실에 대한 지식에는 가치판단이 개입되어서는 안 된다. 대량학살이라는 용어 자체에 모호함이 있기는 하지만, 객관적인 사실을 보도해야 하는 언론이 기사와 논설에서 은연중에 자국의 이해관계를 보호하고 있었다는 점은 비판받아 마땅하다. 이러한 행위에 의해 미국이 이라크를 황폐화시키고 그곳에서 대량학살을 했다는 사실이 은폐된 것이다.

# 5
## 역사의 진보

## 2008학년도 연세대학교 인문2 모의고사

### I. 출제의도

다윈 이후 이론적 발전을 거듭해온 진화론은 자연과학의 영역을 넘어서서 인간과 사회를 설명하는 데에도 큰 영향력을 미쳐왔다. 생물의 진화를 둘러싼 논의는 여전히 종결된 것이 아니며, 그것을 인간과 사회의 변화를 설명하는 데 적용하려는 시도 역시 다양한 양상을 띠며 전개되어왔다.

이번 문제는 생물학에서 발전된 진화론과 이 이론의 다양한 적용을 둘러싼 논의를 다루고 있다. '자연선택'을 통한 생물체의 적응에 대해서는 그것이 생물체의 일반적 진보를 의미하는지, 혹은 단순히 국지적인 적응만을 의미하는지에 대한 논란이 있다. 또 진화론이 인간과 사회의 변화를 설명하는 데 응용되었을 때 논의는 더욱 복잡해진다. 경쟁을 통한 진보 또는 적응이라는 논리는 19세기 서구에서 부르주아계급의 지배논리로 원용되었으며, 제국주의의 침략과 이에

대한 저항의 논리로도 활용되었다. 약육강식의 원리에 의거한 부국강병의 욕망은 강대국뿐만 아니라 그에 의해 식민화된 약소국의 민족주의 운동에서도 중요한 역할을 했던 것이다. 한편 이는 보편주의적 문명론(세계의 공통문명)의 형태를 띠거나 특수주의적 문화론(민족의 특수 문화)의 형태로도 발전하였다.

이번 문제의 출제의도는 진보(발전) 개념을 둘러싼 자연과학·사회과학·인문학적 논의를 다면적으로 사고하도록 하는 데 있다. 수험생들은 '자연선택'이라는개념을 둘러싼 쟁점을 분석하고 이를 적용하여 도표에 나타난 후추나방의 변화를 설명해야 한다. 그리고 수험생은 생물체의 진화에 대한 설명과 인류역사의 발전에 대한 설명 사이의 공통점과 차이점을 분석하면서, 자연선택의 개념이 인간의 사회생활을 설명하는 데 얼마나 적용가능하며 또 어떻게 변화되고 있는지에 대해서도 생각해볼 필요가 있다. 또 문화의 지속적 발전이라는 근대적 진보사관과 고대의 역사관을 대비하면서, 사회의 진보에 대한 자신의 생각을 논리적으로 서술할 수 있어야 한다.

## 2. 논제 및 제시문 분석

### [1]

이 제시문은 다윈의 『종의기원』의 핵심부분(4장 요약 부분)을 발췌한 것이다. 제시문에서 다윈은 진화의 메카니즘인 '자연선택'을 설명한다. 기본 논점은 다음과 같다. 같은 종의 개체 사이에는 수많은 개별적인 차이가 있고 서로 다른 개체는 생존을 위해 경쟁한다. 맬더스가 『인구론』에서 주장한 바와 같이, 이 생존경쟁은 개체의 기하급수적인 증가율 때문에 빚어지는 필연적인 상황이다. 생존을 위한 경쟁에서는 생존조건에 유리한 변이를 가진 개체가 살아남을 가능성이 훨씬 더 높다. 그리고 살아남은 자는 유전의 원리에 따라 다음 세대에 자신의 형질을 남긴다. 이 과정을 일컬어 다윈은 '최적자의 생존' 또는 '자연선택'이라고 부른다. 다윈은 대다수의 유기체가 이러한 자연선택 과정을 거침으로써 진보한다고 주장한다.

[2]

이 제시문은 현대 진화생물학자인 굴드의 『풀하우스』에서 발췌한 글이다. 다윈과 마찬가지로 굴드 역시 진화의 메커니즘을 자연선택에서 찾는다. 하지만 굴드는 자연선택을 유기체의 전반적인 진보의 관점이 아니라 주어진 환경에서 이루어지는 유기체의 국지적인 적응으로 본다는 점에서 다윈과 다소 다른 입장을 취한다. 그의 주장에 따르면, 자연선택을 통해 살아남는 유기체는 특정한 환경에 잘 적응한 것이다. 하지만 적응에 성공한 개체가 그렇지 못한 것보다 더 우월하다고 보기는 어렵다. 예컨대, 털 없는 코끼리는 시베리아의 추운 환경에 더 잘 적응해서 살아남지만, 그렇다고 해서 그 코끼리가 털 있는 코끼리보다 더 우월하다고 보기는 어렵다. 왜냐하면 더운 환경에서는 털 없는 코끼리가 환경에 적응하는 데 더 유리하기 때문이다. 또한 국지적인 적응은 기생생물인 사쿨리나 성체에서 볼 수 있듯이 유기체의 단순화를 낳기도 한다. 굴드는 환경의 변화가 무작위적이며, 따라서 그런 환경의 변화에의 적응을 통해 진행되는 생물의 진화적 변화도 무작위적일 수밖에 없다고 주장한다. 이 주장에 따르면, 자연선택을 통해 진행되는 진화는 진보가 아니라 국지적인 적응일 뿐이다.

[3]

이 제시문은 최남선의 「조선역사통속강화」(1922)의 서론 부분에서 뽑은 것이다. 최남선은 1900년대 후반부터 문학과 역사 등의 분야에서 한국적인 근대 지식을 창출하려고 노력했던 인물이다. 최남선은 1920년대에 들어서면서 특히 역사연구에 전념했는데, 「조선역사통속강화」는 그가 역사 연구의 이론과 방법론을 체제적으로 표명한 최초의 글이다. 발췌한 부분의 핵심어는 '역사'·'민족'·'문화'다. 최남선에 의하면, '역사'는 '민족'을 주체로 한 '문화발전'의 과정으로 해석된다. 즉, 최남선은 경쟁을 통한 진보라는 사회진화론의 원리를 수용하는 한편, 진보의 주체를 '민족'으로 설정했으며 진보의 기준으로 '문화'를 들었다. 여기서 '민족'은 최고수준의 공동체로 이해되고 있으며, '문화'는 인간정신의 능동적·창조적 능력을 강조한 개념이다. 시대적 맥락에서 보자면, 「조선역사통속강화」에서 표명된 민족주의적 문화사의 원리는 19세기 서구에서 강대

국이 제국주의의 원리로 활용한 사회진화론을 피식민지의 민족주의적 입장에서 변형한 것이다.

## [4]

이 제시문은 『禮記』에서 발췌한 것이다. 이 글에 담긴 '공자'의 역사관은 제시문 [다]에서 최남선이 제시한 근대적 진보사관과 대비된다. 공자는 제시문에서 두 가지 형태의 세상을 구분한다. 하나는 대동(大同)의 세상이다. 이 세상은 큰 도가 행해지는 세상이다. 이 세상의 인간관계는 '상호 간의 신뢰친목'을 특징으로 하며, 너와 나, 너의 가족과 나의 가족 사이의 구별이 없는 공생공존의 관계에 의해 유지된다. 재화관리의 측면에서도 사적소유가 없고 사리사욕도 없다. 대동사회의 원칙인 큰 도가 사라지면 소강(小康)의 세상이 된다. 이제 사적인 공동체 중심의 인간관계가 등장하고, 사유제가 출현하며 사리사욕이 생긴다. 인간관계에서나 소유관계에서 구별이 생기고, 이로 말미암아 경쟁과 전쟁이 일어난다. 이런 상황에서 최소한의 평화, 즉 소강(小康)을 유지하는 길은 예도뿐이다. 그런데 공자는 예전의 대동에서 지금의 소강으로 역사가 변화해온 것으로 인식하고 있다.

문제 1은 진화의 원리를 설명하는 제시문 [1]과 제시문 [2]를 읽고, 그에 의거해서 후추나방의 변화를 보여주는 도표를 해석하면서 두 제시문에서 나타난 논점의 차이를 이해하기를 요구한다. 학생은 도표에 나타난 후추나방의 생존경쟁의 양상을, 환경의 변화에 적응하는 최적자의 생존이라는 자연선택의 원리를 적용하여 논리적으로 설명해야 한다. 그리고 그러한 자연선택의 결과에 대한 두 가지 서로 다른 해석, 즉 생물체의 '일반적 진보'와 '국지적 적응'이라는 주장의 차이점을 검토해야 한다. 후추나방의 생존경쟁 양상에 대한 설명을 이 두 가지 해석의 타당성을 검토하는 논의와 결합시키는 데까지 나아가면 훌륭한 답안이 된다.

문제 2는 제시문 [1]에 제시된 생물체의 진화에 대한 설명방식과 제시문 [다]에 제시된 인류의 역사발전에 대한 설명방식을 비교·분석하는 능력을 묻는다. 다윈의 자연선택 개념은 경쟁을 통한 진보를 주장하는데, 경쟁에서 살아남는 능

력은 개체의 자연환경에 대한 적응력에 좌우된다고 한다. 최남선의 주장 역시 최적자생존과 경쟁을 통한 진보, 즉 능력이 있는 자만이 약한 자를 물리치고 살아남는다는 논리에 바탕을 두고 있다. 그러나 최남선은 사회적 동물로서의 인간, 곧 민족이라는 집단적 주체를 중요시하고, 자연적·사회적 환경에 적응하는 능력뿐만 아니라 그러한 환경을 변화시키는 능력을 중요시한다. '문화'는 인간, 특히 민족의 정신적 창의성과 능동성을 중시하는 개념이다. 이러한 공통점과 차이점을 정확하게 분석하여 제시하면 좋은 평가를 받을 수 있다.

문제 3은 제시문 [3]과 제시문 [4]의 논지를 대비하면서 '사회와 문화의 진보'에 대한 자신의 생각을 기술하기를 요구한다. 학생들은 제시문 [3]에서 최남선이 표현하고 있는 '역사발전(진보)'의 논리와 제시문 [4]에서 공자가 표현하고 있는 '역사후퇴'의 논리를 대비하면서 자신의 주장을 펼쳐야 한다. 이는 곧 최남선이 역사진보의 요소로 제시한 것('민족'·'문화'·'경쟁' 등)과 공자가 '대동'과 '소강'을 구별하면서 제시한 기준(大道/禮道, 공유/사유, 상호친목/경쟁)의 타당성을 검토하고 논의해야 한다는 뜻이다.

주의할 점은 진보사관이나 타락사관에 대해 이미 가지고 있거나 배운 지식을 서술하는 데 그쳐서는 안 된다는 것이다. 추상적이고 당위적인 결론을 피하기 위해서는 두 제시문에 대해 비판적으로 접근하려는 노력이 필요하며, 이를 통해 자신의 의견을 독창적이고 논리적으로 전개하는 것이 바람직하다.

### 3. 예시 답안

**문제 1**

흰색 나방과 검은색 나방의 빈도수의 변화를 보여주는 〈도표〉의 자료는 제시문 [1]에서 말한 '자연선택'의 결과다. 같은 종의 개체 사이에는 수많은 개별적인 차이가 있고 서로 다른 개체는 생존을 위해 경쟁한다. 이 생존경쟁은 개체의 기하급수적인 증가율 때문에 빚어지는 필연적인 상황이다. 생존을 위한 경쟁에서는 생존조건에 유리한 변이를 가진 개체가 살아남을 가능성이 훨씬 더 높다. 그리고 살아남은 자는 유전의 원리에 따라 다음 세대에 자신의 형질을 남긴다. 이 과정을 일컬어 다윈은 '최적자의 생존' 또는 '자연선택'이라고 부른다. 산업

혁명으로 오염된 대기는 후추나방의 서식환경의 변화를 가져와 검은색 후추나방의 생존에 유리하게 작용한다. 이에 따라 검은색 나방의 수는 급증하게 되고, 같은 원리에 의해 대기오염 규제로 흰색 나방의 수가 급증하게 된 것이다.

그러나 이런 나방의 개체수 비중의 변화는 자연선택의 결과임에는 틀림없지만 '대다수의 유기체가 이러한 자연선택 과정을 거침으로써 진보한다'는 [1]의 주장까지 뒷받침하는 것은 아니다. 오히려 제시문 [2]가 주장하는 '자연선택을 통해 진행되는 진화는 진보가 아니라 국지적인 적응일 뿐이다'는 입장을 지지한다. 흰 나방과 검은 나방은 서식환경의 변화에 따라 적응한 것으로 어떤 나방이 더 진화·발전한 것이라고 볼 수 없기 때문이다. [2]에 따르면 자연선택을 통해 살아남는 유기체는 특정한 환경에 잘 적응한 것이다. 하지만 적응에 성공한 개체가 그렇지 못한 것보다 더 우월하다고 보기는 어렵다. 추운 환경에서는 털 있는 코끼리가 더운 환경에서는 털 없는 코끼리가 환경에 적응하는 데 더 유리하듯이 대기가 오염된 상황에서는 검은색 나방이, 대기오염이 줄어드는 상황에서는 흰색 나방이 환경에 적응하는 데 더 유리한 것일 뿐이다.

### 문제 2

제시문 [1]의 자연선택 개념은 경쟁을 통한 진보를 주장하는데, 경쟁에서 살아남는 능력은 개체의 자연환경에 대한 적응력에 좌우된다고 한다. 제시문 [3]의 주장 역시 최적자생존과 경쟁을 통한 진보, 즉 능력이 있는 자만이 약한 자를 물리치고 살아남는다는 논리에 바탕을 두고 있다. 대다수의 유기체가 자연선택 과정을 거침으로써 진보하듯이 인간의 사회 또한 다양한 사회적 환경에 잘 적응한 집단만이 생존한다는 것이다.

그러나 제시문 [3]은 사회적 동물로서의 인간, 곧 민족이라는 집단적 주체를 중요시하고, 자연적·사회적 환경에 적응하는 능력뿐만 아니라 그러한 환경을 변화시키는 능력을 중요시한다. 제시문 [3]에 의하면, '역사'는 '민족'을 주체로 한 '문화발전'의 과정으로 해석된다. 필자는 경쟁을 통한 진보라는 사회진화론의 원리를 수용하는 한편, 진보의 주체를 '민족'으로 설정했으며 진보의 기준으로 '문화'를 들었다. 여기서 '민족'은 인간의 최고수준의 공동체로 이해되고 있

으며, '문화'는 인간정신의 능동적·창조적 능력을 강조한 개념이다. 이는 제시문 [1]의 자연선택이 객관적 자연환경과 기하급수적 번식능력이라는 생물학적 원리를 개체에게 강요함으로써 나타나는 자연의 진화가 갖는 수동성과 대응된다. 즉 개체의 능동적인 역할이 적자생존의 사회적 경쟁에서 중요한 역할을 할 수 있음을 강조하고 있는 것이다.

### 문제 3

제시문 [4]의 '공자'의 역사관은 제시문 [3]의 근대적 진보사관과 대비된다. 공자는 제시문에서 두 가지 형태의 세상을 구분한다. 하나는 대동(大同)의 세상이다. 이 세상은 큰 도가 행해지는 세상이다. 이 세상의 인간관계는 '상호 간의 신뢰친목'을 특징으로 하며, 너와 나, 너의 가족과 나의 가족 사이의 구별이 없는 공생공존의 관계에 의해 유지된다. 재화관리의 측면에서도 사적소유가 없고 사리사욕도 없다. 대동사회의 원칙인 큰 도가 사라지면 소강(小康)의 세상이 된다. 이제 사적인 공동체 중심의 인간관계가 등장하고, 사유제가 출현하며 사리사욕이 생긴다. 인간관계에서나 소유관계에서 구별이 생기고, 이로 말미암아 경쟁과 전쟁이 일어난다. 이런 상황에서 최소한의 평화를 유지하는 길은 예도뿐이다. 결국 공자는 예전의 대동에서 지금의 소강으로 역사가 변화해온 것으로 인식하고 있는데 이는 곧 역사가 퇴보한 것으로 보고 있는 것이다.

'사회와 문화는 진보해왔는가?'라는 질문에 답하기 위해 필요한 것은 진보의 기준이 무엇인지를 결정하는 것이다. 제시문 [3]에서는 민족의 형성과 다른 민족과의 경쟁을 통해 확인되는 상대적 문화의 우월성을 진보의 기준으로 삼는다. 다른 민족과의 상대적 위치가 진보의 기준인 셈이다. 한 사회의 변화를 인간의 성장에 비교한다면 힘과 능력이 커진 성인기가 유아기에 비해, 경제적·문화적 역량이 뛰어난 사람이 그렇지 않은 사람에 비해 더 우월한 사람이라는 것이다. 그러나 이런 상대적 기준은 '진보'가 함축하고 있는 바람직한 방향성이라는 가치의 측면을 무시한다는 문제가 있다. 인류의 역사에서 삶의 편리성이 증가한 것은 사실이지만 거대도시나 국가를 무너트릴 수 있는 무기의 존재나 자연의 재앙을 불러오는 환경의 파괴는 편리의 증진이 곧 진보라는 생각이 갖는 위

험성을 드러낸다. 물론 공자가 주장한 것처럼 과거의 사회가 현재보다 완벽하다고 볼 수는 없다. 어린 시절에 대한 추억이 그 시절을 더욱 아름다운 것으로 보게 하지만, 어린이의 눈에 어른의 세계는 또 다른 선망의 대상일 수 있다. 그럼에도 공자의 주장에 주목해야 하는 것은 그가 제시하는 바람직한 사회의 모습이다. 경쟁에서 승리하기 위해서가 아니라 더불어 잘 살기 위해 노력하는 세상. 바로 그런 세상이 사회와 문화의 진보를 이룬 기준인 것이다.

## 2007학년도 부산대학교 정시 기출문제

### 1. 출제의도

2007학년도 부산대 논술고사에서는 많은 사람이 자명한 것으로 믿고 있는 것을 의심해보고자 했다. 시간은 과거―현재―미래라는 직선적인 방향으로 움직이고 있으며 인간의 문화나 역사는 늘 진보하는 것이라는 관념이 여기에 내재되어 있다. 이 같은 사고는 오늘날의 문명을 가능하게 한 원동력이 되었지만 만만찮은 부작용도 남기고 있어 이를 반성적으로 사고하여 보자는 것이 이번 논술문제의 기본적인 의도였다.

### 2. 논제 및 제시문 분석

'그림―화석으로 본 생물의 진화'와 4개의 제시문 등 주어진 자료를 해석하여 '진화'라는 개념이 어떻게 '진보' 논리에 수용되는지, 그와 같은 견해는 어떤 문제점이 있는지 파악하여 논술할 것을 요구했다. 문제에 대해 정확한 답안을 작성하기 위해서는 다음의 세 가지 내용이 반드시 포함되어 있어야 한다. 첫째 〈그림〉과 제시문 [가]의 이론이 제시문 [나], 제시문 [다]에 수용된 논리를 정확하게 제시하는 내용이다. 둘째 제시문 [나]와 제시문 [다]의 진보 개념에 대한 문제점을 제시문 [라]에 근거하여 논리적으로 서술하는 내용이다. 셋째 '진보' 개념에 대한 인식을 종합적으로 설득력 있게 제시하는 내용이다.

〈그림〉과 제시문 [가]는 각각 고등학교 『지구과학』과 『과학사』 교과서에서 뽑

은 것이다. 자연과학적 개념이긴 하지만 진화에 대해 모르는 학생은 없을 것이므로 글 자체가 어렵지는 않았다. 제시문 [나]는 그리피스의 『시계 밖의 시간』에서, 제시문 [다]는 휘트로의 『시간의 문화사』 등에서, 제시문 [라]는 도정일·최재천의 『대담』에서 뽑았다. 이와 같은 자료를 적절히 활용하면서 텍스트 이해 및 해석능력, 텍스트의 핵심논지 파악능력, 논리적 문장력 등을 종합적으로 평가하고자 했다. 이들 평가요소는 통합교과적 논술을 출제한다는 부산대 논술고사의 기본적인 목표에 부합하고 있다. (각 제시문의 핵심논지는 예시답안 참고)

### 3. 예시답안

〈그림〉은 시간의 변화에 따라 생물의 종이 유전적으로 한층 더 복잡하고 다양한 종으로 분화되어 왔음을, 제시문 [가]는 이러한 종의 분화와 진화가 경쟁, 적응, 자연선택의 필연적인 과정임을 명하고 있다. 이러한 생물계의 역사를 과학적으로 설명하려는 노력의 산물인 진화론은 인간사회의 역사와 문명을 설명하는 '진보'개념에도 많은 영향을 미친 듯하다.

[나]는 다윈의 진화론이 과학기술문명의 발달을 주도한 서구인의 '진보'에 대한 믿음을 강화시켜주었음을, [다]는 그러한 확신과 더불어 인간사회의 역사와 문명에 대한 진보적 관점이 진화론적 가설로 정립되어 갔음을 각각 보여주고 있다. 인간사회는 보편법칙에 따라 일련의 단계를 밟아 진보한다거나, 각 사회와 문화는 그 내적인 분화와 조직화 정도, 도구와 기술의 발달 정도, 학문·종교·예술의 수준에 의하여 보편적 발전경로의 어디에 위치하게 된다는 견해는 '진보'의 이론이 진화론적 가설에 기초하고 있음을 말해 준다.

[라]는 이러한 '진보'개념과 이론의 확산에 19세기 과학문명의 발달과 계몽철학의 발흥이 중요한 계기로 작용하였음과 아울러 그것이 초래한 현실적인 문제점을 아울러 지적하고 있다. [라]의 지적처럼 생물진화의 차원에서는 진화가 곧 진보는 아니다. 그런데도 진보와 진화를 동일개념으로 이해함으로써 생물학적 차이를 우열판단의 근거로 삼기도 하였다. 인류를 다른 생물종보다 우월하다고 보거나, 민족이나 인종 간의 우열을 따지거나 사회적 소수자를 열등한 자로 재단하는 사고방식은 극단적으로 인종학살이라는 비극을 초래하였다. 또 역사

를 단선적이고 궁극적 지향점을 두고 발전하는 과정으로 파악하고 특정한 사회나 문명의 발전경로가 여타 사회에도 통용될 수 있다고 보는 이론은 19세기 서구사회라는 특정시간과 공간의 문명이 다른 문명보다 우월한 것이라는 의식을 강화하여 '비서구에 대한 서구 우월주의'나 '타인종에 대한 백인 우월주의'를 합리화해주었다. 그러한 이데올로기가 '서구는 문명', '비서구는 미개 또는 야만'이라는 이분법적 사고를 강화하여 '비서구에 대한 서구의 식민지배'를 정당화해주었던 것이다.

물론 오늘날에는 이러한 '진보'개념과 이론은 낡은 시대의 유물로 간주된다. 각 사회와 문화의 상태는 진보나 우열과 상관없는 진화와 차이로 이해되어 가고 있다. 서구 기술문명의 고도화가 인류에게 더 나은 상태를 가져다주었는가에 대해서도 여러 이견이 존재한다. 하지만 여전히 19세기의 '진보'개념이 다방면에서 다양한 방식으로 영향을 미치고 있는 것도 사실이다. 인간이 공동으로 추구할 만한 가치나 이상에 가까워지는 것을 '진보'라고 본다 하더라도 그 관점은 궁극적인 목적을 향한 필연적 법칙이나 우열을 가리는 기준과는 무관해야 할 것이다.

# 6
## 정의

2006학년도 서울대학교 정시 기출문제

### 1. 출제의도

서울대학교 논술고사는 ①논제의 핵심을 정확히 이해하고, ②문제가 요구하는 방식으로 그 내용을 분석한 후, ③그에 따라 설정된 주장을 자신의 논지로 발전시킬 수 있는 능력을 평가하기 위한 것이다. 이 과정에서 ④합리적이면서도 일관성 있게 논증하는 능력과 함께 ⑤창의적 사고력과 표현력이 적절히 조화되어 나타나는지를 아울러서 평가한다.

2006학년도 정시모집 논술고사는 이러한 능력을 평가하기 위하여 사회에서 일어날 수 있는 경쟁양상을 비유적으로 보여주는 사례와 경쟁상황에서 인간의 자유와 그 한계를 다루는 제시문을 학생에게 주고, 그것을 자료로 논지를 전개하도록 하였다.

## 2. 논제 및 제시문 분석

이번 정시모집 논술고사는 사례와 제시문 두 부분으로 이루어져 있다. 사례 세 가지는 능력에 차이가 있는 경쟁자가 각기 상이한 조건 아래서 벌이는 경쟁 양상을 보여주고 있다. 제시문은 경쟁 또는 경쟁과 동전의 양면을 구성하는 자유에 관하여 상이한 입장을 주장하는 인문·사회과학 문헌으로 구성되어 있다.

학생은 세 가지 사례를 분석하여, 대등하지 않은 경쟁자 사이에서 나타날 수 있는 다양한 유형의 경쟁상황을 파악하고, 제시문에서 자유와 경쟁의 의미, 자유와 경쟁의 제한이 정당화되기 위한 조건 등을 분석하여야 한다. 이를 바탕으로 경쟁의 공정성과 경쟁결과의 정당성에 대하여 자신의 견해를 논술하여야 한다. 이 과정에서 여러 가지 요소를 논리적으로 종합하는 능력을 발휘하고 창의적으로 사유를 전개해야 높은 점수를 얻게 된다.

〈사례 A〉는 그림(Grimm) 형제 동화집에 나오는「고슴도치와 토끼」의 내용을 요약한 것이다. 여기서는 아무런 규제나 제3자의 개입이 없이 오로지 경쟁자 상호 간의 경쟁행위만이 있다. 고슴도치의 행위를 규제가 없는 자유시장에서 일어날 수 있는 불공정 경쟁상황으로 이해할 수도 있고, 경쟁에서 상대적으로 불리한 조건에 있는 자가 경쟁에서 살아남기 위해 새로운 혁신적 수단을 사용하는 것을 비유한다고 이해할 수도 있다. 실제 경제영역에서 경쟁은 이와 같이 치열한 방식으로 이루어지고 있다고 할 수 있다. 음식 내기라는 점에서 경제영역에서의 경쟁이라고 할 수 있지만, 경제영역 이외의 분야에서도 이러한 경쟁상황을 상정하여 경쟁의 공정성과 정당성 문제를 검토할 수도 있다.

〈사례 B〉는 초등학교 축구팀과 성인 축구팀 사이에 시합을 한다는 가상적 상황을 상정하고 있다. 일반적으로 운동경기는 동일한 조건 아래에서 이루어지고, 그 결과에 승복하여야 하는 것으로 생각된다. 그러나 이 사례는 경쟁자 사이에 현저한 능력차이가 존재하는 특별한 경우로서, 공정한 경쟁의 조건에 대하여 생각해볼 수 있는 착안점을 제공하고 있다. 이 사례는 경기규칙과 심판이 존재한다는 점에서 〈사례 A〉와 다르다. 그러나 심판은 경기규칙의 변경을 통하여 경쟁자가 상호 대등한 경쟁을 할 수 있도록 할 뿐이고, 경기과정에서 개별적 행위에 대해서는 직접 간여하지 않는다는 점에서 〈사례 C〉와 차이가 있다. 경쟁에 개입

하되 경쟁의 규칙이라는 틀만을 규제하고, 가능하면 경쟁자가 자유롭게 자신의 능력을 발휘할 수 있게 자유를 존중한다는 점에 특징이 있다. 페어플레이가 강조되는 운동경기 영역에서 경쟁을 대상으로 하고 있지만, 다른 영역에서의 경쟁에서도 이러한 경쟁방식이 이루어질 경우를 상정하여 분석할 수 있다.

〈사례 C〉는 고양이를 키우는 주인이 새끼고양이 형제 사이의 경쟁에 개입해서 사실상 경쟁을 배제하고 있는 상황을 보여주고 있다. 이 사안은 사회적 약자를 보호하는 규제, 즉 사회복지 정책을 위한 경쟁제한의 예라고 할 수도 있다. 이 사례가 생존의 문제를 소재로 하고 있지만, 이러한 온정주의적 개입이 경제 영역과 같은 다른 영역에서도 타당한지에 대한 의문을 제기해볼 수 있을 것이다. 특히 이러한 개입이 다른 고양이에게 피해가 된다는 문제점을 단서로 하여 비판적인 입장을 취할 수도 있을 것이다.

제시문 [1]은 하딘의 「공유의 비극」에서 나오는 목초지 사례로서 고등학교 『사회』 교과서에도 인용되고 있다. 이 사례는 개인의 합리적인 행위의 총합이 사회 전체적인 차원에서도 항상 합리적인 것은 아니라는 점을 보여준다. 따라서 어떠한 방식으로든 자유의 제한, 곧 경쟁의 제한이 필요하다는 결론을 도출할 수 있다. 다만 이러한 문제를 해결하기 위하여 개인의 자유를 어떠한 방식으로 얼마만큼 제한할 것인지에 대하여는 침묵하고 있다.

제시문 [2]는 아담 스미스의 『도덕감정론』의 일부다. 이 책은 『국부론』과 함께 아담 스미스의 사상체계를 이루고 있는 대표적인 저서다. 스미스는 인간의 이기심은 동정과 연민에 의하여 절제될 수 있다고 한다. 주어진 제시문은 연민과 동정이라는 인간의 본성에 입각해서 〈사례 B〉와 〈사례 C〉를 옹호하는 근거로 사용될 수 있을 것이다.

제시문 [3]은 슘페터의 『자본주의·사회주의·민주주의』의 일부다. 여기서 슘페터는 기업가의 혁신을 경제발전의 원동력으로 제시한다. 특히 독점에 대한 전통적인 이론에 수정을 가하여, 독점기업도 잠재적인 경쟁자와 신기술 등 혁신을 둘러싼 경쟁을 하고 있으며, 이로 인하여 이른바 창조적 파괴의 과정을 통해 사회경제 발전에 기여한다고 주장한다. 이 주장은 독점을 방지하기 위하여 경쟁질서를 규제하여야 한다는 이론을 반박하는 근거로 채택될 수 있을 것이다.

제시문 [4]는 신자유주의 사상의 이론적 기초를 제공한 하이에크의 저서 『법, 입법, 그리고 자유』의 일부를 인용한 것이다. 이 제시문은 자유경쟁을 철저하게 보장할 것을 주장하기 위한 논거로 사용될 수 있다. 예컨대 새끼고양이 사례에서 약한 고양이를 보호한다는 간섭의 목적과 그 효과는 가시적이어서 규제가 필요하다고 생각하기 쉽지만, 그러한 간섭이 장기적으로 중대한 부작용을 가져올 수 있다는 것이다. 특히 이러한 입장에서는 간섭에 의하여 변경된 결과를 정당한 경쟁의 결과로 받아들일 수 있는지 문제를 제기할 수 있을 것이다.

제시문 [5]는 존 롤즈의 『사회정의론』에서 인용한 것이다. 이 글은 자유의 제한이 정당하기 위한 조건을 제시하고 있다. 여기서는 다수의 이익을 위해 소수의 자유를 제한하여서는 안 된다는 기준만을 제시하고 있다. 이러한 기준으로부터 여러 가지 상황에 부합하는 다양한 기준을 추론하여 정당성 판단의 논거로 사용할 수 있을 것이다.

제시문 [6]은 슐레히트의 『사회적 시장경제』의 일부다. 이 입장에 따르면, 독점의 형성으로 시장기능 자체가 붕괴되는 것을 방지하기 위해서는 경쟁질서를 보호하여야 한다. 경쟁보호를 위한 규제의 목적은 경쟁이 제대로 기능을 발휘하기 위한 것이다. 이 지문으로부터 〈사례 A〉를 비판하고, 〈사례 B〉를 정당화할 수 있는 근거를 도출할 수 있을 것이다.

제시문 [7]은 리스본 그룹의 『경쟁의 한계』에서 인용한 것이다. 이 글은 경쟁의 부정적 측면을 강조하고 있다. 따라서 경쟁을 제한하여야 한다는 주장의 논거로 사용될 수 있다. 경쟁을 어떤 방식으로 얼마나 제한할 것인지에 대해서는 명시적인 언급이 없다. 경쟁자체의 순기능을 완전히 부정하지 않는다는 점에서는 〈사례 B〉와 같은 방식의 제한에 찬성할 수도 있겠지만, 경쟁을 이익탈취의 과정으로 본다는 점에서 경쟁자체에 대한 부정으로 이해될 여지도 있다. 이런 관점에서 〈사례 C〉를 설명하고 정당화하는 근거로 사용될 수도 있다.

이상의 제시문은 세 가지 사례와 일 대 일의 대응관계에 있는 것이 아니다. 일반론으로서 자유와 경쟁에 대한 다양한 관점을 제시하고 있다. 따라서 각 제시문의 분석을 통해 얻을 수 있는 관점이나 개념을 사용하여, 다양하게 세 사례를 분석할 수 있다. 하나의 제시문에서 추출된 관점이 세 사례 모두를 설명하는 데

사용될 수도 있을 것이다.

### 3. 예시답안

인간은 합리적 사고를 할 수 있는 존재다. 합리적 사고란 자기이익의 관점에서 손익을 분별할 줄 안다는 의미다. 그러므로 인간은 경제적 손익계산을 하고, 이에 따라 자신의 이익을 위해 최선을 다한다. 그런데 각자의 이익을 위해 추구하는 대상인 재화와 가치는 무한하지 않다. 따라서 한정된 재화와 가치를 두고 경쟁이 발생한다.

〈사례 A〉는 완전 자유경쟁 상황이다. 경쟁의 일방 당사자인 고슴도치는 꾀를 내어 승리했는데, 고슴도치의 입장에서는 생존을 위한 혁신적 수단이라 하겠지만, 패자인 토끼의 입장에서는 사술에 의한 불공정한 경쟁결과이므로 승복할 수 없을 것이다. 이 사례의 자유경쟁이 갖는 문제점은 경쟁조건의 불평등을 조장할 만한 수단이 없다는 점이다. 따라서 처음부터 토끼와 고슴도치는 경주의 상대가 될 수 없다. 따라서 고슴도치는 부정행위를 할 수밖에 없었다고 할 수 있는데, 이러한 경쟁과정의 부정행위를 제재할만한 수단이 없다는 점도 문제점이다.

〈사례 B〉는 경쟁자 사이에 현저한 경기능력의 차이가 존재하는 특별한 경우로, 공정경쟁의 실현은 규칙이라는 조건 속에서 벌어지는 자유경쟁이라는 시사점을 제공한다. 그러나 이 사례는 정해진 규칙이 공정한 경쟁을 보장하기 위한 적절한 수단인지를 알 수 없다는 점이 문제점이다. 이 사례가 〈사례 A〉와 다른 점은 경기규칙과 심판이 존재한다는 점이다. 그런데 심판은 경기규칙이라는 조건을 통하여 대등한 경쟁을 조성하고, 규칙을 준수하는지 감시하는 제3자적 지위에 머무를 뿐, 개별적 행위에 대해서는 직접적으로 관여하지 않는다는 점에서 〈사례 C〉와 다르다. 〈사례 C〉는 사회적 약자를 보호하기 위해 경쟁을 배제하고 직접 보호하는 경우다. 즉 사회복지 정책을 위한 경쟁제한의 예라고 할 수 있다. 따라서 이 경우에는 경쟁자체가 발생하지 않는다는 점이 문제점이다.

경쟁이란 목적이나 목표에 도달하거나 이기기 위해 서로 겨루는 행위이므로, 사람들은 경쟁과정에서 가장 효과적인 수단을 모색하고자 한다. 제시문 [7]에서 보는 바와 같이 경쟁과정에서 인간은 자신의 능력과 창의성을 극대화시키는

한편 패자에게 부당한 결과를 강요하기도 하고, 불공정한 경쟁조건은 사회적 갈등을 심화시키기도 한다. 여기에 경쟁의 긍정적인 측면과 부정적인 측면이 함께 존재한다.

제시문 [3]에서 말하듯 근대 자본주의 사회에서 자유경쟁의 논리는 사회조직의 기본원리다. 자유경쟁을 통하여 기업은 비용과 품질에서 결정적 우위를 가질 수 있으며, 경쟁의 결과가 기업의 토대와 생존자체를 좌우한다. 따라서 제시문 [4]의 주장처럼 자유로운 경쟁을 보장하는 것이 필요하다. 경쟁을 제한하면 예기치 못하거나 측정하기 어려운 부정적인 효과가 발생할 뿐만 아니라, 자유 그 자체를 파괴할 우려가 있다. 〈사례 C〉에서처럼 보호받지 못한 고양이는 보호받는 고양이가 잘 성장하는 동안 정당한 대가를 받지 못하는 역차별 현상이 나타날 가능성이 있다. 따라서 자유로운 경쟁은 조장·보호되어야 한다.

하지만 이처럼 경쟁이 개인의 이익을 보장하며 발전을 촉진하는 긍정적인 측면만이 있는 것은 아니다. 경쟁은 패자에게 심리적 위축을 가져오고, 사회적·물질적 손실을 강요할 뿐만 아니라, 사회전체의 조화를 훼손하고 공동체적 삶의 기반을 무너뜨리기도 한다. 제시문 [1]의「공유의 비극」에 드러나듯이 경쟁은 필연적으로 공동체 전체의 생존기반을 망가뜨릴 수 있다. 합리적 인간의 합리적인 행위결정이 불합리한 결과를 초래하기도 한다.

현대문명은 분업과 협업의 조화 위에 건설되었으므로, 한편으로는 경쟁이 필요하면서도 다른 한편으로는 패자와 약자에 대한 보호가 있어야 문명이 지속될 수 있다. 제시문 [2]에서 말하는 인간의 본성으로서의 '연민과 동정의 원리'는 무한 경쟁이 제어되어야 한다는 점을 지적한다. 강자에 의한 일방적인 독주는 경쟁이라고 말할 수 없고, 승패가 예정된 경쟁이나 약육강식의 논리가 지배하는 경쟁은 경쟁의 긍정적인 효과를 기대할 수 없다. 그 결과, 패자에게 부당한 패배를 강요함으로써 패자의 승복을 기대할 수 없다. 따라서 경쟁 당사자 간에 동등한 경쟁조건이 부여되었을 때에만 정당한 경쟁이라고 할 수 있다.

제시문 [6]에서는 부당한 경쟁의 폐해를 지적하고, 국가에 의해 공정한 경쟁의 룰이 세워져야 한다고 주장한다. 〈사례 B〉에서처럼 국가가 규칙을 세우고 날카로운 감시자인 심판의 역할을 수행해야 한다는 것이다. 그러나 국가가 단지

규칙을 세우기만 하는 것으로는 공정한 경쟁의 틀이 마련되었다고 보기는 어렵다. 경쟁조건의 구체적인 내용의 공정성이 승인되어야 한다. 규칙이 강자에게 유리할 수도 있고, 강자를 지나치게 억압하여 강자가 되고자 하는 의욕을 꺾을 수도 있기 때문이다.

제시문 [5]는 이에 대한 기준으로서 자유의 제한을 정당화하는 조건을 제시하고 있다. 기본적으로 사회 구성원은 각자가 불가침적 권리를 보유하므로, 다수를 위한 소수의 희생이 정당화될 수 없다는 것이다. 개인의 권리는 정의이고 이를 해치는 것이 부정의이므로, 국가에 의해 개인의 권리가 침해되는 것은 부정의다. 그렇지만 이런 부정의는 더 큰 부정의를 피하기 위한 목적을 가질 때에는 정당화될 수 있다.

## 2010학년도 연세대학교 수시 2학기 기출문제

### 1. 출제의도

2010년도 인문계열 수시 논술문제는 다양한 영역에서 일어나는 '공공성'에 관한 제시문들을 분석하고 이에 근거하여 실제상황에서 일어날 수 있는 사회적 갈등을 해결하는 데 필요한 지적능력을 평가하려고 한다.

우선 '공공성'의 주체를 다양하게 설정하여 개인, 시민사회, 국가(정부)가 각각 공공성의 주체가 될 수 있음을 제시문 분석을 통해 읽어낼 수 있는 능력을 측정한다.

정부나 시민사회가 주체가 되어 공공성을 구현하려고 할 때 공공성의 한 측면인 '공개성(openness)'이 얼마나 실현 가능한지를 분석해보도록 한다.

개인의 이익과 공동체(전체)의 이익이 갈등을 일으키는 경우, 어떤 방식으로 이 문제를 해결할 수 있는지를 창의적으로 사고해보도록 한다. 개인·시민사회·국가가 이 갈등을 해결하는 방식 가운데 어느 것이 보다 바람직하며, 이때 구체적으로 어떤 방안이 사용될 수 있는지를 생각해보도록 한다.

인문사회 분야의 텍스트와 논리적 사고실험을 연결하여 통합적으로 사고하

고 추론하는 능력을 검증한다.

고등학교 교과과정을 반영하여 고등학교 정규과정(『국어』, 『사회』, 『윤리』 등)에서 다루는 '개인과 공동체', '민주시민의 윤리의식', '공동체의 현실과 사회적 삶', '삶의 윤리' 등의 주제가 반영되도록 제시문과 문제를 구성하였다.

### 2. 논제 및 제시문 분석

제시문 [가]는 유길준이 1895년에 발간한 『서유견문(西遊見聞)』의 일부를 발췌·편집한 것이다. 이 글에서 유길준은 근대국가에서 정부가 정책이나 법을 통해 구현하는 공공성에 대해 말하고 있다. 국가는 국민 모두에게 동일한 권리를 부여하며 이를 법과 제도 등을 통해 유지한다. 국가가 행정활동으로 시행하는 군대양성, 도로건설, 학교설립 등은 어떤 특정한 지위나 신분에 속한 사람이 아니라 '국민 모두'의 생명과 안전을 보호하고 부와 지식을 증진시키기 위한 '공공사업'이다. 이상의 내용을 종합하면, 국가는 공공성을 구현하려는 의지와 그것을 효과적으로 실현할 수 있는 자원과 능력을 소유한, 근대세계에서 매우 중요한 공공성의 주체라고 할 수 있다.

제시문 [나]는 독일의 철학자이자 사회학자인 하버마스의 『공론장의 구조변동』의 일부를 발췌·편집한 것이다. 하버마스는 국가가 구현하는 공공성과는 다른 성격의 공공성이 형성되는 과정을 설명하는데, 이는 (시민)사회의 등장과 관련되어 있다. 자본주의의 발전과 더불어 이전에는 사적인 영역으로 여겨졌던 경제적 영역이 공적인 것, 즉 공동의 문제로 대두하면서 성립된 것이 '(시민)사회'다. 시민사회는, 시민이 자신들과 관련된 '모든 문제'에 대해 '누구나' 자신의 '이성'에 의거하여 자유롭게 토론하고 판단하는 것을 이상으로 삼는 '공론장(public sphere)'을 형성시킨다. 이러한 공론장에 참여하는 개인은 자신의 '이성'을 '공적'으로 사용할 수 있는 능력, 즉 비판적 판단력을 가진 '공중'으로 간주된다.

제시문 [다]는 영국의 철학자인 벤담의 『도덕과 입법의 원리』에서 발췌·편집한 것이다. 이 글에 따르면, 인간의 삶은 쾌락을 증진하고 고통을 감소키는 것을 목적으로 한다. 제시문 [다]에는 어떤 행위의 옳음이 행복이나 쾌락을 유발

하고 불행이나 고통을 막는 경향에 달려 있다는 주장이 담겨 있다. 사람들 각자 자유로이 쾌락을 증진하고 고통을 감소시킬 수 있다면, '최대다수의 최대행복' 이 가능하다는 것이다. 한편, 공동체는 구성원인 개인의 총합과는 별개로 존재하는 어떤 실재가 아니라 허구체(fictitious body)일 뿐이다. 따라서 공동체 전체의 이익보다 개인의 이익을 먼저 고려해야 한다. 각 개인의 이익을 측정하여 이를 합하여 계산해낸다면 그것이 바로 공동체 전체의 이익이 되기 때문이다.

제시문 [라]는 『World Development』 Vol. 28(2000): pp. 1719~1733 에 실린 Cardenas & Stranlund의 「Local Environmental Control and Institutional Crowding-Out」에서 실행한 삼림자원 보호에 대한 가상의 실험을 문제의도에 맞게 수정한 것이다. 원문은 개인이 주어진 상황 속에서 어떤 방식으로 자기 이익을 추구하는 개인적 선택을 하며 이것이 공동체의 이익과 어떻게 연관되는 가를 검토하는 것인데 반해, 본 제시문은 개인적 선택과 함께 공동체 차원의 선택과 정부라는 공동체 외부자의 선택이 가능하도록 수정되었다. 땔감의 확보라는 개인의 이익추구와 삼림보호라는 공익의 추구가 일치하지 않을 때 어떻게 하면 개인이 삼림이라는 공공재를 보호하도록 할 수 있을지가 이 글에서 다루는 핵심적인 문제다. 이 글은 이 문제를 해결하는 방식에 있어 국가의 개입, 시민사회의 합의형성, 개인 사이의 반복되는 게임이라는 다양한 가능성을 보여주고 있다.

### 문제 1

이 문제는 공공성의 주체와 속성에 대한 다양한 해석과 주장을 담은 제시문들을 분석하여 그 차이점을 읽어낼 수 있는 능력을 측정하는 데 목적이 있다. 공공성이란 일반적으로 공동체 전체의 이익과 연관되어 있다. 이러한 공공성을 실현하는 주체는 다양할 수 있다. 이 문제는 각 제시문에서 나타난 공공성 실현의 서로 다른 주체(국가·시민사회·개인)을 찾아내고, 각 주체가 구현하는 공공성의 차이를 논리적으로 설명하기를 요구한다.

**문제 2**

공개성은 공공성의 중요한 속성 중 하나다. 여기서 공개성이란 공중과 관련된 정보 또는 혜택이 누구에게나 공개되고 접근 가능함을 의미한다. 정부와 시민사회는 공히 이러한 공개성의 원칙을 실현하기 위한 가능성과 한계를 동시에 가지고 있다. 이 문제는 공공성이 국가에 의해 주도되는 경우인 제시문 [가]와 시민사회에 의해 추구되는 경우인 제시문 [나]를 통해 각각 공개성이 어떻게 실현가능 혹은 불가능한지를 분석하고 그러한 분석의 근거를 밝히도록 요구하는 것이다.

**문제 3**

이 문제는 개인의 이익과 공동체의 이익이 갈등을 일으키는 경우, 공공성을 실현하는 세 가지 주체 가운데 어떤 주체가 적합할지 밝히고 그러한 선택의 근거는 무엇인지, 그리고 그 주체에 의해 공동체의 이익을 추구하려고 할 때 구체적으로 어떤 방안이 도입될 수 있는지를 따져보도록 요구한다. 이 문제에서 중요한 점은 어떻게 하면 나무를 적절한 수준에서 베도록 하여 현재의 이익뿐만 아니라 장기적 관점에서 개인과 공동체의 이익도 보호할 수 있는가다. 중요한 논리적 출발점은 제시문 [라]에 나와 있듯이 삼림훼손에 의한 비용은 마을 주민 모두가 치러야 하기 때문에, 나무를 많이 베어 개인의 이익을 추구하는 주민들의 수가 늘어날수록 결국 개인의 이익에 해가 될 수도 있다는 점이다. 또한 주어진 규칙에 위배되지 않은 한에서, 창의적인 해결방안을 모색하기를 요구한다.

### 3. 예시답안

**문제 1**

제시문은 각각 공공성 실현의 주체로 국가, 시민사회, 개인을 꼽고 있다.

제시문 [가]는 공공성 실현의 주체로서 국가가 갖는 특징에 주목한다. 근대국가에서 정부는 정책이나 법을 통해 공공성을 구현한다. 국가는 국민 모두에게 동일한 권리를 부여하며 이를 법과 제도 등을 통해 유지한다. 국가가 행정활동으로 시행하는 군대양성, 도로건설, 학교설립 등은 어떤 특정한 지위나 신분에

속한 사람이 아니라 '국민 모두'의 생명과 안전을 보호하고 부와 지식을 증진시키기 위한 '공공사업'이다. 국가는 공공성을 구현하려는 의지와 그것을 효과적으로 실현할 수 있는 자원과 능력을 소유한, 근대세계에서 매우 중요한 공공성의 주체라고 할 수 있다.

국가가 공공성 실현의 집행자로서 의미를 갖는다면 제시문 [다]에서 강조하는 개인은 공공성의 직접적인 이해 당사자로서의 의미를 갖는다. 공동체는 구성원인 개인의 총합과는 별개로 존재하는 어떤 실재가 아니라 허구체일 뿐이다. 따라서 공동체 전체의 이익보다 개인의 이익을 먼저 고려해야 한다. 각 개인의 이익을 측정하여 이를 합하여 계산해낸다면 그것이 바로 공동체 전체의 이익이 되기 때문이다.

제시문 [나]는 시민사회라는 개념을 통해 국가가 구현하는 공공성과는 다른 성격의 공공성이 형성되는 과정을 설명한다. 사적인 영역으로 여겨졌던 경제적 영역이 공적인 문제로 대두하면서 성립된 시민사회는, 시민이 자신들과 관련된 '모든 문제'에 대해 '누구나' 자신의 '이성'에 의거하여 자유롭게 토론하고 판단하는 것을 이상으로 삼는 '공론장'을 형성시킨다. 이러한 공론장에 참여하는 개인은 자신의 '이성'을 '공적'으로 사용할 수 있는 능력, 즉 비판적 판단력을 가진 '공중'으로 간주됨으로써 [다]에서 강조하는 개인과는 구별된다.

**문제 2**

공개성은 공공성의 중요한 속성 중 하나다. 여기서 공개성이란 공중과 관련된 정보 또는 혜택이 누구에게나 공개되고 접근 가능함을 의미한다. 정부와 시민사회는 모두 이러한 공개성의 원칙을 실현하기 위한 가능성과 한계를 동시에 가지고 있다.

공공성이 국가에 의해 주도되는 경우 공개성은 공공정책이 국민으로부터 신뢰를 얻기 위한 필수요소가 된다. 정부는 공개성을 확보하기 위해 공청회 등의 다양한 의사수렴을 통한 공공정책의 마련, 다양한 공시제도를 통한 홍보, 국민의 정보공개청구권을 보장하는 등의 사후보완 노력을 기울인다. 그러나 바로 이런 노력을 기울인다는 것이 역설적으로 공공정책의 주체로서 정부가 갖는 공개

성의 한계를 보여준다. 정부의 공공정책이 모든 국민에게 공개되는 것은 현실적으로 불가능하다. 정책의 수립과 집행의 과정에서 지나친 시간과 노력의 낭비를 수반하기 때문이다. 국가가 주도하는 공개성에서 '누구에게나 공개해야 한다'는 원칙은 모든 국민이 알도록 해야 한다는 것이 아니라, 원한다면 알 수 있도록 해야 한다는 의미로 축소하는 것이 타당하다.

시민사회가 추구하는 공공성에서 공개성은 필연적인 존재기반이다. 시민사회는 모든 시민이 자유롭게 토론하고 판단하는 것을 이상으로 삼는 '공론장'을 추구한다. 공론장은 모든 시민에게 공개된 공간이다. 여기에서는 어떤 문제든 공개적으로 결정되고, 공개적으로 집행되는 것을 운영원리로 한다. 그러나 현실적으로 모든 공동체의 구성원이 그 공론장에 능동적으로 참여할 수 없으며, 공개적으로 결정된다는 운영원리가 오히려 결과를 공개해야 할 필요성을 약화시키기도 한다. 정부에 대한 '공개'요구는 분명한 대상과 근거가 존재하지만 '공론장'을 통해 이루어지는 공공성은 공개의 주체와 대상이 불분명하다는 한계를 갖는다.

### 문제 3

제시문 [라]는 표면적으로 땔감의 확보라는 개인의 이익추구와 삼림보호라는 공익의 추구가 갈등하는 상황이다. 그러나 본질은 개인의 지속적 이익을 어떻게 보장할 것인가의 문제다. 삼림훼손에 의한 비용은 마을 주민 모두가 치러야 하기 때문에, 나무를 많이 베어 개인의 이익을 추구하는 주민의 수가 늘어날수록 결국 개인의 이익에 해가 되기 때문이다. 따라서 삼림훼손을 막아 마을 전체의 이익을 높일 수 있는 궁극적인 해결책은 개인의 가치를 중시하는 [다]의 관점이다. 공동체의 이익이란 결국 공동체를 구성하는 여러 개인이 얻는 이익의 총합일 수밖에 없기 때문이다.

개인은 자신의 이익을 극대화하려는 욕망을 갖는다. [가]에서 강조하는 국가의 법이나 제도에 의한 강제는 단기적 효과는 높을 수 있지만 지속성을 갖기 어렵고, 통제의 과정에서 불필요한 비용이 발생할 수 있다. 이에 비해 [다]에서 강조하는 공리의 원리는 이해관계가 걸려있는 당사자의 행복과 밀접하게 연관되

어 있으므로 자발적이고 지속적인 참여를 가능하게 한다.

벌목량이 개별적인 선택의 총합으로 주어지는 상황이 개인적 이해를 중심으로 문제를 해결해야 하는 이유라면, 일주일 간격으로 반복된다는 규칙은 개인의 선택을 '공론장'으로 끌어들일 수 있는 조건이 된다. 선택은 개인적 판단에 맡겨져 있지만 그 선택의 결과에 대해 토론할 수 있는 충분한 시간이 주어져 있고, 그 토론의 결과가 검증되는 선택의 반복이 이루어진다. 개인의 선택에 따른 책임을 물을 수 있는 조건이다.

자유로운 개인의 선택은 인정하지만 그 선택에 대한 책임을 지게 하는 것이 마을의 문제를 해결하는 원칙이다. 무분별한 벌채가 결국 자신의 이익을 해친다는 사실, 즉 자신에게 손해가 됨을 인정할 때 개인은 자신의 권리를 포기할 수 있다. 이 포기는 엄밀한 의미에서 나만의 희생이 아니라 타인의 희생을 강요하는 것이기도 하다. 삼림훼손의 피해를 최소화하며 이익을 극대화하는 벌채량을 확정할 수 있다면 개인에게 허용되는 벌채량을 공평하게 분배할 수 있다. 여기에 개인에게 분배된 벌채량의 사적 거래를 허용한다면 질병이나 사고 등으로 발생하는 개인적 사정에 따른 변수도 효과적으로 통제할 수 있다.

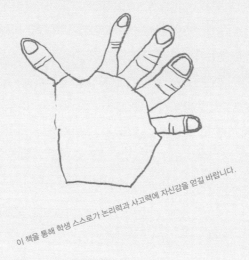

이 책을 통해 학생 스스로가 논리력과 사고력에 자신감을 얻길 바랍니다.

**하이논술 시리즈**
**하이논술 1 ● 역사·사회 편**

초판 1쇄 2012년 02월 28일
초판 3쇄 2015년 01월 14일

**지은이** 하이논술연구소
**편집** 이세은·황여진 ┃ **마케팅** 강백산·이은영 ┃ **교정교열** 최규승 ┃ **디자인** 공존
**펴낸이** 이재일 ┃ **펴낸곳** 토토북 121-210 서울시 마포구 서교동 380-6 원오빌딩 3층
**전화** 02-332-6255 ┃ **팩스** 02-332-6286
**홈페이지** www.totobook.com ┃ **전자우편** totobook@korea.com
**출판등록** 2002년 5월 30일 제10-2394호
**ISBN** 978-89-6496-060-8 44300
    978-89-6496-064-6 (세트)

**4.**

[다]는 노인을 동정과 연민의 대상으로 바라보지 말아야 하며 그래서 극단적으로 '노인은 없다'고 표현하였다. 그러나 노인은 여전히 연약하고 소외당하는 존재로 가족뿐만 아니라 사회의 큰 관심과 애정이 필요하다. 따라서 [다]는 노인문제의 실체를 파악하지 못하는 그럴듯한 주장일 뿐이고 노인문제 해결에 무관심한 태도를 합리화할 뿐이다.

**5.**

글 [라]에서는 '선(先) 가정 후(後) 복지'의 원칙은 노인복지의 책임을 가정에 전가하는 행위라며 비판하고 있다. 이 논지를 증명이라도 하듯, 노인부양의 주체를 '가족'이라고 한 응답이 2/3를 넘지만, 연령이 낮아질수록 '가족과 정부와 사회'가 공동으로 담당해야 한다는 응답이 늘어나고 있다. 따라서 글 [라]의 지적처럼, '선 가정 후 복지' 정책은 실질적인 노인부양주체, 즉 젊은층을 감안하는 합리적 방법과 시대적 변화를 외면하는 것이다.

문제 4. [라]는 노인복지를 가정에 떠맡기는 노인정책을 비판하고 있다. 국가가 노인복지를 가정에 떠맡기는 것은 우리의 전통적인 가치관에 부합하는 듯하지만 실상은 국가의 의무를 가정에 떠넘기는 정책이라는 것이 [라]의 주장이다.

문제 5. 학생은 제시된 통계의 결과를 바탕으로 [라]의 논지를 비판적으로 검토해야 한다. 통계의 결과를 분석할 때 거시적 관점에서 접근할 수도 있지만, 미시적 관점에서의 접근도 허용하고 있음을 이해하고 다각도로 자료를 살펴본 후 [라]의 논지와 연관성을 토대로 비판하면 된다.

### 3. 예시답안

**1.**

㉠ 생산력이 있고 또 이윤을 창출할 수 있는 능력을 소유하는 것이야말로 인간으로서 가치 있는 삶을 누리는 데 필요한 최소한의 조건이다.

㉡ 그러므로 능력이 발달하지 못한 인간은 그들 자신이 스스로 가치가 결여된 삶을 살아가는 것이다.

**2.**

노인은 비록 물질적인 이윤을 창출하기 힘들지는 모르지만 그들이 오랜 세월을 살며 얻은 경륜과 선견지명으로 물질만으로는 해결할 수 없는 문제를 해결할 수 있다. 그러므로 ㉢의 내용처럼 노인을 단지 생산력이 없다고 매도하여 가치 없는 인간이라고 하는 것은 물질적 가치보다 우위를 점하는 그들의 값진 정신적 가치를 모두 무시하는 태도라고 할 수 있다.

**3.**

[다]에서 화자는 노인을 특별관리대상으로 여기는 것을 거부하고 있다. 인간은 늙기 때문에 자연스럽게 노인이 될 뿐이므로 결국 노인이란 말은 인간을 나이로만 판단하는 쓸모없는 규정적 표현이라 주장한다. 따라서 '노인은 없다'라는 말을 통해 화자는 노인이 개인으로서 개성을 드러낼 수 있는 주체적 인간으로 보여지길 기대하고 있다.

은 새로운 규칙을 정하여, 초등학생 팀은 11명, 성인 팀은 6명으로 하며, 성인 팀 선수는 상대에게 태클을 할 수 없도록 하였다. 심판은 규칙의 준수여부를 엄격히 감시하였다.

〈사례 C〉

새끼고양이 가운데 한 마리가 유난히 작고 허약해서 어미젖을 먹을 때도 다른 형제에게 밀려 생존이 어려워 보였다. 주인이 그 고양이에게 먹이를 먼저 주는 등 특별히 돌보고 사랑하여 그 고양이도 다른 고양이와 마찬가지로 잘 성장할 수 있었다.

[1]

어떤 마을에 누구나 가축을 방목할 수 있도록 개방되어 있는 공동의 땅이 있었다. 이 마을 주민은 각자 자신의 땅을 갖고 있지만, 이 공동의 땅에 자신의 가축을 가능한 한 많이 풀어놓으려 한다. 자신의 특별한 비용 부담 없이 넓은 목초지에서 신선한 풀을 마음껏 먹일 수 있기 때문이다. 각 농가에서는 공유지의 신선한 풀이 자신과 다른 농가의 모든 가축을 기르기에 충분한가 걱정하기보다는 공유지에 방목하는 자신의 가축 수를 늘리는 일에만 골몰하였다. 주민의 이러한 행동으로 인하여 공유지는 가축으로 붐비게 되었고, 그 결과 이 마을의 공유지는 가축이 먹을 만한 풀이 하나도 없는 황량한 땅으로 변하고 말았다.

개릿 하딘, 『공유의 비극』

[2]

인간이 아무리 이기적이라고 할지라도 인간의 본성에는 분명 연민(憐憫)과 동정(同情)의 원리가 존재한다. 이 원리로 인해 우리는 인간의 운명에 관심을 가지게 되며 자기에게는 별 이익이 없어도 타인이 행복하기를 바란다. 타인의 비참함을 목격할 때 우리는 이러한 연민과 동정을 느낀다. 도덕적이거나 인간미가 풍부한 사람은 물론이고, 무도한 폭한(暴漢)이나 사회의 법률을 극렬하게 위반하는 사람도 이러한 감정을 가지고 있다.

아담 스미스, 『도덕감정론』

[3]

자본주의의 현실에서 중요한 것은 전통적 형태의 경쟁이 아니라 신상품·신기술·신공급원·신조직형태 등과 관련한 경쟁이다. 이 경쟁은 비용 또는 품질에서 결정적 우위를 차지하게 하는 결과를 초래하며, 기업의 이윤이나 생산량의 다과(多寡)를 좌우하는 정도에 그치지 않고 기업의 토대 및 그 생존자체까지도 좌우한다. 이런 종류의 경쟁은 다른 경쟁보다 훨씬 더 중요하다.

어떤 사업자가 자기분야에서 독점적 지위를 가지고 있는 경우에, 외부에서는 경쟁압력이 없을 것이라고 생각하겠지만 그는 늘 경쟁상태에 있다고 느낀다. 예외가 없는 것은 아니지만, 그는 결국 완전 경쟁상태와 마찬가지로 행동하게 될 것이다. 따라서 경쟁이 독점보다 언제나 바람직하다는 명제는 성립하지 않는다. 이러한 관점에서 자본주의 사회에서 성공적인 혁신자가 차지하는 독점이윤은 정당하다고 할 수 있다.

요제프 A. 슘페터, 『자본주의 · 사회주의 · 민주주의』

[4]

오늘날 일반적으로 사회적 또는 분배적 정의라고 간주되는 것은 인위적인 질서에서만 의미를 가질 뿐이지 자생적인 질서 속에서는 전혀 의미가 없다.

자유의 제한은 특정한 목적을 달성하기 위한 것이지만, 그것 때문에 잃게 되는 것은 일반적으로 인식되지 않는다. 시장질서에 대한 간섭의 직접적인 효과는 대부분 가시적이며 피부로 느낄 수 있으나, 간접적으로 나타나는 부정적인 효과는 대부분 알기 어렵기 때문에 무시되기 쉽다.

따라서 자유와 간섭 사이의 선택이 그때그때 편의에 맡겨진다면, 이는 분명히 자유의 점진적인 파괴를 초래하게 될 것이다. 자유를 제한하여 야기되는 손실을 인식하지 못한다는 이유로 자유를 제한하는 것이 정당화될 수는 없다.

프리드리히 A. 하이에크, 『법, 입법, 그리고 자유』

[5]

사상체제의 제1덕목을 진리라고 한다면 정의(正義)는 사회제도의 제1덕목

이다. 이론이 아무리 정치(精緻)하고 간명하다 할지라도 그것이 진리가 아니라면 배척되거나 수정되어야 하듯이, 법이나 제도가 아무리 효율적이고 정연한 것일지라도 그것이 정당하지 못하면 개혁되거나 폐기되어야 한다. 모든 사람은 사회전체의 복지라는 명목으로도 유린될 수 없는 정의에 입각한 불가침성을 가진다. 그러므로 정의(正義)에 따르면 타인이 가지게 될 더 큰 선(善)을 위하여 소수의 자유를 빼앗는 것이 정당화될 수 없다. 다수가 누릴 더 큰 이득을 위해서 소수에게 희생을 강요하는 것은 정의에 부합하지 않는다. 그러므로 정의로운 사회에서는 동등한 시민적 자유란 이미 보장된 것으로 간주되며, 따라서 정의에 의해 보장된 권리는 어떠한 정치적 거래나 사회적 이득의 계산에도 좌우되지 않는다. 그보다 나은 이론이 없을 경우에만 결함 있는 이론이나마 따르게 되듯이 부정의(不正義)는 그보다 큰 부정의를 피하기 위해 필요한 경우에만 참을 수 있다. 인간생활의 제1덕목으로서 진리와 정의는 지극히 준엄한 것이다.

존 롤즈, 『사회정의론』

### [6]

경제가 시장기능에만 의존하면 시장이 붕괴될 수 있기 때문에 국가는 경쟁정책을 수립할 필요가 있다. 기업은 경쟁질서에 반하여 행동할 때 경쟁질서를 준수할 때보다 더 큰 이윤을 얻을 수 있다고 생각하기 때문에, 경쟁질서에 반하는 행위를 하고자 하는 충동을 가지게 된다. 안정을 얻고자 하는 욕구와 권력에의 의지(意志)가 각 개인에게 경쟁의 자유로운 흐름을 조작하고자 하는 동기를 부여한다. 한번 형성된 경제권력은 시장자체의 힘에 의해서 자연스럽게 붕괴되기 어렵다. 그런데 강력한 경제권력은 경쟁관계를 마비시키고, 권력구조의 고착화로 인하여 경제적 비효율을 초래하며, 경제의 흐름을 왜곡하여 우수한 시장참여자에게 손해를 끼친다. 그러므로 국가는 경쟁이 그릇된 방향으로 흘러가지 않도록 경쟁을 보호할 임무가 있다. 국가는 경쟁의 원칙을 세우고 이를 관철시켜야 하며, 기업은 이러한 틀 안에서 경쟁을 통하여 제 기능을 발휘할 수 있어야 한다.

오토 슐레히트, 『사회적 시장경제』

[7]

'경쟁'이라는 말은 어원적으로 '함께 추구한다'는 뜻을 내포한다. 경쟁의 논리가 기술의 진보와 생산성 향상에 크게 기여했음은 부인할 수 없다. 인간의 욕구 수준을 계속 높여감으로써 새로운 진보와 창조를 가능케 한 것이다. 정치적인 측면에서도 경쟁심리는 민주주의 발전의 핵심적인 동인(動因)이었다. 정치적 의지를 관철시키려는 이익집단 또는 정당 간의 치열한 경쟁을 통해 민주주의가 뿌리내릴 수 있었다. 그러나 오늘날 경쟁은 어원적 의미와는 달리 변질되어 통용된다. 경쟁은 더 이상 목적을 달성하기 위한 수단 가운데 하나가 아니다. 경쟁은 그 자체가 하나의 범세계적인 지배 이데올로기로 자리 잡았다.

경쟁논리가 지배하는 사회에서는 승리자와 패배자가 확연히 구분된다. 물론 아무렇게나 경쟁하는 것은 아니다. '게임의 법칙'이 공정했을 때 패자도 승부의 결과를 받아들이게 된다. 그렇지만 경쟁사회에서는 '협상'을 통해 갈등을 해소하거나 타협점을 찾을 여지가 없다. 경쟁에서 상대방을 이기면 된다는 간단한 논리만이 존재할 뿐이다. 경제적인 측면에서 살펴보면, 경쟁이란 곧 상대의 이익을 빼앗는 과정이다.

리스본 그룹, 『경쟁의 한계』

## 2010학년도 연세대학교 수시 2학기 기출문제

**아래 제시문 [가], [나], [다], [라]를 읽고 문제에 답하시오.**

### [가]

하늘에서 타고난 재주와 기력은 사람의 지혜로 어찌할 수 없으므로 타고난 인품을 통일할 방법은 없지만, 모든 사람의 사람된 도리와 권리를 하나로 통일시키기 위해서 국가의 대업과 정부의 법도가 세워졌다. 의롭지 못한 무리는 과격한 기질로 그러한 질서를 파괴하고 자기들의 사사로운 욕심을 채우는 일이 적지 않았다. 그러나 이성으로 힘을 제어하여 일정한 제도를 시행하게 되었으니, 이것이 정부가 만들어진 근본 뜻이다.

정부의 직분은 나라의 정치를 안정되고도 온전히 하여 국민으로 하여금 태평스러운 즐거움을 누리게 하는 것, 법치를 확립하여 국민으로 하여금 원통하거나 억울한 일이 없도록 하는 것, 외국과의 교제를 신의 있게 하여 나라가 분란의 우려에서 벗어나게 하는 것이다.

군대양성과 도로건설, 학교설립과 같은 공공사업을 시행하지 않으면 한 나라의 안녕과 문명을 바랄 수 없을 것이다. 한 나라가 개화되었는지 미개한지의 구별은 정부가 공공사업을 시행하는지 아닌지에 달려 있다. 군대가 없으면 외국의 침략이나 국내의 반란이 있을 때 무슨 방법으로 방어하며 진압하겠는가. 도로를 건설하지 않으면 국민이 어찌 편리하게 이동하겠으며, 학교를 설립하지 않는다면 국민이 어찌 윤리와 기강에 밝고 기술에도 정통하여 풍속이 문란해지거나 가난한 지경에 이르지 않기를 기약하겠는가. 이밖에도 여러 가지 면에서 정부의 역할은 중요하다.

사람들이 어떠한 생업에 종사하든지 자신들의 생애를 편안히 하여, 집안에서는 부모를 봉양하고 형제처자와 즐거움을 누리며, 집 밖에 나가서는 친구를 따라다니며 재미있게 놀더라도, 도둑을 맞을 우려와 재앙을 만날 공포가 없는 것은 모두 정부의 덕택이다. 만약 사람들이 함께 사는 사회에 정부가 설립되지 않

았다면 약한 자가 억울한 일을 당했을 때 어디에 호소하며, 강폭한 자가 무도한 행위를 저지른들 누가 막아주겠는가.

[나]

좁은 의미에서 '공적(公的)'이라는 말은 '국가적'이라는 말과 동의어다. 이런 속성은 사법권의 규제와 정당한 강제력을 독점적으로 행사하는 국가기구의 기능과 연관된다. 국가기구의 권력에 맞서 생겨난 것이 시민사회다. 한나 아렌트(Hannah Arendt)에 따르면, 공적 영역과 사적 영역의 근대적 관계는 '사회적인 것'의 등장으로 특징지을 수 있다. 이때 그녀가 의미했던 것은 바로 사적 영역이 공적인 것과 연관성을 가진 그러한 사회의 영역이다. 즉, '단지 살기 위해서 상호의존한다는 사실이 공적인 의미를 획득하고, 단순한 생존에 관련된 활동이 공적으로 등장하는 곳이 사회다.'

시민사회의 사적 영역에 관한 공중(公衆)의 관심사가 더 이상 공권력에 의해 만들어지거나 제한되지 않고, 공중이 그 관심사를 자신의 문제로 여기면서 시민사회의 공적 영역은 더욱 발전했다. 한편으로 이제 국가에 맞서게 된 사회는 사적인 부문을 공권력에서 분명히 분리시켰고, 또 다른 한편으로 경제적 재생산의 문제를 사적인 가정의 범위를 넘어 공중의 이해관계와 직결된 문제로 끌어올렸다. 이에 따라 국가와 시민사회가 행정절차를 통해 지속적으로 접촉하는 지점에서 공중은 자신들의 이성을 사용하여 비판적 판단력을 키웠다.

시민사회의 공론장(公論場)은 개인이 결집한 공중의 영역으로 파악될 수 있다. 공권력 그 자체에 대항하여 시민사회는 이제 국가에 의해 규제되어온 공적인 영역을 차지하고자 했다. 그 결과 시민사회는, 기본적으로 사적 영역에 속하지만 공적으로 연관되어 있는 상품교환과 사회적 노동에 관한 관계를 규제하는 일반적인 규칙을 놓고서 공권력과 논쟁을 벌였다. 정치적 대결의 매개가 시민이 공적인 용도로 사용한 이성이었다는 점은 매우 특수하고 역사상 유례가 없는 것이었다.

정치적으로 기능하는 공론장은 18세기로 넘어가는 문턱의 영국에서 처음으로 발생했다. 잡지와 신문은 정치적인 문제를 논의하는 공중의 비판적 기구로

해설 및